电力企业大数据：分析、挖掘、应用

DIANLI QIYE DASHUJU:
FENXI WAJUE YINGYONG

主　审：邱　野
主　编：汪海涛
副主编：余永奎　李小福

·广州·

版权所有　翻印必究

图书在版编目（CIP）数据

电力企业大数据：分析、挖掘、应用/汪海涛主编．—广州：中山大学出版社，2021.5

ISBN 978-7-306-07183-5

Ⅰ．①电…　Ⅱ．①汪…　Ⅲ．①电力企业—数据处理—研究—中国　Ⅳ．①F426.61

中国版本图书馆 CIP 数据核字（2021）第 069913 号

Dianli Qiye Dashuju：Fenxi、Wajue、Yingyong

出 版 人：王天琪
策划编辑：金继伟
责任编辑：黄浩佳
封面设计：曾　斌
责任校对：陈晓阳
责任技编：何雅涛
出版发行：中山大学出版社
电　　话：编辑部 020-84110283，84113349，84111997，84110779，84110776
　　　　　发行部 020-84111998，84111981，84111160
地　　址：广州市新港西路 135 号
邮　　编：510275　　　　传　真：020-84036565
网　　址：http://www.zsup.com.cn　　E-mail:zdcbs@mail.sysu.edu.cn
印 刷 者：广东虎彩云印刷有限公司
规　　格：787mm×1092mm　1/16　23.75 印张　470 千字
版次印次：2021 年 5 月第 1 版　2021 年 5 月第 1 次印刷
定　　价：68.00 元

如发现本书因印装质量影响阅读，请与出版社发行部联系调换

《电力企业大数据：分析、挖掘、应用》
编 委 会

主　审：邱　野

主　编：汪海涛

副主编：余永奎　李小福

编　委（按姓氏笔画排序）：

王天师　刘文韬　刘惠华　李小福　李　华

李　明　李佳蕙　吴金珠　利雅琳　余永奎

汪海涛　林自强　林循凯　段春雨　梁志祥

樊志伟

前　　言

本书的初衷

参与本书写作的作者由广东电网有限责任公司“电力事故事件与违章大数据分析及预控模型研究和应用”科技项目组的几位核心成员构成。核心成员中有多年从事“大数据应用”教学科研工作的中山大学专家教授，有多年从事电力系统信息化、数字化以及智能化科技项目研发的广州德永计算机科技有限公司的资深技术专家，有“电力事故事件与违章大数据分析及预控模型研究和应用”科技项目立项单位中山供电局安监部门应用领域的资深管理专家，也有参与本书写作风格探讨、科技英文参考资料翻译及部分章节写作的华南师范大学外国语学院在读研究生。科技项目从 2017 年 6 月启动开始，到 2019 年 10 月完工验收，前后经历了近三年时间。科技项目研发是一个学习、培训与实践电力系统“大数据应用”相关理论、技术和工具的过程。项目完工验收后，项目组核心成员们有一种意犹未尽的感觉，一致认为可以把项目成果和项目过程总结成书，为当前热火朝天的“大数据应用”添一块砖、加一块瓦。

本书的读者

本书取材于一个实际“大数据应用”电力系统科技项目的研发过程，是相关理论、技术、工具学习、培训、实践素材与科技项目成果的总结。因此，本书适合的读者可以是参与“大数据应用”的科研工作者、“大数据应用”的教学工作者、对“大数据应用”感兴趣的学生，也可以是从事企业“大数据应用”的管理工作者。不同类型的读者均可以在本书中找到具有学习价值的内容。

本书的写作

在本书的创作过程中，作者们克服了许许多多难以想象的困难，通过线上沟通的方式，对本书写作素材以及写作风格展开讨论，本书是中山供电局安监部科技项目组集体智慧的结晶。本书的写作，得到了中国南方电网有限责任公司安全监管部专家的指导。本书最终得以出版，得到了中山大学出版社金继伟编辑的支持和指导。作者一并对他们表示诚挚的感谢。本书由承担中山供电局安监部科技项目的中山大学、广州德永计算机科技有限公司和华南师范大学外国语学院的专家教授以及资深技术专家执笔完成。参加本书写作的单位和个人有：

广东电网有限责任公司中山供电局　余永奎　汪海涛　段春雨　樊志伟
刘文韬　梁志祥　李　明　利雅琳
吴金珠　王天师　李　华　刘惠华
林自强

中山大学计算科学与计算机应用研究所　李小福

广州德永计算机科技有限公司　林循凯

华南师范大学外国语学院　李佳蕙

汪海涛
广州中山大学康乐园
2020 年 9 月 10 日

目录

CONTENTS

第1章　开篇之言

古人学问无遗力，少壮工夫老始成。
纸上得来终觉浅，绝知此事要躬行。
——（南宋）陆游

南宋诗人陆游的《冬夜读书示子聿》诗，诗人告诫小儿子子聿：古人做学问是不遗余力的，往往要到年老时方才取得成就。从书本上得来的知识是很浅薄的，想要深入掌握其中的精髓，必须要通过实践才行。

1.1　假传万卷书，真传一案例

大数据、机器学习、人工智能是当今各个行业信息化建设热门的话题，各种理论、技术、平台及应用的书籍层出不穷，令人眼花缭乱。导致许多学习者、实践者、应用者和管理者（以下简称“读者朋友”）有点迷茫，不知从何下手。

我国计算数学专家中科院林群院士在一次关于如何学好数学的演讲中讲道：“我认为学微积分跟学别的数学一样，‘假传万卷书，真传一案例’，把一个案例学好，你就把整个微积分的精神掌握了。”林院士在演讲中讲的案例是：在某一时刻，火车的速度究竟是多少？

学习大数据、机器学习、人工智能与学习微积分一样，有异曲同工之处。读者如能把现实生活中的一个（或多个）大数据分析、挖掘及应用的案例搞清楚了，便可以掌握大数据、机器学习、人工智能学问的精髓。

本书作者从事电力行业信息化建设近30年，经历了从“小数据应用”到“大数据应用”，从“单机应用”到“互联网应用”的历程，深刻体会到学习一门科学或掌握一门技术时，掌握学习方法和选择学习案例的重要性。在人类目前被证明最有效率的四个学习方法（费曼学习法、SQ3R 阅读法、西蒙学习法和思维导图学习法）中，读者朋友只要熟悉并掌握了其中一种学习方法且实践了一个大数据应用案例，便可以成为大数据、机器学习及人工智能方面的入门级专家。

本书取名为《电力企业大数据：分析、挖掘、应用》，因此，书中选择了一个电力行业作者熟悉的应用案例，组织讲解大数据分析、挖掘、应用的知识内容，并尽可能把所引用的电力行业大数据分析、挖掘、应用案例的背景知识交代清楚，力求做到对非电力行业的读者朋友也不会有理解方面的困难。

本书使用一种作者称为“图表框架法”的学习方法组织讲解大数据分析、挖掘、应用的知识内容和应用案例。所谓“图表框架法”，是指每章开头首先提供一张图或一张表，把本章的知识内容可视化，然后再按此图表框架详细介绍相关的知识内容。“图表框架法”这种组织讲解知识内容和应用案例的学习方法，可以对学习者起到一定的引导作用。但是，学习一门学科的知识或学习一门技艺，主要还是要靠自己，正所谓“师傅领进门，修行在个人”。对个人最有效的学习方法是结合自己的学习实践，自己总结出来的方法才是最有效的。

本书适合于企业管理者及“大数据应用”的工程技术人员作为开展大数据、机器学习及人工智能方面应用的学习资料，也可以作为大专院校本科生和研究生学习大数据、机器学习及人工智能的参考书籍。

1.2 图表框架法，学习路径图

思维导图学习法是英国人托尼·博赞发明的，并受到世人公认的一种有效的学习方法，这种学习方法帮助许许多多学习者从提高记忆力到提高知识应用能力方面起到实际的作用。

不同年龄阶段的学习者具有不同的学习特点。婴幼儿及小学生的学习，主要以记忆知识点为主。到了初高中、大学乃至成年人的学习，除了记忆知识点以外，还要把记忆下来的知识点进行整理和压缩，即俗话说“把书读薄”。同时，还要把学到的知识运用到日常的生活和工作中，这种学而至用的学习过程，才能够称得上真正的学习。

本书以一个学习者及实践者的双重身份，与读者朋友一起加入大数据、机器学习及人工智能的学习和实践过程，书中使用的“图表框架法”组织知识内容的学习方法，实际上是思维导图树的一种表现形式，通过“图表框架法”可视化大数据分析、挖掘、应用的知识内容，不但可以引导读者朋友的学习过程，而且还可以帮助读者朋友加深对学习知识内容的记忆。

图1－1是用图表框架法表示的本书的知识结构，可以为读者朋友学习本书的知识内容提供一个参考，表1－1是本书针对不同的读者对象建议的学习路径。

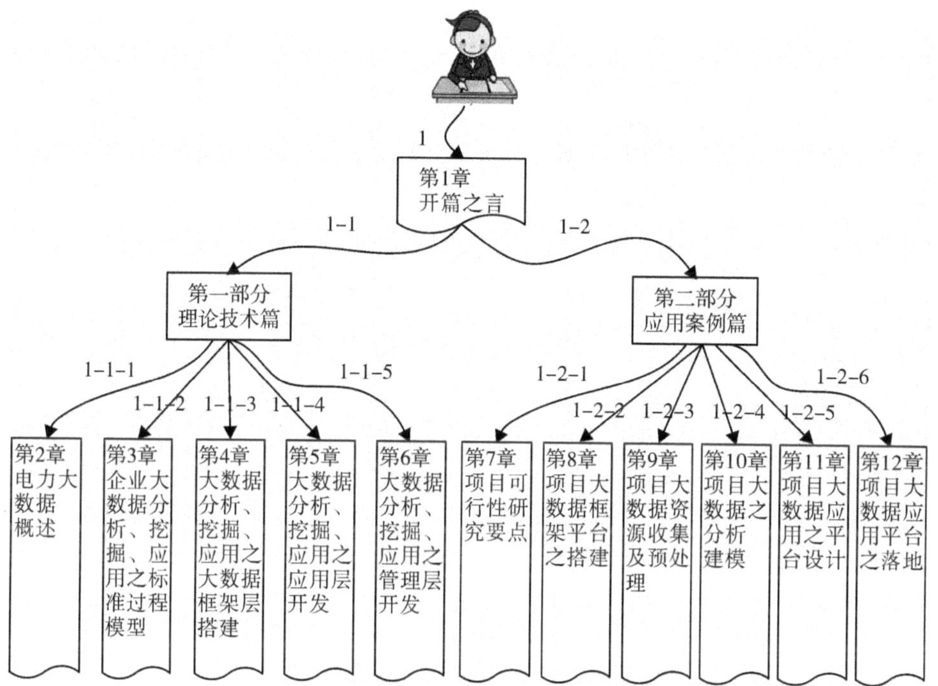

图1－1　本书的知识结构

表1－1　不同读者对象建议的学习路径

序号	读者对象	学习参考路径	说明
1	在校学生	（1）1→1－1→1－1－1→1－1－2→1－1－3→1－1－4→1－1－5 （2）1→1－2→1－2－1→1－2－2→1－2－3→1－2－4→1－2－5→1－2－6	路径（1）为理论技术学习 路径（2）为参考案例学习
2	企业管理者	1→1－1→1－1－1→1－1－2→1－2－1→1－2－6	了解“大数据应用”基本概念、可研究内容以及如何落地应用

续表 1－1

序号	读者对象	学习参考路径	说明
3	企业应用开发者	1→1－1→1－1－2→1－1－4→1－1－5→1－2－1→1－2－2→1－2－3→1－2－4→1－2－5→1－2－6	了解除大数据框架技术工具细节之外的所有内容
4	商业应用开发者	1→1－2→1－2－1→1－2－2→1－2－3→1－2－4→1－2－5→1－2－6	案例参考
5	其他	走马观花，自由选择	休闲

第一部分

理论技术篇

——标准过程模型、大数据框架、应用层开发及管理层开发

第 2 章　电力大数据概述

半亩方塘一鉴开，天光云影共徘徊。
问渠那得清如许？为有源头活水来。
——（南宋）朱熹

南宋诗人朱熹的一首《观书有感》说理诗，用源头活水比喻知识的更新和发展，只有不断地吐故纳新，才能够跟上时代进步的步伐，永葆知识的青春活力，就像清水源头一样。

2.1　大数据概念，众说纷纭多

大数据概念还没有统一的定义，站的角度不同，描述就有差异。互联网上流行一个关于大数据应用的段子，经常用于比喻大数据应用。这是一个某比萨店的客服人员在大数据支持下，与顾客对话的内容。对话内容虽为虚构，但可以体会出大数据在落地应用中扮演的角色。

电话铃声响起，客服人员拿起电话。

客服：李先生，您好。这里是 ××× 比萨店，我是 ××× 号客服，很高兴为您服务。

顾客：你好，我要订一份海鲜比萨。

客服：李先生，您是我店的会员，您家在 ×××× 路 ××× 号 ×× 楼 ×× 室，您家电话是 ×××××××××，您公司电话是 ××××××××，您的手机是 ×××××××××××。请问您选择哪一种支付方式？

顾客：你怎么知道我那么多的个人信息？

客服：李先生，因为我们有联机的 CRM 系统。

顾客：我是想要一份海鲜比萨……

客服：李先生，海鲜比萨不适合您。

顾客：为什么？

客服：根据您的医疗记录，您的血压和胆固醇都偏高。

顾客：那你们有什么可以推荐的？

客服：您可以试试我们的低脂健康比萨。

顾客：你怎么知道我喜欢吃低脂的食品？

客服：您上星期一在中央图书馆借了一本《低脂健康食谱》。

顾客：好。那我要一个家庭特大号比萨，要付多少钱？

客服：99 元会员价，这个足够您一家六口吃了。但您母亲应该少吃，她上个月刚刚做了心脏搭桥手术，还处在恢复期。

顾客：哦，谢谢关心。可以刷卡吗？

客服：李先生，对不起。请您付现款，因为您的信用卡已经刷爆了，您现在还欠银行 4807 元，而且还不包括房贷利息。

顾客：那我先去附近的提款机提款。

客服：李先生，根据您的记录，您已经超过今日提款限额。

顾客：算了，你们直接把比萨送我家吧，我给你们付现金。你们多久会送到？

客服：大约 30 分钟。如果您不想等，可以自己骑车来取。

顾客：为什么？

客服：根据我们的 CRM 全球定位系统的车辆行驶自动跟踪系统记录，您登记有一辆车号为 SS－728 的摩托车，而您现在正在 ×× 路 ×× 段 ×× 商场右侧骑着这辆摩托车，我们的比萨店就在您前面 100 米处，门口可以停放您的摩托车。

顾客：我……

顾客当即无语了。

从上面的对话你悟出什么了吗？这是商家应用大数据支持的客户服务系统的一个对话场景。

大数据是什么？目前业界还没有一个统一的定义。对于大数据，不同的人有不同的理解。政府官员有政府官员的理解，企业管理人员有企业管理人员的理解，企业员工有企业员工的理解，平民百姓有平民百姓的理解。你也可以说出你自己理解的大数据概念，而不用担心别人笑话你。因为，谁也说不出能够让所有人都能够接受的定义。

虽然目前大数据没有统一的定义，但业内有影响力的著名公司或个人给出的定义正逐步被多数人认同，这就是目前流行的 3V、4V、5V 的定义方法。

Gartner 公司 2001 年给出大数据的 3V 定义：大数据是一个体量大（volume）、高速变化（velocity）以及种类多样（variety）的数据集。这里所谓的体量大，是指数据量的急速增长；高速变化是指数据流产生的速度大以及数据处理的紧迫性；种类多样是指结构化数据以及非结构化数据一起共存。

IBM 公司在上述 3V 基础上增加一个 V（veracity，真实性），给出 4V 定义：大数据是一个体量大（volume）、高速变化（velocity）、种类多样（variety）以及真实性（veracity）的数据集。这里所谓的真实性，是强调虽然某些数据来源的不可靠，但也包含有价值的信息，值得进行处理。

ORACLE 公司认为第 4 个 V 应该是价值（value），是隐藏在结构化数据与非结构化数据中值得挖掘的低密度的价值信息。

SAS 公司又在上述定义的基础上增加了两个特征：多变性（variability）和复杂性（complexity）。多变性是指由于快速的数据产生速度及多样性的发展，导致数据流变得非常不稳定；复杂性是指来源的广阔，导致数据溯源及处理的困难。

上述著名公司给出的定义，从不同的角度抓住了大数据特征的主要方面，把这些定义综合在一起，业内有人把大数据定义为 5V。

大数据应用领域的差异，导致人们关注大数据的特征也不尽相同。因此，参与大数据应用开发的人，心中有自己理解的“大数据定义”。英特尔公司干脆就把大数据定义为：每周产生的数据量的中位数不低于 300 TB 的数据即为大数据。

在众多关于大数据的定义中，有四个特征是普遍被人们认同的，第一个是体量大特征（volume），虽然没有给出“大”的界线，但普遍的共识是数据达到 TB 级或 PB 级的规模；第二个特征是数据种类繁多（variety），包括可以直接使用关系数据库存储的结构化数据，以及不能直接使用关系数据库存储的半结构化数据和非结构化数据，如 XML、HTML、JSON、文本、视频、音频、图形、图像等；第三个特征是高速变化（velocity），这个特征包括数据增长速度和处理速度的变化两个方面；第四个特征是低密度价值（value），这个特征在非结构化数据中表现尤为突出，例如，在几个小时的视频或音频数据中，值得挖掘的有价值的部分可能也就是几秒钟的数据。

大体量（volume）、高速度（velocity）、多种类（variety）以及低密度价值（value）是大数据的四大基本特征（4V），这四大基本特征我们把它们定义为大数据的内涵。随着大数据理论和应用的深入发展，人们可以不断地丰富大数据的外部特征，这些特征我们把它们定义为大数据的外延。大数据的处理方法有别于传统的数据处理方法，数据挖掘是目前处理大数据的主要方法，因此，也可以把数据挖掘作为大数据低密度价值处理特点的外延特征。

国家标准《信息技术　大数据　术语（GB/T 35295—2017）》将大数据定

义为：大数据是指具有体量巨大、来源多样、生成极快且多变等特征并且难于用传统数据体系结构有效处理的包含大量数据集的数据。本书把大数据在电力企业的应用简称为“电力大数据”。

2.2 电力大数据，任重而道远

国家电力改革将电力企业拆分为发电行业和供电行业两个同源的兄弟行业。本书所述的电力企业及电力大数据特指供电行业及供电行业大数据，所以，本书中出现的电力企业即特指为供电行业，以下不再赘述。

国内电力企业信息化起步于20世纪80年代初，90年代得到快速的发展。目前，国内供电行业的两家电网公司（国家电网公司和南方电网公司）是按供电区域进行划分的。南方电网公司管辖广东、广西、云南、贵州及海南五省（区）的供电业务，五省（区）之外的供电业务由国家电网公司管辖。在电力企业的规划建设、生产、供应链、财务、人力资源、综合管理6大业务领域，两家电网公司均实现了信息化集约管理，覆盖了电力营销、生产、设备、财务、物资、人力资源、安全生产等核心业务。国家电网公司的SG186工程，建立了一体化企业信息集成平台、8大业务应用系统以及6个信息化保障体系。南方电网公司的“6+1”企业级信息化规划及应用系统建设，也实现了企业级的信息集成平台及6大核心业务系统的应用。

目前，电力企业基于大数据分析、挖掘及应用的成功案例不多，大数据分析、挖掘及应用还处于认知探索阶段。在电力企业的主要业务领域，大数据分析、挖掘及应用仍然存在很多短板。

2.2.1 市场营销业务

电力企业的用电营销系统及计量自动化系统，实现了电力营销的报装、抄见、核查、收费以及计量设备的校验、安装、维护等业务管理的信息化。但在用电营销大数据分析、挖掘及应用方面却鲜有成功的案例，缺乏基于大数据分析、挖掘及应用的市场营销智能化用电稽查系统的支持，以及基于大数据分析、挖掘及应用的计量智能化运维系统的支持。

2.2.2 电力交易市场

2015年10月11日，国家相关部门公布了《售电公司准入与退出管理办法》及《有序放开配电网业务管理办法》两个电力市场改革放开的配套文件，正式开启了售电市场向全社会开启的大门，多地供电企业先后成立了电力交易中心，为用电大客户提供电力交易竞价服务。但在应用电力大数据分析、挖掘技术为大用户提供定制产品和创新增值服务方面，仍然存在短板。

2.2.3　客户服务业务

电力企业建立了统一的95598客户电话服务及互联网服务的渠道，在信息化系统的支持下，为客户提供了用电业务的办理、咨询、报障及投诉等服务。但基于电力大数据的客户用电行为及偏好等方面的特征分析仍然缺失，难于为客户提供个性化的增值服务。

2.2.4　安全生产业务

电力安全生产是电力企业头等重要的业务领域，目前使用的信息化系统对安全生产监察业务的支持，多数还停留在事前风险评估“拍脑袋”、事中派人到现场以及事后汇总统计的阶段，没有充分利用电力生产的大数据进行分析、挖掘和应用，难以为电力安全监察提供事前、事中及事后全过程的安全管控服务。

2.2.5　设备运维业务

电力企业使用数据采集与监视控制系统（SCADA，supervisory control and data acquisition）对供电设备进行实时的监视和控制，产生出电网运行设备的大数据。这些数据对评估电网运行的健康状态及保障设备安全运行具有十分重大的意义，而目前对电网运行设备开展健康评估的大数据分析和价值挖掘仍然是短板。

2.2.6　技能培训业务

电力企业是一个技术密集型的企业，员工的技能培训尤为重要。目前，传统的“课件+课堂+考试+证书”的培训方法，仍然是电力企业对内部员工技能培训的主流方式，单从技能培训档案难以发现员工的个性化技能差异。这种相对静态的技能培训档案，没有利用生产线上员工日常的工作行为和习惯等大数据评估员工的技能，导致对员工习惯性的违章行为难以及时发现和纠正。

2.3 电力大数据，不利因素多

作为以国家为投资主体的供电企业，不同于单纯以营利为目的的合伙、合作或私人独资的企业，其所从事的生产经营活动具有垄断性、营利性和非营利性多重属性。特别是其表现的企业和政府双重的管理职能，导致供电企业特有的优越性。电力企业许多从业人员甚至把在供电企业的工作，近似等同于政府公务员的工作。思想意识带来的企业文化差异，是电力企业大数据应用滞后于大数据应用先进行业的深层次原因，表现在下述方面。

2.3.1 员工意识

对大数据应用的认知，多数人还局限于对目前业务模式及业务功能的补充和拓展，没有真正把大数据应用提升到电力企业服务转型的关键驱动因素的高度上，企业不同层面的管理人员多数仍停留在传统的“小数据应用”的思维上，对“大数据应用”的企业业务创新精神认识不足。

“数据分析不仅仅涉及技术、硬件和数据。它需要思维上的变革。因此，对分析的支持不能仅由 IT 驱动。如果想要成功，其必须拥有企业家精神。”[1]

2.3.2 数据资源

电力企业信息化发展从无到有，经历了近 40 年的发展历程，期间开发出成百上千个不同的（甚至是异构的）信息化应用系统，数据资源分布在不同的应用系统中，成为所谓的“信息孤岛”。近年来，电力企业为了发挥这些应用系统的整体价值，花了很大的人力和物力开展企业内部数据资源的清洗、集成及面向应用的数据仓库建设，并取得了显著的效果。电力企业建设的大数据平台，逐步成为企业的全量数据处理平台。在数据资源应用中，关系型数据库依托于各个独立的业务应用系统，而其他类型的数据则几乎都被纳入大数据平台进行统一处理。目前，电力企业建设的大数据平台基础架构，都将数据资源应用的视角锁定在存储和计算方面，而忽略了大数据资源的治理工作，特别是对新一代的大数据基础设施——数据湖的关注，远远不够。

2.3.3 人力资源

对每一个电力企业的员工来说，企业的主业十分清晰。但如果我们把信息部门也归为供电企业的主业范畴，恐怕难于得到大多数员工的认同。电力企业在人才引进、技术储备、绩效评价等诸多方面倾斜于电力生产第一线的员工，会有意无意地将数据处理技术人才和数据分析技术人才放在配角的位置上，这种现象在电力企业时有发生。电力企业专业数据分析人才的缺乏以及分散，也是制约电力企业大数据应用的不利因素。

2.3.4 企业文化

作为垄断性仍然显著的供电企业，企业不存在生存危机的压力，员工市场竞争的意识普遍淡薄，安于现状和求稳的意识占主导地位。电力企业大数据应用对企业的业务决策和流程模式提出新的挑战，员工不但需要加强学习和培训，还会由于牵涉到员工的一些切身利益而遇到阻碍。这种负面的企业文化氛围也是制约电力企业大数据应用的不利因素。

2.4 电力大数据，夯实牢基础

与其他行业的大数据应用一样，电力企业大数据应用也是需求驱动的，动力来自企业管理层的认知、决心和信心。此外，电力企业大数据应用的“快车”还需要夯实四个方面的基础才能跑起来。因此，电力企业大数据应用可以概括为“一个动力 + 四个基础”。

“一个动力”是指电力企业管理层对大数据应用的认知、决心和信心。动力问题解决了，并配套基础工作，才能使大数据应用快车跑起来。

百度百科对“认知水平”的定义为：“认知水平是指对信息的处理能力，主要包括专注力、判断能力、思维能力、记忆力等，而以上能力有共同的内核即思考能力。”这里将认知水平归结为一个内核即思考能力。

提高企业管理层对大数据应用的认知水平，使企业管理者把大数据应用与企业的创新发展关联起来而改变思维方式，需要有针对性地制订提高大数据应用认知水平的措施。这就需要对企业管理者进行归类，不妨把企业管理者对大数据应用动力不足的可能认知水平归结为下述两种类型。

（1）“和尚讲故事”型。

很小的时候，我们都有纠缠父母讲故事的经历。你可能也曾经听过“和尚讲故事”的故事。“从前有一座山，山上有个庙，庙里住着两个和尚，一个大和尚，一个小和尚。大和尚讲故事给小和尚听。他说：‘从前有一座山，山上有个庙，庙里住着两个和尚，一个大和尚，一个小和尚。大和尚讲故事给小和尚听。他说……’”当你连续听过几篇这种毫无实质内容的故事后，便会因为厌倦和疲劳而慢慢进入梦乡。

“和尚讲故事”型的企业管理者，对大数据应用思考能力不足，只是像上面和尚讲故事一样，一遍又一遍地重复企业大数据应用的故事。这类企业管理者是大数据应用的阻力，要变阻力为动力，需要加强大数据的培训学习，提高企业大数据应用的认知水平。

（2）“决心与信心不足”型。

这类企业管理者对大数据应用有一定的认知，具有跃跃欲试的冲动，但就是决心和信心不足，迟迟下不了开展企业大数据应用的决心。对这类企业管理者，需要给他们树立信心，让他们迈开大步往前走。可以组织他们学习系统内/外大数据应用的成功案例，增强他们开展大数据应用的信心，促使他们尽快尽早下定大数据应用的决心。

企业大数据应用的“快车”还应该夯实四个方面的基础，包括：企业大数据应用规划、企业大数据应用平台、企业大数据应用人才和企业大数据应用专项资金。

（1）企业大数据应用规划。

企业大数据应用是企业信息化建设的深度应用，必须纳入信息化建设的规划方案中，并适应企业发展战略需求。企业信息化建设规划易走“小数据应用”的老路，而缺乏“大数据应用”的思维。企业决策层要对“大数据应用”进行指导，并参与制订企业大数据应用规划方案，这是确保企业大数据应用健康快速发展的重要基础。

（2）企业大数据应用平台。

“企业大数据应用”有别于“企业小数据应用”，前者的应用目标多为辅助管理决策，而后者的应用目标多为管理事务。因此，支持它们的应用平台差异也很大。支持“企业大数据应用”的平台不但投资大，而且技术复杂程度高，需要统一建设和维护，才能为企业开展“大数据应用”提供有效的技术支持。

（3）企业大数据应用人才。

关于信息技术人才类型，有这样一个说法，“从用人单位的岗位设置看，数据科学相关的岗位有很多，如数据科学家、数据分析师、数据工程师、业务分析师、数据库管理员、统计师、数据架构师、数据与分析管理员等”。[2]

对于电力企业来说，信息技术人才济济，但相对缺乏的是数据科学家人才。数据科学家人才需要具备从企业大数据获取洞察力的能力，需要具备比较全面的数据科学知识和技能；需要具备对企业特定的决策问题寻求解决问题的方案和设计新的算法模型的能力；需要配合企业的战略发展方向，为企业拓展新的业务方向，为企业决策层提供辅助决策支持的能力，等等。这些能力表现在不但要熟悉企业的业务模型和战略发展方向，而且对企业大数据应用、机器学习以及人工智能等方面基础知识和技能也有比较全面的了解和掌握。电力企业这类数据科学家人才，容易在现有人才的基础上，通过企业大数据应用实践培养和成长起来。

（4）企业大数据应用专项资金。

“企业小数据应用”主要解决企业事务处理问题，短期内可以实现较高的利益回报；而“企业大数据应用”主要解决企业业务创新发展的辅助决策问题，难于在短期内实现预期的经济效益。企业开展大数据应用，需要有规划指导，不能一拥而上。电力企业应该选择一个或多个与企业发展战略或关键业务管理决策相关的问题，集中人力资源和专项资金把大数据应用项目做好。企业大数据分析、挖掘及应用是一个增量迭代的过程，企业从初始的商业需求目标出发，通过大数据分析、挖掘过程，得到一个满足初始商业需求目标的大数据智能模型并上线部署应用；随着应用的不断深入和企业商业需求的不断拓展，企业需要对满足初始商业需求目标的大数据智能模型进行增量迭代，使之满足企业新的商业目标需求。因此，企业需要对“大数据应用”项目提供连续的专项资金支持。除此之外，电力企业“大数据应用”项目，还需要避免同类项目在不同地方重复立项的问题。

2.5 电力大数据，书中一案例

“大数据应用”不同于“小数据应用”的需求，前者解决业务创新的辅助决策问题，而后者主要解决业务事务处理问题。本书从众多电力大数据应用中选择安全生产监察的大数据应用案例，作为后面深入探讨电力大数据应用的内容。

2.5.1 管理现状

电力安全生产监察是电力企业重中之重的管理业务，由于其管理涉及面广，需要协调管理的因素太多，一直是困扰电力企业管理工作的难题。虽然电力企业针对安全生产出台了许多制度和技术管理规范，也开发出许多支持电力安全生产的管理信息系统，但在电力安全生产监察方面却仍然缺乏大数据分析、挖掘及应用的技术手段支持。例如，电力生产中各类电力作业的事前风险评估，仍以管理专家的主观评判为主；事中的安全监察，也是依靠安全监察人员到现场；事后的安全监察，还停留在对违章作业的汇总统计分析阶段，缺乏对非违章电力生产作业的安全隐患评判；等等。

2.5.2 需求问题

目前，电力安全生产监察业务缺乏有效覆盖全过程安全管控的技术手段支持，许多应用中的相关管理信息系统仍然停留在“小数据应用”阶段，有些管理甚至还停留在办公软件的应用水平。

实现有效覆盖电力生产全过程安全监察管控，必须有一个基于电力生产大数据分析、挖掘及应用的一体化电力生产安全监察服务系统，为安全监察管理人员提供事前、事中及事后全过程的安全监察管控服务支持。一体化体现在系统能够在整合与之相关的电力企业内部及外部的大数据资源基础上，将电力生产全过程安全监察管控整合在统一的平台上。本书第二部分应用案例篇收录的“电力事故事件与违章大数据分析及预控模型研究和应用”，便是在电力安全生产领域进行大数据分析、挖掘及应用的一个案例。

2.5.3 问题意义

在电力生产中，人的不安全行为成为近年来电力事故事件的主要风险源，国内电力事故事件统计资料表明，在电力行业（发电和供电）的事故事件致因中，人因为主的事故事件约占77%，而物因为主的事故事件约占21%，偶然事故事件占2%[3]。可见，我国电力企业人因安全方面的形势十分严峻。

电力生产中人的不安全行为俗称违章，违章是事故事件的源头。而导致违章的因素很多，如人员本身因素、自然环境因素、作业复杂程度因素、作业工器具因素以及安全管理因素等。从这些与违章相关的众多因素表征的规模体量巨大以及种类繁多的大数据资源中去发现人的不安全行为与电力事故事件的内在关系及规律，是实现电力安全生产全过程有效监察管控的前提，而传统电力安全生产的“小数据应用”，并不提供这类信息化技术手段的支持。

应用大数据分析、挖掘及应用的理论和技术，研究人的不安全行为的内在规律，揭示电力人因违章事故事件的发生机理，对制订电力生产安全监察的管理措施，实现降低电力安全事故事件风险以及提高电力系统的安全稳定运行具有十分重大的意义。

本章参考文献

［1］阿卡拉卡，萨加. 大数据分析与算法［M］. 毕冉，译. 北京：机械工业出版社，2018.

［2］朝乐门. 数据科学理论与实践［M］. 2版. 北京：清华大学出版社，2019.

［3］国家能源局统计资料

第3章　企业大数据分析、挖掘、应用之标准过程模型

横看成岭侧成峰，远近高低各不同。
不识庐山真面目，只缘身在此山中。
——（宋）苏轼

宋代诗人苏轼有一首《题西林壁》哲理诗，诗的后两句“不识庐山真面目，只缘身在此山中”，是即景说理，它启迪人们认识事物的一个哲理：要认识事物的真相与全貌，不可一叶障目，必须超越狭小范围，摆脱主观想象。

3.1　规矩成方圆，五音正六律

中国有句老话：“无规矩不成方圆，无五音不正六律。”企业开展大数据分析、挖掘及应用也是有“规矩”及“五音”的。遵循这个“规矩”及“五音”，企业大数据分析、挖掘及应用就会少走一些弯路。

图3－1是一个经典的数据挖掘标准过程模型，称为跨行业数据挖掘标准过程（CRISP－DM，cross－industry standard process for data mining），适用于指导电力企业开展大数据分析、挖掘及应用开发。CRISP－DM可以视作电力企业大数据分析、挖掘及应用的“规矩”和“五音”。

企业的大数据资源被称为新商业时代的货币，等同于企业的人、财、物资源，也是企业社会价值创造与企业规模发展的生产要素，企业大数据资产是在不断地进行大数据分析、挖掘及应用中积累规模、提升质量和创造价值的。

大数据分析、挖掘及应用并不是一个颠覆性的创新，与传统的数据分析、挖掘及应用比较，并无本质上的差异。

“大数据时代的数据挖掘技术并不是一门新的学科，其基本原理与传统数据挖掘并无本质区别。……在大数据时代，数据挖掘的过程本质相同，但是也有差异……”[1]

把大数据分析、挖掘及应用与传统数据分析、挖掘及应用的差异做一个比较，可以归纳概括为四个方面。

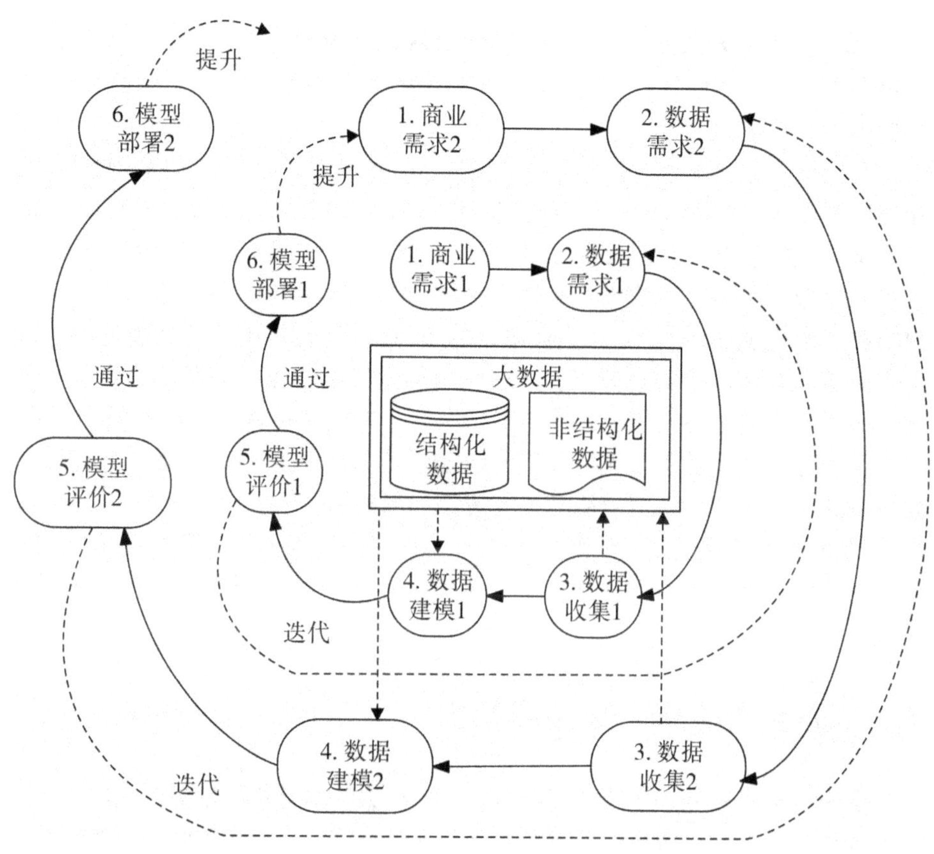

图3-1　企业大数据分析、挖掘及应用标准过程模型

（1）传统的数据分析、挖掘处理的数据规模小、数据种类少、变化速度慢、价值密度高；大数据分析、挖掘处理的数据规模大、数据种类多、变化速度快、价值密度低。

（2）传统的数据分析、挖掘及应用项目属于计算密集型项目，数据处理算法反映真实的业务处理逻辑，需要构建面向业务逻辑的复杂算法模型，而处理的数据却多为简单的结构化数据；大数据分析、挖掘及应用项目属于数据密集型项目，处理的海量数据多为复杂的非结构化数据，而处理数据的算法却多为开源的算法模型。

（3）传统的数据分析、挖掘及应用寻求数据的因果关系；大数据分析、挖掘及应用寻求数据的关联关系（2.2.1节中关于大数据概念的段子，便是寻求数据关联关系的例子）。

（4）传统的数据分析、挖掘及应用处理的数据类型相对单一，并以结构化数据为主；大数据分析、挖掘及应用处理的数据类型丰富，结构化数据和非结构化数据并重。

在电力企业几十年信息化建设历程中，数据分析、挖掘及应用一直是信息化建设重要的实践内容，电力企业把其称为数据仓库及商业智能（Business Intelligence，简称 BI）系统建设。图 3－1 的企业大数据分析、挖掘及应用的标准过程模型，实际上也是电力企业早期 BI 系统建设使用的过程模型。相对于目前的“大数据应用”，电力企业早期的 BI 系统建设属于“小数据应用”范畴。虽然电力企业对数据分析、挖掘及应用的过程模型并不陌生，但在“大数据应用”环境中各个阶段涉及的工作内容、方法和技术却有所不同。因此，电力企业开展“大数据应用”信息化建设，必须改变以前“小数据应用”的思维观念，引进“大数据应用”的新方法和新技术。

CRISP－DM 将企业大数据分析、挖掘及应用过程分为商业之需求、数据之需求、数据之收集、数据之建模、模型之评价以及应用之部署六个阶段的迭代。

3.2　商业之需求，项目源动力

商业需求阶段从企业商业利益出发，提出大数据分析、挖掘及应用的需求及实现的目标。这一阶段的工作需要深入理解与需求目标相关联的企业业务背景、行业知识、领域知识以及业务流程等，并在此基础上，对商业需求的目标进行定性和定量的可行性分析，提交可行性分析报告并用于企业管理决策层组织专家论证认可。

本书第 7 章是参考南方电网公司可行性分析报告的模板编写的案例项目“电力事故事件与违章大数据分析及预控模型研究和应用”商业需求的可行性分析报告的主要内容。

3.3　数据之需求，大数据思维

“大数据思维中，由寻求精确度转向寻求高效率，由寻求因果性转向寻求相关性，由寻求确定性转向寻求概率性，可以容忍不精确的数据结果。只要大数据分析指出可能性，就会有相应的结果，这就是大数据思维。”[2]

在确定了大数据分析、挖掘及应用的商业需求目标后，接着需要把商业需求转换为大数据需求。这里所述的“数据”是指与大数据分析、挖掘及应用商业需求目标关联的信息，俗称为特征数据。

我们经常会碰到使用“特征数据”识别“需求目标”的问题。例如，对于“识别一个人”的需求目标，我们使用“人脸”“虹膜”“指纹”以及“DNA”等生物特征数据；如果把“需求目标”扩充为“识别一个人，并评估其工作能力”，则需要在上述特征数据的基础上，增加“年龄”“性别”“学历”及“技能”等特征数据；如果把上述“需求目标”再扩充为“识别一个人，并评估其工作能力及德才兼备情况”，则需要在上述增加特征数据的基础上，再增加“家庭”“婚姻”“个人社会信用”“公众口碑”等特征数据。

确定大数据分析、挖掘及应用需求目标关联信息（特征数据）的工作称为特征工程，分为人工表征特征工程和机器表征特征工程。

顾名思义，人工表征特征工程是应用企业业务背景知识、行业知识、领域知识、业务流程知识等，在领域专家的支持下，通过人工析取方法，建立与大数据分析、挖掘及应用商业需求目标关联的信息（特征数据）；机器表征特征工程由机器自动完成，研究如何由机器自动找出表示特征数据的方法。基于神经网络模型的深度学习，是具有多级表示的表征学习方法，已成为近年来机器表征特征工程的一个热门研究课题。

人工表征特征工程的优点是能够充分应用领域知识和专家经验，缺点是工作量十分巨大；机器表征特征工程是在大数据集标注信息支持下，由机器完成其他特征的自动学习，其优点是显而易见的。一个简单的机器表征特征工程的例子是，对一张具有“年龄”特征标注的照片，神经网络模型可以自动学习得到该年龄人脸部的“皱纹”特征。

人工表征特征工程是目前大数据分析、挖掘及应用确定特征数据需求的主要技术方法，数据分析师从分析商业需求目标入手，确定关联的特征数据特性，这些特性包括：结构、特征、模式、趋势、异常和关联关系等。数据分析师在理解这些特征数据特性的基础上，选择那些经过综合描述性统计以及逻辑关系处理（如统计频次、均值、中位数、期望、方差以及协方差等）确定能够与大数据分析、挖掘及应用的商业需求目标相符的数据作为特征数据（变量）。

数据分析师选择特征数据（变量）的过程需要一些数据分析工具的支持，包括简单的电子数据表工具及可视化工具等。

本书第9章包含了“电力事故事件与违章大数据分析及预控模型研究和

应用”案例项目的大数据需求分析文档的主要内容。

3.4　数据之收集，存储大数据

前一阶段的工作确定了大数据分析、挖掘及应用的大数据需求，数据收集阶段的工作是在大数据需求的基础上，制订大数据收集方案，指导大数据收集工作。大数据收集方案包括大数据收集任务、大数据收集方法、大数据收集工具、大数据集成存储以及大数据质量把关五个方面。

3.4.1　大数据收集任务

首先是列出前一阶段大数据需求分析的所有数据元素（特征数据），其次是对收集这些数据元素的可行性进行评估。对那些技术上可行而操作上不可行（政策/法律/隐私/成本等）或技术上不可行（技术原因）而操作上可行的数据元素进行删除筛选，保留那些技术上可行而且操作上可行的数据元素作为大数据收集的任务。

3.4.2　大数据收集方法

大数据收集任务涉及的数据资源具有多源性，有涉及企业内外部网站的数据资源，有涉及企业数据中心业务平台产生的日志数据资源，有涉及企业业务应用系统的数据库资源，还可能有涉及与合作单位产生的数据资源，等等。针对不同的数据资源，需要确定合适的大数据收集方法，有些数据资源需要开发专用的数据收集接口，有些数据资源可以采用商品化或开源的工具完成，有些数据资源可以直接通过商业渠道购买获得，等等。选择不同的大数据收集方法，直接影响大数据收集的效率、成本和数据质量。大数据收集涉及的数据资源还具有批量性和实时性，有些数据资源可以批量收集，有些数据资源（如物联网数据资源）需要实时收集。

3.4.3　大数据收集工具

大数据收集任务涉及的数据资源数量巨大、种类繁多、快速变化以及复杂性大，对于可以批量收集的数据资源，采用成熟的大数据收集工具，可以确保数据收集的效率和数据收集的质量。例如，针对非结构化数据资源，如日志数据资源，可以选用的收集工具有：Apache Hadoop 的 Chukwa、Cloudera 的 Flume、Facebook 的 Scribe 以及 LinkedIn 的 Kafka 等；针对企业业务应用系统的结构化数据库资源，可以选用Sqoop 工具或 ETL 工具；对于合作伙伴的数据资源，则可能需要开发专门的数据接口；等等。常用的 ETL 工具有：IBM Datastage、Oracle Data Integrator（ODI）、Microsoft SQL Server Integration Services、Oracle Warehouse Builder（OWB）、Informatica PowerCenter 以及开源的 Kettle 等。

对于需要实时收集的数据资源，可能无现成的收集工具可以选用，一般需要针对特定的数据资源开发专门的数据收集工具。无论选择何种大数据收集工具，大数据收集效率和质量是考量大数据收集工作的唯一标准。

3.4.4 大数据集成存储

将来自于不同数据资源的数据采集回来并结合在一起进行统一的存储及访问管理，这项工作称为数据集成。数据集成的第一步是要选择合适的体系结构，用于指导数据集成系统的开发工作，如目前流行的 Hadoop 体系结构；第二步是要选择合适的集成方法开发数据集成系统。数据集成工作要解决数据异构性、分布性以及自治性问题。

（1）异构性问题。待集成的数据来自于不同应用的数据源，这些数据源数据模型异构，数据语义及使用环境都不相同，要把它们集成在一起进行统一的存储及访问管理并不是一件容易的事，需要制订技术上和管理上均可行的集成方法。

（2）分布性问题。待集成的数据源可能是异地分布的，需要通过网络进行传输。传输过程中面临的网络质量和安全性，也是在数据集成中需要解决的问题。

（3）自治性问题。待集成的数据源是自治的，它们由于自身的需要而改变其数据结构和数据，但不会事先告知数据集成系统，这对数据集成系统也是一个具有挑战性的问题。

常用的数据集成方法有三种：联邦数据库方法、中间件模式方法和数据仓库方法。中间件模式是目前流行的数据集成方法。

（1）联邦数据库方法是在构建数据集成系统时，将各数据源的数据视图集成为全局模式，让使用者可以按照全局模式访问各异构数据源的数据。使用者在全局模式上提交访问数据资源的请求，数据集成系统将使用者的请求转换为各数据源在本地的数据视图执行，为使用者提供了一种统一的、透明的数据资源访问方法。在联邦数据库中，数据源之间共享其自身的部分数据模式，构成联邦数据模式。

（2）中间件模式方法开发的数据集成系统，提供一个统一的数据逻辑视图隐藏底层异构数据源的结构，使用者可以按照统一的数据源访问数据。中间件数据集成系统的优点是，不仅可以集成结构化数据，还可以集成半结构化或非结构化数据，有很好的查询性能，自治性也很强。这种方法的缺点是其只支持读的功能，不像联邦数据库方法支持读写功能。

（3）数据仓库方法是一种数据复制方法，各个异构数据源的数据通过基于数据仓库方法的数据集成系统而复制在一起，使用者可以用类似于访问普通数据库的方法直接访问数据仓库。数据仓库由维表和事实表构成，维是看问题的角度，事实表存放要访问的数据，使用维 ID 关联。数据仓库存放了大量支持查询和分析的冗余数据，因此需要较大的存储容量。

大数据集成包括企业内部数据资源和企业外部数据资源的集成。

（1）对于企业内部数据资源的集成，电力企业数据中心可以提供数据集成工作的支持，有些数据资源可能需要开发专门的数据接口。集成企业内部数据资源时，可能需要对敏感数据进行必要的脱敏处理。

（2）对于企业外部数据资源的集成，问题要复杂得多。对于涉及互联网上社交媒体或特定站点的外部数据资源，需要开发特定的软件工具（如网页爬虫）进行集成；对于涉及物联网（IoT）上的外部数据资源，一般需要开发特定的软件工具进行集成；对于涉及科学实验未公开的外部数据资源，则可能需要使用超级计算机进行模拟生成（如生物实验数据）；对于涉及外部企事业单位未公开的数据资源，则需要通过谈判的方式，由对方提供脱敏处理后的数据进行集成。

数据集成存储需要解决好“大数据应用”的存储容量问题和异构性问题。

（1）大数据的存储容量问题。

在大数据时代，数据资源存储以 TB 级为计量单位。国内目前尚未见有存储 PB 级大数据数据资源的公开报道。TB 级存储是什么概念呢？数据的最小存储单位是二进制位（bit），8 个二进制位组成一个字节（Byte），一个字节可以存放一个英文字母，2 个字节才能存放一个汉字。表 3－1 是数据存储容量的规模表。

表3-1 数据存储容量的规模表

序号	中文名称	简称	英文名称	容量单位（Byte）
1	千字节	1KB	KiloByte	2^{10}
2	兆字节	1MB	MegaByte	2^{20}
3	吉字节	1GB	GigaByte	2^{30}
4	太字节	1TB	TeraByte	2^{40}
5	拍字节	1PB	PetaByte	2^{50}
6	艾字节	1EB	ExaByte	2^{60}
7	泽字节	1ZB	ZetaByte	2^{70}
8	尧字节	1YB	YottaByte	2^{80}
9	珀字节	1BB	BrontoByte	2^{90}
10	诺字节	1NB	NonaByte	2^{100}
11	刀字节	1DB	DoggaByte	2^{110}
12	馈字节	1CB	CorydonByte	2^{120}
13	约字节	1XB	XeroByte	2^{130}

介于2^{60}到2^{70}之间的数据存储容量2^{64}个字节是什么概念呢？有一个古老的“阿基米德与国王下棋”的故事，可以形象直观地解释2^{64}个字节究竟有多大。

有一位国王与数学家阿基米德下棋。国王说：“我们这样下棋好像不够刺激，要么赌点什么吧！”阿基米德说：“好啊。”国王说：“如果我下赢了，你就给我打一辈子长工。”阿基米德说：“行啊。”国王问阿基米德：“那要是你赢了，你想要得到什么呢？”阿基米德看了看国王，说：“我要是赢了，你就在棋盘格子里放上米粒就行了”。国王问：“怎么个放法呀？”阿基米德说：“棋盘一共就这么多格子，你要是输了，就在第一个格子里放一粒米，在第二个格子里放两粒米，在第三个格子里放四粒米，以此类推，以后每个格子放的米粒都是上一格子的一倍，放完就行了。”国王心想，我有的是大米粮食，别说这么个小小棋盘了，就是再大的棋盘也不是问题呀。于是，国王欣然答应了阿基米德“小小的要求”。而且国王还吩咐手下准备笔墨，与阿基米德签了约。结果阿基米德真的赢了棋。国王在兑现承诺的时候才发现，别说他国家的大米，就是全世界粮仓的大米也填不满这个小小的棋盘。

在这个故事中，阿基米德应用了数学上的几何倍增原理。这个数学原理的可怕之处在于，如果一个数字大于或等于2，那么按几何级数增加时，其倍增的速率是十分惊人的。如果把第一个格子的一粒米写成 2^0 次方个，第二个格子的2粒米写成 2^1 次方个，第三个格子的米粒写成 2^2 次方个，那么第N个格子的米粒就可以写成 2^{N-1} 次方个。国际象棋一共64个格子。放到第64个格子的时候，需要放的米粒数就是 2^{63} 次方个了，即9,223,372,036,854,780,000粒，这还只是这一个格子的容量，如果全部累加起来，则有18,446,744,073,709,560,000粒米。如果1000粒米有一克重，那么折算一下，第64格就需要放米9,223,372,036吨。这么大的数字，真的是全世界的米粒都不够放啊！

如果把一个粒米比作一个字节（Byte），两个字节可以存放一个汉字，则 2^{64} 个字节，可以存放的汉字就是（18,446,744,073,709,560,000）除以2个了。这个存储容量也是十分惊人的。

（2）大数据的异构性问题。

“大数据应用”处理的数据种类繁多，表现形式多种多样，包括结构化数据、半结构化数据和非结构化数据。

结构化数据是可以用二维表结构存储和管理的数据，它严格遵循数据格式及长度规范，使用传统的关系型数据库进行存储和管理，结构化数据的特点是先有结构后有数据。

半结构化数据经过转换处理结构化后可以用二维表存储和管理，它的特点是先有数据后有结构，如HTML、XML文件等均属于半结构化数据，半结构化数据经结构化转换后也可以用传统的关系型数据库进行存储和管理。

非结构化数据的数据结构不规则或不完整，没有预定义的数据模型，无法直接使用传统的关系型数据库进行存储和管理，如文本型、语音型、图形型、图像型、动画型、视频型等数据。

在“大数据应用”中，使用关系型数据库（如Oracle、DB2、MySQL、SQL Server等）存储管理大数据已经力不从心了。因此，一类NoSQL（Not Only SQL）非关系型数据库应运而生。这类NoSQL非关系型数据库容易实现数据的分散存储管理，易于实现海量数据的写入操作，易于通过廉价的服务器集群提升数据处理能力等。

目前，NoSQL非关系型数据库已经多达225种，主要有键值存储型数据库、文档型数据库、列存储数据库、图数据库以及对象数据库等。大数据集成存储，需要选择合适的NoSQL非关系型数据库进行大数据的集成存储管理，以便提升大数据分析、挖掘算法模型的计算能力并集成存储异构性的大数据。

大数据集成存储前，需要对各种类型的数据进行规范性的描述，如表3－2所示。

表3－2　异构数据类型表

序号	数据类型	数据结构性	数据规范性描述内容
1	数值型	结构化	数据名称，数据来源，取值长度，取值范围，采集频度（实时/非实时），采集方法，数据量（MB）/月，使用权限等
2	文本型	半结构化	数据名称，数据来源，文件格式（XML、HTML等），采集频度（实时/非实时），采集方法，数据量（MB）/月，使用权限等
3	语音型	非结构化	数据名称，数据来源，语音格式（CD、WAVE、AIFF、MPEG、MP3、MPEG－4、MIDI、WMA、RealAudio、VQF、OggVorbis、AMR、APE、FLAC、AAC等），采集频度（实时/非实时），采集方法，数据量（MB）/月，使用权限等
4	图形图像型	非结构化	数据名称，数据来源，图形图像格式（BMP、TIFF、GIF、PEG、PDF、PCX、PNG、JPEG、DXF、CGM、CDR、WMF、EPS、EMF、PICT等），采集频度（实时/非实时），采集方法，数据量（MB）/月，使用权限等
5	动画视频型	非结构化	数据名称，数据来源，动画视频格式（SWF、GIF、RM、RMVB、AVI、MOV、QT、FLC、FLI、MKV、TS等），采集频度（实时/非实时），采集方法，数据量（MB）/月，使用权限等

3.4.5　大数据质量把关

在早期的信息技术（IT）时代，有一句名言“垃圾进去，垃圾出来”（garbage in，garbage out）。在数据技术（DT）时代，这句名言仍然没有过时。确保大数据的数据质量，才有可能分析、挖掘出隐藏在大数据中有价值的信息。

大数据收集回来进入大数据集成存储，需要对这些大数据进行预处理，俗称为大数据质量把关。实践表明，数据预处理工作要耗费整个大数据分析、挖掘过程不低于60%的时间和精力。大数据预处理主要包括数据审计、数据清洗、数据转换、数据归约和数据标注等方面。

1. 数据审计

数据审计是指通过一些方法或技术手段，发现存在于数据中不符合预定义规则或不符合数据加工者自定义的数据加工规则的“问题数据”的过程。数据审计发现的“问题数据”，为“问题数据”的清洗提供依据。

检查“问题数据”的预定义规则包括：数据字典、数据完整性约束条件、数据的定义域及值域、数据自包含的关联信息等。

检查“问题数据”的自定义数据加工要求规则是由数据加工者自定义的判断“问题数据”的验证规则，包括变量定义规则和函数定义规则等。

常用的数据审计方法和技术手段是数据可视化，数据可视化容易发现存在于数据中的“问题数据”。

2. 数据清洗

顾名思义，数据清洗就是对收集回来的“脏”数据进行洗白。“脏”数据表现在：无关的、冗余的、拼写错误的、命名不合规范的、缺失的、异常的、不一致的、高维度的数据等。数据清洗工作的第一步是分析上述产生“脏”数据的原因，并有针对性地制定数据清洗的策略和规则；第二步是使用数理统计技术或数据挖掘技术完成数据资源“脏”数据的清洗工作。注意，有些“脏”数据需要企业业务部门配合才能完成（如命名不规范、数据不一致等），有些“脏”数据（如拼写错误、缺失值、无关值、异常值、冗余值、高维度等）可以直接应用信息技术进行清洗处理。

经过清洗后的数据实体类的观测对象构成一个表，表的列是数据实体的特征变量，表的行是数据实体类的一个具体的观测对象（记录）。

3. 数据转换

数据转换的目的是将数据集成系统提供的、来自不同数据源的且经过清洗的大数据进行某种形式的转换，使其更适应于大数据分析、挖掘及应用的形式要求，这种转换包括数据规范化转换和数据特殊需求转换两类。

数据规范化转换又称为数据标准化转换或归一化转换。由于不同的特征变量一般具有不同的量纲，数值之间的取值范围差别可能也会很大，规范化转换是通过转换函数将数据映射到指定的区间，如［0，1］区间等。

数据特殊需求转换是为满足大数据分析、挖掘及应用的某种需求而进行的转换，例如，在时间序列大数据分析、挖掘及应用中，需要将非平稳的时间序列大数据转换为平稳的时间序列大数据。

数据转换又称为数据变换，一种称为 Box - Cox 变换的广义幂变换方法，几乎可以用于转换连续变量不满足正态分布的所有情形。但要注意的是，数据转换不但会改变数据原来的形态，而且有时还会改变数据的内涵。因此，需要针对数据变量取值的实际情况，选择合适的数据转换方法。

4. 数据归约

数据归约的目的是在保持数据原有特性的前提下，最大限度地减少数据体量，降低大数据分析、挖掘的计算复杂性（时间和空间）。数据归约包括维归约和数值归约。

顾名思义，维归约就是降低维数，解决由于维数的增加导致计算量指数级增长的维数灾难问题。大数据集数据表的维度是数据的特征变量，维归约问题实际上是特征变量的选择问题，可以使用大数据分析方法进行维归约。常用的方法有：LASSO 方法、封装法、过滤法、主成分分析方法、因子分析法以及用户自定义合成等。

5. 数据标注

数据标注是对数据赋予人类认识数据的先验知识，为有监督的机器学习模型提供学习样本，无监督的机器学习模型无须数据标注。目前，数据标注主要由人工完成，工作量大，效率低。随着大数据分析、挖掘及人工智能应用从有监督学习向无监督学习或迁移学习的转变，数据标注的需求在逐步减少。严格地说，数据标注可以不属于数据质量的范畴。

"为了提升数据质量、降低数据计算的复杂度、减少数据计算量以及提升数据处理的准确性，数据科学项目需要对原始数据进行一定的加工处理工作——数据审计、数据清洗、数据转换、数据集成、数据脱敏、数据归约和数据标注等。"[3]

3.5 数据之建模，价值深挖掘

举一个通过分析数据规律进行数据建模、发现自然规律的例子。德国天文学家 Bode（1747—1826）研究行星到太阳的距离，如表 3 - 3 所示。当时，人们已经知道太阳系有六大行星，它们是水星、金星、地球、火星、木星和土星，同时也知道它们到太阳的距离。

表 3－3　Bode 应用六大行星到太阳的距离研究数据规律

行星	距离/百万公里	J Bode 距离单位	J Bode 数据建模
水星	57.9	3.87≈4 单位	0＋4＝4
金星	108.2	7.23≈7 单位	3＋4＝7
地球	149.6	定义为 10 单位	6＋4＝10
火星	227.9	15.234≈15 单位	12＋4＝16
木星	778.3	52.02≈52 单位	48＋4＝52
土星	1427.0	95.48≈96 单位	96＋4＝100

Bode 通过研究这些行星到太阳的距离规律，发现火星和木星之间应该存在一颗小行星，后来的天文学家证实了该猜想，这颗小行星到太阳的距离为 433.8 百万公里，约等于 28.9973 J Bode 距离单位，如表 3－4 所示。

表 3－4　从数据规律建模推导出自然规律

行星	距离/百万公里	J Bode 距离单位	J Bode 数据建模
水星	57.9	3.87≈4 单位	0＋4＝4
金星	108.2	7.23≈7 单位	3＋4＝7
地球	149.6	定义为 10 单位	6＋4＝10
火星	227.9	15.234≈15 单位	12＋4＝16
小行星	433.8	28.9973≈29 单位	24＋4＝28
木星	778.3	52.02≈52 单位	48＋4＝52
土星	1427.0	95.48≈96 单位	96＋4＝100
天王星	2870.0	191.845≈192 单位	192＋4＝196
海王星	4497.0	300.6≈301 单位	384＋4＝388
冥王星	5907.0	394.85≈395 单位	768＋4＝772

在大数据分析、挖掘中，数据建模是一个理解数据与建立模型多次迭代的过程。首先，从数据分析、挖掘的价值目标出发，在大数据集当中选择参与模型建设的特征变量，并进行特征变量与挖掘目标的因果分析及关联分析；其次，依据分析结果，选择合适的数据挖掘算法模型、划分训练数据集和验证数

据集，并应用训练数据集对数据挖掘算法模型进行训练，应用验证数据集对训练出来的算法模型进行性能评价，这个过程经过多次的迭代，得到可用的算法模型，如图3－2所示。

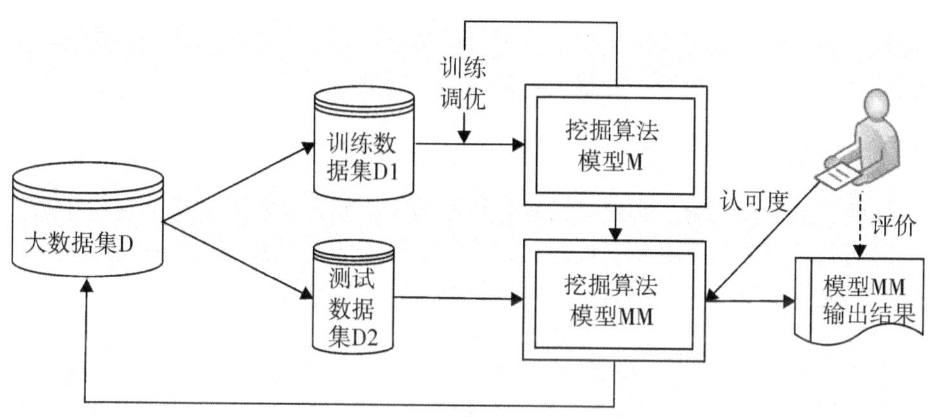

图3－2　数据挖掘算法模型训练过程

目前，可供人们选择使用的大数据分析、挖掘的基本算法模型有分类算法模型、聚类算法模型、回归分析算法模型、关联规则算法模型、特征分析算法模型、Web挖掘算法模型以及神经网络算法模型7类，多达几十种。

3.6　模型之评价，应用之前提

数据挖掘算法模型的评价分为训练调优过程的技术评价和应用部署之前的应用测试评价，技术评价由模型的开发者完成，应用测试评价由模型使用者完成。技术评价基于规范的评价方法（如混淆矩阵评价方法等）进行，应用测试评价基于数据挖掘商业需求阶段制订的测试评价方法以及相关的数据挖掘目标而设计的测试用例，由用户组织专家进行。

数据挖掘算法模型性能如果不能通过应用部署前的应用测试评价，则需要回到3.5或3.4阶段进行迭代，甚至可能要回到3.3数据需求阶段进行迭代，直到通过应用测试评价可以部署应用时为止。

3.7 模型之部署，价值来回报

在企业中部署与应用大数据分析、挖掘模型，为企业创造商业价值，这是企业开展大数据分析、挖掘及应用项目的初衷和归宿。大数据分析、挖掘模型的部署与应用，需要考虑并解决下述两个方面的问题。

3.7.1 数据规模问题

模型部署应用时，应考虑计算环境的数据存储容量需要适应数据快速增长的需求问题。规划模型部署应用时，可以参考表 3－1 的数据存储容量规模表，计算环境应能够满足一定时期内数据存储容量的需求。

3.7.2 模型优化问题

部署在企业大数据分析、挖掘及应用平台上的算法模型，应该具备较强的健壮性及容错能力。健壮性表现为模型稳定处理数据的能力，容错性表现为模型从少部分错误数据中恢复处理的能力。此外，模型部署应用后，要能够得到不断的性能优化，使之达到最佳的处理能力。这种模型优化，不能够依赖以改变算法模型（特殊情况除外）为代价实现模型优化的目标，而是要基于大数据的不断积累，通过不断训练调整算法模型的参数，实现模型的不断优化及能力提升。

本章参考文献

[1] 赵志升. 大数据挖掘 [M]. 北京：清华大学出版社，2019.
[2] 朝乐门. 数据科学理论与实践 [M]. 2 版. 北京：清华大学出版社，2019.
[3] 赵东方. 数学模型与计算 [M]. 北京：科学出版社，2007.

第4章 大数据分析、挖掘、应用之大数据框架层搭建

千里黄云白日曛，北风吹雁雪纷纷。
莫愁前路无知己，天下谁人不识君。
——（唐）高适

唐代诗人高适有一首《别董大》哲理诗，诗的后两句是“莫愁前路无知己，天下谁人不识君”。诗人以恢宏的气度、超然的禀赋，激励友人要不畏困难，勇往直前。诗词鼓舞人心，激励心志。

4.1 工欲善其事，必先利其器

中国有句老话说，“工欲善其事，必先利其器”。如果你是刚刚踏入“大数据应用”门槛的读者朋友，往往会被许多生疏的概念以及眼花缭乱的技术弄得无所适从，陷入无从下手的困境。其实，读者大可不必被眼前的困难吓倒，你只要理清了“大数据应用”开发的技术路线图，掌握了“大数据应用”开发的技术工具，认清了自己在“大数据应用”开发中承担的角色，就一定能够得心应手地参与到“大数据应用”的开发工作中来。

此外，在互联网时代，人们求解问题时已经不再是单打独斗了，互联网是一个好老师、好同事、好帮手。在互联网上，好汉式的技术老师多不胜数，当你碰到技术问题时，求助互联网协助你解决问题，“拜师学艺”也是一件习以为常的事情。

本章介绍的内容，是参与“大数据应用”开发的“利器”。熟练掌握本章的内容，可以为你在“大数据应用”领域打下扎实的基础，把你带入“大数据应用”开发的殿堂。

在“大数据应用”开发中，我国制定了一个如图4－1所示的“大数据应用”开发框架参考模型的国家标准，这个国家标准就是一个“大数据应用”开发的技术路线图。

图4－1所示的“大数据应用”开发技术路线图，将“大数据应用”开发

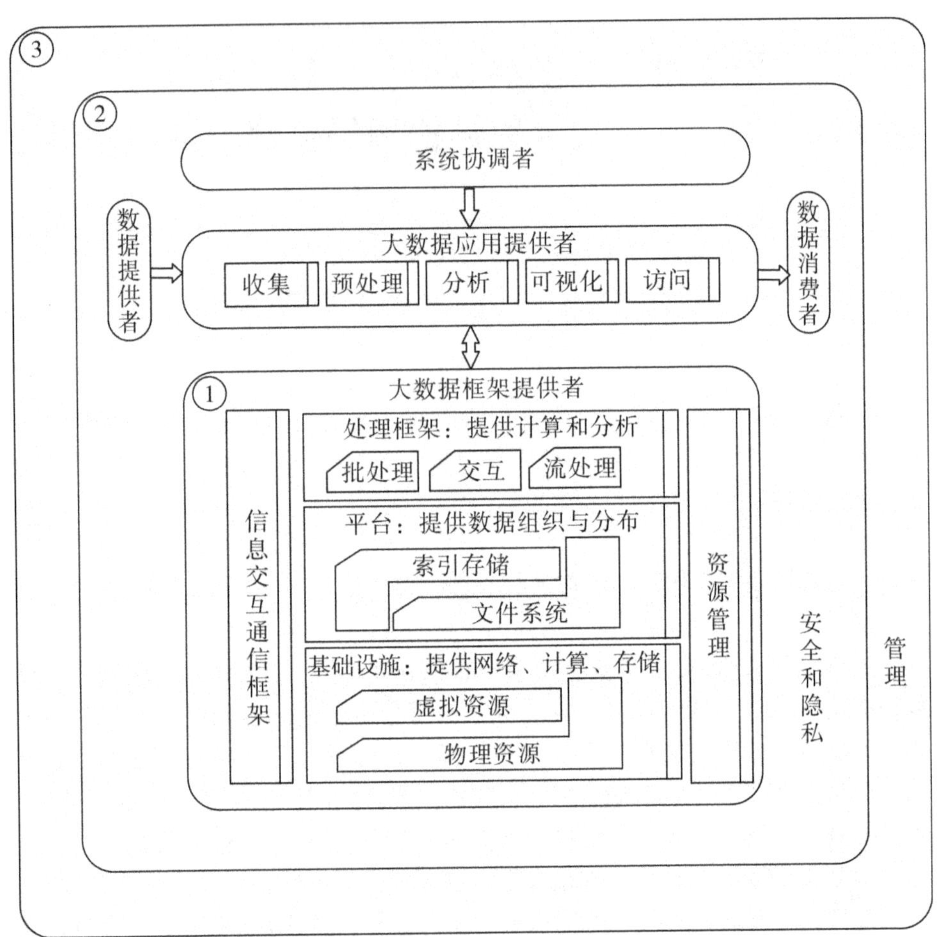

图4－1　国家标准《信息技术　大数据　技术参考模型》（GB/T 35589—2017）

分为三个层级：第①层级是大数据框架层，第②层级是大数据应用层，第③层级是大数据系统管理层。这种分层的方法，实际上是分工协作的方法，它可以让每一个参与“大数据应用”开发的人员，在不同的层级上找到适合自己参与的角色。

“大数据应用”开发三个层次涉及的管理人员和技术人员包括：项目发起者、项目经理、领域专家、数据科学家、数据分析师、数据工程师、技术支持工程师以及大数据算法工程师等。参与“大数据应用”的实施人员，经常会有一人担当多个角色的情形。企业必须了解各类管理人员和技术人员必须具备的基本技能要求，并为“大数据应用”项目配备合理的人才结构，才有可能成功实施“大数据应用”项目。参与“大数据应用”项目三个层级开发的工作人员，他们承担的主要工作任务及技能要求如表4－1所示。

表4－1 参与“大数据应用”项目人员的主要工作任务及技能要求

编号	角色	参与层级	承担的主要工作任务	基本技能要求
1	项目发起者	③	1）项目业主，提出“大数据应用”项目的需求及商业目标，主持项目的可行性研究及评价项目可行性研究结果； 2）参与项目实施过程中里程碑的管理； 3）参与项目的完工验收； 4）参与项目部署应用前的评价测试	1）了解企业发展的战略目标及熟悉企业的业务流程； 2）能区分“大数据应用”与“小数据应用”的差别； 3）具有“大数据应用”的思维
2	项目经理	② ③	1）项目实施的直接管理者，制订项目实施计划，管理项目的范围、进度、成本、质量及人力资源； 2）项目实施过程中的工作沟通、工作协调以及里程碑的考核； 3）组织项目完工验收； 4）参与项目部署应用前的评价测试	1）具有一个或多个信息化项目成功管理的案例； 2）了解实施“大数据应用”项目的标准过程模型； 3）了解“大数据应用”的大数据框架及相关的技术和工具
3	领域专家	② ③	1）项目领域知识咨询师，为项目实施提供领域知识咨询，协助完成制订项目的商业需求目标； 2）参与“大数据应用”的需求分析； 3）参与大数据的质量保证； 4）参与项目完工验收以及部署应用前的评价测试	1）熟悉企业发展的战略目标及熟悉企业的业务流程； 2）了解大数据治理工作

续表 4－1

编号	角色	参与层级	承担的主要工作任务	基本技能要求
4	数据科学家	② ③	1）大数据产品架构师，提出“大数据战略”、大数据产品架构以及构建企业的“大数据应用”生态； 2）大数据预处理及质量保证； 3）大数据分析、数据挖掘算法建模及验证与应用	1）掌握大数据分析、建模的理论及方法； 2）把握数据科学的发展及研究方向； 3）了解大数据框架平台技术及工具
5	数据分析师	② ③	1）大数据产品开发工程师，完成与项目商业需求目标关联的大数据需求的探索性分析； 2）“大数据应用”数据挖掘算法模型的建模特征（特征工程）	1）在所属专业领域具有较强的知识和经验； 2）统计学方面知识和经验； 3）数据可视化技术及工具应用
6	数据工程师	② ③	1）大数据产品开发工程师，完成“大数据应用”的数据获取、转换、加载（简称 ETL）以及大数据集成管理； 2）完成大数据分析及挖掘算法模型的程序实现、数据实验、性能评价以及模型优化； 3）完成大数据产品的部署应用以及持续改进	1）数据库及数据仓库的知识及经验； 2）数据治理知识及经验； 3）数据集成及数据资产管理知识及经验
7	技术支持工程师	①	1）大数据应用技术支持工程师，提供大数据框架技术支持平台的应用技术咨询； 2）保障大数据框架技术支持平台的稳定及可靠运行； 3）对大数据框架技术支持平台进行持续的优化及升级； 4）提供大数据产品部署应用的系统运行维护	1）掌握一种或多种大数据框架平台的技术及工具； 2）具有大数据框架平台的搭建及运维知识及经验

续表4-1

编号	角色	参与层级	承担的主要工作任务	基本技能要求
8	大数据算法工程师	② ③	1）“大数据应用”系统的设计及实现； 2）基本数据挖掘模型的选择及训练调优； 3）大数据挖掘模型的测试及评估	1）掌握机器学习的理论、技术及工具； 2）具有机器学习的建模、调优及应用实施的知识及经验
9	大数据框架平台开发工程师	①	1）参与设计及开发大数据框架平台的技术或工具； 2）参与制定大数据框架平台的技术规范或标准	1）掌握数据科学的理论、技术及工具； 2）了解数据科学的发展及应用方向

电力企业实施“大数据应用”项目的成功与否，人才是最主要的因素。但是，很少会有企业具有表4-1所示的完善的技术人才队伍。实际上，企业实施“大数据应用”项目，是难以且也没有必要具备这样完善的技术队伍的。

依据表4-1所示的“大数据应用”的技术人才，可以把企业拥有人才资源的情况分为最小人才集、基本人才集以及完全人才集三类，企业可以依据表4-2，选择适合企业人才资源实际的“大数据应用”实施策略。

表4-2 企业“大数据应用”实施策略

类型	企业人才资源集	企业人才资源	“大数据应用”实施策略		
			图4-1层①	图4-1层②	图4-1层③
1	最小人才集	项目发起者，项目经理，领域专家，数据科学家	选择商品化或开源平台	委托专业公司开发	自主开发
2	基本人才集	项目发起者，项目经理，领域专家，数据科学家，数据分析师，数据工程师，技术支持工程师，大数据算法工程师	选择商品化或开源平台	自主开发	自主开发

续表 4 – 2

类型	企业人才资源集	企业人才资源	“大数据应用”实施策略		
			图 4 – 1 层①	图 4 – 1 层②	图 4 – 1 层③
3	完全人才集	项目发起者，项目经理，领域专家，数据科学家，数据分析师，数据工程师，技术支持工程师，大数据算法工程师，大数据框架平台开发工程师	自主开发	自主开发	自主开发

依据表 4 – 2 的“大数据应用”人才资源的分类，电力企业“大数据应用”的人才资源多数属于类型 1，部分属于类型 2，几乎没有属于类型 3 的企业。类型 1 属于纯应用型企业，类型 2 属于应用开发型企业，类型 3 属于专业研究型企业。

在企业“大数据应用”的人才资源中，许多人才具有一人担任多个角色的能力。在“大数据应用”开发过程中，一个角色往往需要配备多个人才参与。因此，有志于参与企业“大数据应用”开发的读者朋友，一定能够在“大数据应用”中找到适合自己参与的角色岗位。

4.2 哈杜斯帕克，大数据框架

企业“大数据应用”开发框架参考模型国家标准的第①层开发内容如图 4 – 2 所示，这是企业“大数据应用”开发的底层技术支持平台的大数据框架模型。企业“大数据应用”面向用户的第②层、第③层开发，首先是要依据企业的应用需求及人才结构，对这个参考模型进行实例化，搭建适合企业“大数据应用”的大数据框架底层技术支持平台，这是“大数据应用”开发的根基，本节介绍基于“Hadoop + Spark”大数据框架的搭建方法与过程。

电力企业在实施“大数据应用”项目时，是不会也没有必要组织人力、物力去开发第①层的技术支持平台的大数据框架模型的。通常的做法是，直接选用目前市场上流行的商品化产品或开源的产品。目前，市场上流行最广、使用最多的大数据框架是开源产品 Hadoop（读音“哈杜”）与 Spark（读音“斯帕克”）。因此，在谈及“大数据应用”项目时，人们必谈“Hadoop + Spark”

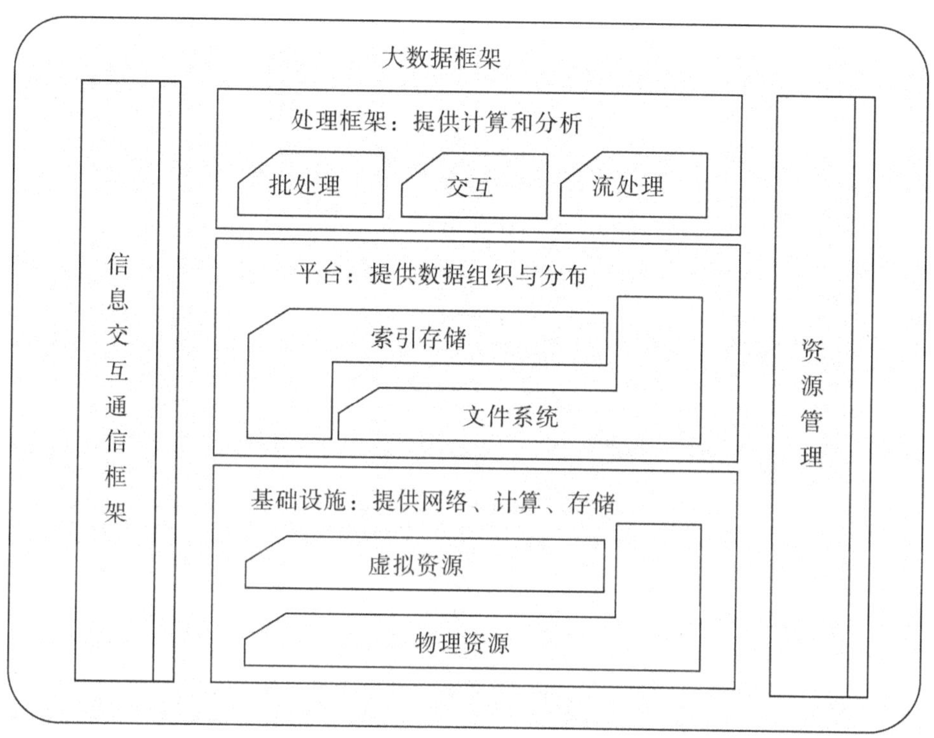

图4－2　大数据框架模型

大数据框架技术支持平台。

图4－2描述的大数据框架是一个概念模型，企业开展“大数据应用”搭建的大数据框架是在图4－2大数据框架概念模型上的实例化。本书以“Hadoop＋Spark”实例化图4－2的大数据框架概念模型，搭建支持“大数据应用”的大数据框架技术支持平台实例模型，具体如图4－3所示。

4.2.1　“Hadoop＋Spark”之技术工具

目前，“Hadoop＋Spark”的大数据框架已经成为“大数据应用”底层技术支持事实上的技术标准。虽然Hadoop和Spark都是大数据框架，但它们各自的功能侧重点不同，把两者结合在一起，可以相互取长补短，为“大数据应用”提供更丰富、更高效的底层（第①层）技术支持。Hadoop和Spark大数据框架的比较如表4－3所示。

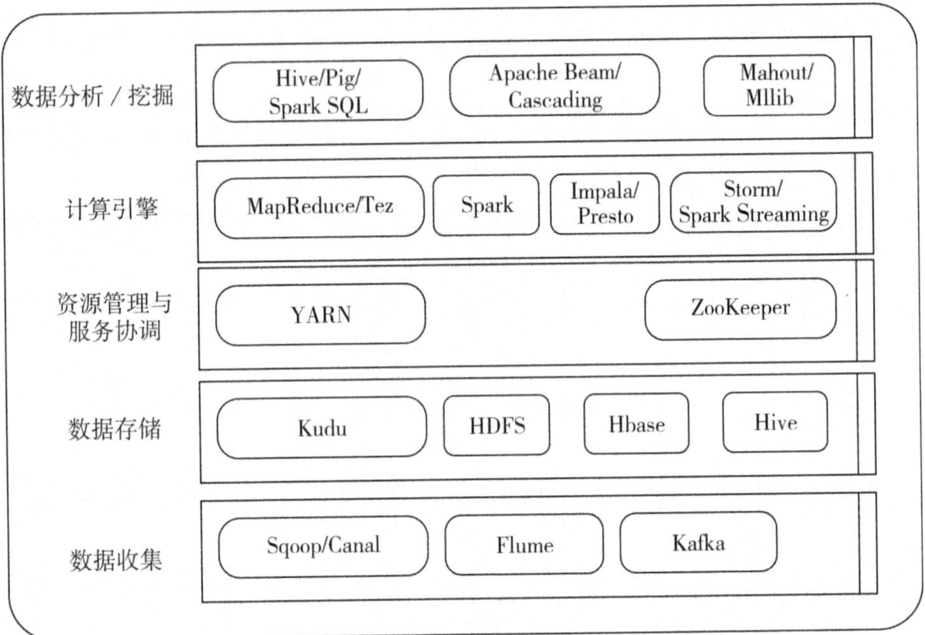

图 4－3　基于“Hadoop＋Spark”的大数据框架实例模型

表 4－3　Hadoop 与 Spark 大数据框架比较

序号	比较项	大数据框架	
		Hadoop 大数据框架	Spark 大数据框架
1	侧重点	Hadoop 是 Apache 基金会支持开发的分布式系统基础框架。Hadoop 实现了一个具有高容错性特点并可以部署在低价的硬件平台上的分布式文件系统 HDFS。Hadoop 框架的核心是 HDFS 和 MapReduce。HDFS 为海量数据提供存储功能，MapReduce 为海量数据提供计算功能	Spark 是大数据处理的快速通用的计算引擎。Spark 不但拥有 Hadoop MapReduce 所具有的优点，而且将中间输出结果保存在内存中而节省了访问 HDFS 的时间，所以，Spark 性能以及运算速度要高于 MapReduce

续表4-3

序号	比较项	大数据框架	
		Hadoop 大数据框架	Spark 大数据框架
2	优点	(1) 高可靠(数据存储在多个备份中)、高效率(以并行的方式工作)以及高扩展性(计算任务可以方便地扩展到数以千计的计算节点中); (2) 高容错性,能自动保存数据的多个副本,并能自动重新分配失败的任务; (3) 低成本,能部署在低价的硬件设备上运行	(1) 具有 Hadoop 的所有优点; (2) 较之 Hadoop,其计算速度更快; (3) 提供了大量的库支持,包括 Spark Core、Spark SQL、Spark Streaming、MLlib 以及 GraphX 等; (4) 支持多种资源管理器。支持 Hadoop YARN 以及其自带的独立集群管理器; (5) 操作使用简单。高级 API 使应用开发者可以专注于应用计算本身,而无须关注集群本身
3	应用场景	是一个分布式数据存储框架,将大数据分派到由普通廉价硬件设备组成的集群中进行多个节点的存储,极大地降低了硬件的成本	本身不带分布式文件系统,但可以基于其他公司的分布式大数据存储,提供可靠、高效、可扩展以及大量的库支持
4	处理方式	按下述步骤分步地处理数据:从磁盘中读取数据;进行一次处理;将结果写入磁盘;又从磁盘中读取更新后的数据;再次进行数据处理;又将处理结果写入磁盘;重复上述步骤直到数据处理完成时为止。频繁存取磁盘的操作,影响了数据处理速度	按下述步骤分步地处理数据:从磁盘中读取数据;进行一次处理并将处理得到的中间数据结果存入内存中;又从内存中读取更新后的数据;再次进行数据处理;又将处理结果写入内存;重复上述步骤直到数据处理完成时为止。完成所有必须的分析处理后,将结果写回磁盘。减少了存取磁盘的操作,加快了数据处理速度

续表 4 -3

序号	比较项	大数据框架	
		Hadoop 大数据框架	Spark 大数据框架
5	容错性	将每次数据处理后的结果写入磁盘，基本上不出现断电或出错造成数据丢失的问题	将数据对象存储在弹性分布式数据集 RDD（Resilient Distributed Dataset）上，如果出现数据集的一部分丢失，则可根据数据衍生过程对丢失的数据集进行重建，并且在计算过程中使用 CheckPoint 实现容错
6	独立性	提供分布式数据存储功能 HDFS 及用于数据处理的 MapReduce，MapReduce 无需依靠 Spark 的数据处理功能	虽然本身不带文件系统，但 Hadoop 与 Spark 的结合，可以使用 Hadoop 提供的分布式集群及分布式文件系统 HDFS，而 Spark 可以代替 MapReduce 解决 MapReduce 计算能力不足的问题

将 Hadoop 与 Spark 结合在一起构成第①层的大数据框架技术支持平台，可以为"大数据应用"第②层、第③层面向用户的大数据应用功能开发提供丰富的技术工具支持，这些技术支持工具包括 5 类：数据收集工具、数据存储工具、资源管理与服务协调工具、计算引擎工具、分析挖掘工具。目前在大数据框架的技术工具的生态环境中，应用最广泛的就是以"Hadoop + Spark"为核心的大数据框架技术工具生态系统，表 4 -4 列出了这个生态系统中成熟的技术工具及其支持功能。

表4－4 “Hadoop＋Spark”生态系统的技术支持工具

<table>
<tr><th rowspan="2">序号</th><th rowspan="2">技术工具类别</th><th colspan="2">技术工具</th><th rowspan="2">支持功能</th></tr>
<tr><th>顺序号</th><th>名称</th></tr>
<tr><td rowspan="3">1</td><td rowspan="3">数据收集</td><td>（1）</td><td>Sqoop/Canal</td><td>结构化数据收集及导入工具。Sqoop 可将关系型的结构化数据全量导入到 Hadoop 中（如 HDFS）和关系型数据库中（如 MySQL 等），而 Canal 则实现增量导入</td></tr>
<tr><td>（2）</td><td>Flume</td><td>非结构化数据收集及导入工具。例如，可接近实时地收集、过滤、聚集、加载流式日志数据到 HDFS 中</td></tr>
<tr><td>（3）</td><td>Kafka</td><td>数据总线。是分布式消息队列，支持多个数据消费者订阅关心的数据</td></tr>
<tr><td rowspan="3">2</td><td rowspan="3">数据存储</td><td>（4）</td><td>HDFS</td><td>Hadoop 分布式文件系统的 Google GFS 的开源实现。适合构建在廉价的设备上降低大数据存储成本。支持的数据存储格式包括：SSTable（Sorted String Table）、文本文件、二进制 Key/Value 格式 Sequence File、ORC（Hadoop 生态圈中的列式存储格式）、Carbondata（是一种新的高性能数据存储格式，通过多级索引、字典编码、列式存储等提升 IO 扫描和计算性能，实现百亿数据级秒级响应）等</td></tr>
<tr><td>（5）</td><td>HBase</td><td>分布式数据库。HBase 构建在 HDFS 之上，是 Google Big Table 的开源实现。支持存储结构化或半结构化数据，支持行列无限扩展及数据的随机查询与删除</td></tr>
<tr><td>（6）</td><td>Kudu</td><td>分布式列式存储数据库。支持存储结构化数据，支持行列无限扩展及数据的随机查询与更新</td></tr>
</table>

续表 4 -4

序号	技术工具类别	技术工具		支持功能
		顺序号	名称	
3	资源管理与服务协调	(7)	YARN	资源管理与调度系统。统一管理集群中的资源，如 CPU、内存等，依据定制的策略将资源分配给上层的各类应用。可按队列的方式组织和管理资源，可独立定制每个队列的调度机制
		(8)	ZooKeeper	基于简化版 Paxos 协议（一种基于消息传递模型的一致性协议）的服务协调系统。支持使用 API 实现 leader 选举、服务命名、分布式队列与分布式锁等
4	计算引擎	(9)	MapReduce/Tez	批处理计算引擎。支持通过简单的 API 编写分布式批处理程序；Tez 基于 MapReduce 开发，是一个通用的 DAG 计算引擎，DAG 是 Directed Acyclic Graph 的缩略词，意为有向无环图。Tez 可以更高效地实现复杂的数据处理逻辑，应用于 Hive 及 Pig 等数据分析挖掘中
		(10)	Spark	通用 DAG 计算引擎。支持使用内存进行快速的数据分析挖掘
		(11)	Impala/Presto	开源的 MPP 系统。分别是 Cloudera 公司和 Facebook 公司开源的系统。MPP 是 Massively Parallel Processing 的缩略词，意为大数据并行处理。支持使用标准 SQL 处理存储在 Hadoop 中的数据
		(12)	Storm/Spark Streaming	分布式流式实时计算引擎。支持使用 API 完成实时应用程序的开发

续表4-4

序号	技术工具类别	技术工具		支持功能
		顺序号	名称	
5	分析挖掘	(13)	Hive/Pig/Spark SQL	支持SQL或脚本语言的数据分析系统。Hive是基于MapReduce/Tez实现的SQL引擎；Pig是基于MapReduce/Tez实现的工作流引擎；Spark SQL是基于Spark实现的SQL引擎
		(14)	Mahout/MLlib	机器学习及数据挖掘算法库。它们基于Spark引擎之上实现
		(15)	Apache Beam/Cascading	高级API集合。基于各种计算框架封装，支持构建复杂的数据流水线。其中，Apache Beam统一了批处理和流处理两种计算框架；Cascading内置查询计划优化器，支持自动优化用户实现的数据流

4.2.2 “Hadoop + Spark”之版本选择

当企业采用“Hadoop + Spark”作为“大数据应用”第①层的大数据框架技术支持平台时，需要分别考虑Hadoop和Spark的版本选择和开发厂家的选择问题。

在选择Hadoop和Spark的版本和开发厂家时，需要考虑下述五个因素：一是是否为免费的开源软件；二是该版本是否稳定；三是是否经过实践验证；四是有无快速解决技术问题的途径（如社区、论坛等）；五是企业“大数据应用”人才资源具备的能力。

如果企业选择自由搭配开源软件的方法，搭建自己的“大数据应用”第①层的“Hadoop + Spark”大数据框架技术支持平台，本书推荐：Java8 + Hadoop2.7 + Spark2.4.5。

如果企业选择商品化的Hadoop和Spark厂家产品，搭建自己的“大数据应用”第①层的“Hadoop + Spark”大数据框架技术支持平台，本书推荐表4-5列出的产品供参考。

表 4 -5 供选择参考的 Hadoop 和 Spark 厂家产品

序号	产品名称	厂家及产品简介
Hadoop 大数据框架		
1	Apache Hadoop	Apache 基金会维护，社区版源代码开源，是商业公司大数据框架发行版的基础
2	CDH	Cloudera 公司发行版，闭源收费
3	HDP	Hortonworks 公司发行版，闭源收费
Spark 大数据框架		
1	Apache Spark	Apache 基金会维护，源代码开源
2	Databricks Spark	Databricks 公司发行版，源代码开源，内置企业版本，具有安全、审计及云计算等特点和功能支持
3	Hadoop 企业发行版	各大 Hadoop 企业，如 HDP/CDH 等，源代码开源，内置对 Spark 的支持

4.3 大数据框架，哈杜之安装

4.3.1 Hadoop 的故事

Hadoop 是业内影响力最大、应用最广的大数据框架技术支持平台，这个平台有一个简单有趣的故事。2004 年，互联网档案馆的搜索主管 Doug Cutting 与华盛顿大学的研究生 Mike Cafarella 受 2003 年的一篇分布式文件系统的论文以及 2004 年 Google 内部对于大数据问题解决方案的三篇论文（MapReduce、GFS 和 BigTable）的启发，开发了一款支持开源搜索引擎项目 Apache Nutch 的软件。随后，Doug Cutting 从 Nutch 中拆分出一个名为 Hadoop 的开源项目，Hadoop 是 Doug Cutting 儿子的玩具熊名字。2005 年 12 月，Hadoop 在 20 个计算节点上稳定运行；从 2006 年 2 月开始，Apache Hadoop 开源项目正式启动，以支持 HDFS 和 MapReduce 独立发展；2012 年 3 月，在 Hadoop1.0 版本的基础上，Hadoop1.2.1 稳定版本发布了；2013 年 10 月，Hadoop2.2.0 版本成功发布；2014 年 11 月，Hadoop2.6.0 版本发布了，这是一个目前市场上应用最多并被推荐使用的版本。

目前在Hadoop发展的生态圈里，不断有新的功能元素加入，版本管理比较混乱，导致“大数据应用”开发者选择Hadoop版本的困难。事实上，较成熟的Hadoop版本为1. x版和2. x版两个版本。Hadoop1. x版由分布式文件系统HDFS和计算处理框架MapReduce组成；Hadoop2. x版由支持NameNode横向扩展的分布式文件系统HDFS、资源管理系统和运行在YARN（JS包管理工具，JS是一种具有函数优先的轻量级、解释型或即时编译型的高级编程语言）上的计算处理框架MapReduce组成。较之Hadoop1. x版，Hadoop2. x版具有更强大的功能和更好的扩展性，可以支持多种计算框架。

4.3.2 Hadoop之部署方式

非研究型企业在实施“大数据应用”项目时，首先要安装部署好第①层级的大数据框架技术支持平台。有两种部署大数据框架Hadoop的方式，一种是人工部署方式，另一种是自动部署方式。人工部署方式用于小规模的大数据集群，而自动部署方式用于中大规模大数据集群的部署。人工部署方式需要人工安装大数据框架生态系统中的各个组件，而自动部署方式可以选择部署者自己构建的自动部署系统实现，也可以选择商业公司提供的自动部署系统实现。

采用人工方式部署Hadoop大数据框架时，需要注意软硬件环境的要求以及操作者需要基本的技能要求。

1. 软硬件环境的要求

（1）“Hadoop + Spark”可运行在Windows平台及Linux平台上，推荐安装在64位的Linux平台上运行，可选择Linux Centos7. 0版。

（2）学习者可选择Windows系统，使用虚拟机VirutalBox或VMware Workstation运行Linux。

2. 操作者的技能要求

（1）熟悉Linux基本命令，如下载文件、使用vi/vim编辑文件、创建文件及创建目录等。

（2）掌握配置网络参数方法，如修改主机名称、配置静态IP地址、配置DNS及配置本地域名解析等。

4.3.3 Hadoop之安装部署方法及过程

1. Hadoop单节点部署方法及过程

Hadoop单节点的安装部署方法及过程参见表4-6。

表 4－6　Hadoop 单节点的安装部署方法及过程

步骤	安装部署方法	说明
1	在虚拟机中安装 Linux，如 Centos7.0	安装 Linux 系统
2	安装 SSH $ sudo yum install ssh	SSH 是 Secure Shell 的缩写，是 Linux 系统的标准配置。SSH 专为远程登录会话和其他网络服务提供安全性协议，能有效弥补网络中的漏洞缺陷。使用 SSH，可以进行传输数据的加密，防止 DNS 欺骗和 IP 欺骗。同时，还对传输数据进行压缩，加快传输的速度
3	安装 Ysync $ sudo yum install rsync	Rsync（remote synchronize）是一个远程数据同步工具，可通过 LAN/WAN 快速同步多台主机间的文件，也可以使用 Rsync 同步本地硬盘中的不同目录
4	安装 OpenJDK $ sudo yum install java -1.7.0 -openjdk-devel	OpenJDK 和 JDK（Java Development Kit）都是 Java 开发工具包，两者的区别在于授权协议不同，OpenJDK 采用 GPL V2 协议，而 JDK 则采用 JRL 协议。GPL V2 协议允许在商业上使用，而 JRL 协议只允许个人研究使用。OpenJDK 不包含 Deployment（部署）下述功能：Browser Plugin、Java Web Start 以及 Java 控制面板
5	确认 JDK 版本 $ java -version	Java version "1.7.0_131" OpenJDK Runtime Environment（rhel-2.6.9.0.el7_3-x86_64 u131-b00） OpenJDK 64-Bit Server VM（Build 24，131-b00，mixed mode）

6	下载 Hadoop 的安装包
	$ cd ~
	$ wget 下载地址
		在当前 Linux 用户的 Home 目录下载 Hadoop 安装包

续表4-6

步骤	安装部署方法	说明
7	解压 `tar -zxvf hadoop-2.7.3.tar.gz`	解压成功后，Hadoop 的路径为/home/hadoop/Hadoop-2.7.3
8	在 Hadoop 的配置文件中增加环境变量 JAVA_HOME	在 Centos7 中，yum 安装 JDK 之后，JAVA_HOME 的一般设置为：/etc/alternatives/java_sdk/jre_1.7.0_openjdk 或者/etc/alternatives/jre_1.7.0_openjdk。其他发行版本的 Linux 的 JDK 位置可能不同，要根据实际情况进行调整
9	在 hadoop 的安装目录下，运行下述命令，验证配置是否正确： `$bin/hadoop version`	验证配置的正确与否
10	运行 MapReduce 任务，验证集群能否正常工作。	Hadoop 发行包里提供了一个名为：Hadoop-mapreduce-examples-2.7.3.jar 的 jar 包，里面是 MapReduce 的演示程序，可以按其结构及思路开发简单的测试程序，测试集群能否正常工作
★至此，完成了 Hadoop 的单节点安装部署		

2．Hadoop 伪分布式部署方法及过程

Hadoop 的伪分布式安装部署是在单节点安装部署的基础上继续配置，Hadoop 的伪分布式安装部署方法及过程参见表4-7。

表 4－7　Hadoop 的伪分布式安装部署方法及过程

步骤	安装部署方法		说明
1	SSH 免密码登录	(1) 产生公钥和私钥 $ssh－keygen－t rsa－P "－f ～/.ssh/id_rsa	在当前用户 home 里创建 . ssh 目录，并在该目录生成一对公钥和私钥，文件名分别为 id_rsa. pub 和 id_rsa
		(2) 将公钥放到目标机器中 $cp ～/.ssh/id_rsa.pub ～/.ssh/authorized_keys	目标机器的目录为～/. ssh/authorized_keys。如果 authorized_keys 已经存在，则将 id_rsa. pub 追加到 authorized_keys，否则，可直接使用 cp 命令创建该文件
		(3) 验证 在终端执行命令： ssh localhost	因为～/. ssh/known_hosts 中没有记录本地机器，第一次登录时，需要输入 yes 进行确认，以后登录时不再需要确认。用 exit 命令注销登录
2	修改配置文件	(1) 修改配置文件 etc/hadoop/core－site.xml	<configuration> <property> <name>fs.defaultFS</name> <value>hdfs://localhost:9000</value> </property> </configuration>
		(2) 修改配置文件 etc/hadoop/hdfs－site.xml	<configuration> <property> <name>dfs.replication</name> <value>1</value> </property> </configuration>
3	格式化	格式化 NameNode $bin/hdfs namenode －format	如果提示：“Storage directory /tmp/hadoop－Hadoop/dfs/name has been successfully Formatted”，则表示格式化成功。注意：不要重复进行格式化，以免导致 NameNode 与 DataNode 的 namenodeId 不一致，造成DataNode 守护进程启动失败

续表4－7

步骤	安装部署方法		说明

4	启动守护进程	启动 NameNode 和 DataNode 守护进程：
		`$sbin/start-dfs.sh`
		`$jps`
			注意，start-dfs.sh 在 sbin 目录中。jps 命令是检查守护进程是否在工作。正常情况会启动 NameNode、DataNode 以及 SecondaryNameNode 三个进程。
			使用下述命令，可以关闭 dfs：`$sbin/stop-dfs.sh`

5	检查 dfs 状态	通过 Web 检查 dfs 状态，在浏览器中打开 http://localhost:50070	到这一步，已经完成了 dfs 的配置。现在可以将创建的文件存储到集群中，执行 MapReduce 任务并验证结果
6	配置 YARN	（1）修改配置文件 `etc/hadoop/mapred-site.xml`	<configuration> <property> <name>mapreduce.framework.name</name> <value>yarn</value> </property> </configuration>
		（2）修改配置文件 `etc/hadoop/yarn-site.xml`	<configuration> <property> <name>yarn.nodemanager.aux-services</name> <value>mapreduce_shuffle</value> </property> </configuration>

		（3）启动资源管理进程和节点管理进程
		`$sbin/start-yarn.sh`
		`$jps`
			使用 jps 命令查看进程，可以找到多了 NodeManager 和 ResourceManager 进程。使用命令 sbin/stop-yarn.sh 可以关闭进程。

续表 4－7

<table>
<tr><th>步骤</th><th colspan="2">安装部署方法</th><th>说明</th></tr>
<tr><td rowspan="2">6</td><td rowspan="2">配置 YARN</td><td>（4）查看 ResourceManager 的 Web 接口</td><td>至此，完成了伪分布式部署。最后，还需验证一下 YARN 启动以后，MapReduce 的执行情况</td></tr>
<tr><td>（5）验证 YARN 启动后，MapReduce 的执行情况</td><td>省略</td></tr>
<tr><td colspan="4">★至此，完成了 Hadoop 的分布式安装部署及验证</td></tr>
</table>

3．Hadoop 集群部署方法及过程

常见的 Hadoop 集群部署架构有“NameNode＋Secondary”架构（传统部署架构）、“Active Namenode＋Standby Namenode”（即 High Availability 架构）方式以及“High Availability＋Federation”架构三种，除传统部署架构可以使用 Hadoop 1. x和 Hadoop2. x 版本外，其余两种架构均使用 Hadoop2. x 版本。Hadoop2. x 版本在 HDFS 中增加了如下两个重要的特性：

（1）商可用（High Availability）特性。此特性使用热备方式解决 NameNode 单点故障的问题。

（2）联邦（Federation）特性。此特性允许一个 HDFS 集群中有多个NameNode 同时对外提供服务，这些 NameNode 水平切片分管一部分目录，彼此之间相互隔离，但共享底层的 DataNode 存储资源，进一步提升了集群的性能和可靠性。

下面以传统部署架构为例，介绍 Hadoop 集群的安装部署方法及过程，参见表 4－8。

表4-8 Hadoop 集群的安装部署方法及过程

<table>
<tr><th>步骤</th><th colspan="2">安装部署方法</th><th>说明</th></tr>
<tr><td>1</td><td>集群规划</td><td colspan="2">使用六台 Linux 服务器的集群规划方案例子：
编号 机器名 IP 进程
1 m1 10.17.147.101 NameNode
2 m2 10.17.147.102 SecondaryNameNode
3 m3 10.17.147.103 ResourceManager，JobHistory
4 m4 10.17.147.104 DataNode，DataNodeManager
5 m5 10.17.147.105 DataNode，DataNodeManager
6 m6 10.17.147.106 DataNode，DataNodeManager</td></tr>
<tr><td rowspan="7">2</td><td rowspan="7">准备工作</td><td>（1）准备六台 Linux 服务器</td><td>可以使用虚拟机，每台 1GB 内存、10GB 以上存储空间</td></tr>
<tr><td>（2）给六台 Linux 服务器命名</td><td>按照规划方案命名</td></tr>
<tr><td>（3）配置本地机器名解析</td><td>修改/etc/hosts，增加 m1 到 m6 的解析</td></tr>
<tr><td>（4）配置 SSH 免密码登录</td><td>第一步对机器 m1 做 SSH 免密码登录配置；第二步将 ~/.ssh/*用 scp 命令复制到其他机器的 /home/ 用户名 /.ssh/</td></tr>
<tr><td>（5）关闭防火墙</td><td>Centos7 下关闭、禁用默认防火墙及检查其状态的命令为：
$sudo systemctl stop firewalld
$sudo systemctl disable firewalld
$sudo systemctl status firewalld</td></tr>
<tr><td>（6）下载 Hadoop</td><td>下载 Hadoop 安装包，并解压到适当的位置</td></tr>
<tr><td>（7）确保版本一致性</td><td>所有机器上使用相同版本的 JDK 和 Hadoop，并确保 Hadoop 的目录在相同的位置</td></tr>
</table>

续表 4－8

步骤	安装部署方法		说明
3	验证准备工作	（1）验证本地机器名解析正常	在任意一台机器上 ping 其他机器，能解析到 IP 地址，并且网络延迟小
		（2）验证 SSH 免密码配置是否成功	注意，这一步验证一定要做。因为第一次使用 SSH 登录时，本地 ~/. ssh/known_hosts 是空的，SSH 会核对远端机器的 IP 地址，并将发过来的公钥与本地 known_hosts 文件中的内容进行比较，如果文件中没有该 IP 的公钥，会显示警告信息，询问是否继续连接，这个警告信息会中断自动化操作。验证方法是：在任意一台机器上用 SSH 登录，如果其他机器不用输入密码也无其他提示，则表示 SSH 免密码配置成功
		（3）检查 JDK 版本	在每台机器上运行 java-version 检查 JDK 版本的一致性
		（4）检查防火墙	在每台机器上检查防火墙状态
4	配置 Hadoop 参数	（1）配置 etc/hadoop/hadoop－env. sh	首先配置好机器 m1 上的参数，然后分发到其他的机器上。方法是找到 JAVA_HOME，将其修改为： export JAVA_HOME = /etc/alternatives/jre_1.7.0_openjdk
		（2）配置 core－site. xml	<configuration> <property> <name>fs.defaultFS</name> <value>hdfs://m1:9000</value> </property> <property> <name>hadoop.tem.dir</name> <value>home/用户名/hadoopData</value> </property>

续表 4-8

步骤	安装部署方法		说明
4	配置 Hadoop 参数	(2) 配置 core-site.xml	<property> <name>io.file.buffer.size</name> <value>131072</value> </property> </configuration> 注释：fs.defaultFS 指定 hdfs 入口，一般部署在 NameNode 上。开发 Hadoop 应用时，应用程序访问集群时需要用到。hadoop.tem.dir 指定 Hadoop 的数据目录位置，默认为 /tmp/hadoop-${user.name}，最好部署在用户 home 目录中，例如/home/用户名/hadoopData
		(3) 配置 etc/hadoop/hdfs-site.xml	<configuration> <property> <name>dfs.namenode.http-address </name> <value>m1:50070</value> </property> <property> <name> dfs.namenode.secondary .http-address </name> <value>m2:50070</value> </property> <property> <name>dfs.replication</name> <value>3</value> </property> </configuration> 注释：dfs.namenode.http-address 和 dfs.namenode.secondary.http-address 分别指定 NameNode 和 SecondaryNameNode 的 Web 页面地址。dfs.replication 指定文件副本数量，该参数不能大于 datanode 节点的数量

续表 4－8

步骤	安装部署方法		说明
4	配置 Hadoop 参数	（4）配置 etc/hadoop/mapred－site. xml	<configuration> <property> <name>mapreduce.framework.name </name> <value>yarn</value> </property> <property> <name> mapreduce.jobhistory .address </name> <value>m3:10020</value> </property> <property> <name> mapreduce.jobhistory .webapp.address </name> <value>m3:19888</value> </property> </configuration> 注释：mapreduce. framework. name 指定使用 YARN 运行 MapReduce 程序；mapreduce. jobhistory. address 指定 JobHistoryServer 的地址；mapreduce. jobhistory. webapp. address 指定 JobHistoryServer 的 Web 地址
		（5）配置 etc/hadoop/yarn－site. xml	<configuration> <property> <name>yarn.resourcemanager .hostname</name> <value>m3</value> </property> <property> <name> yarn.nodemanager .aux－services </name> <value>mapreduce_ shuffle</value> </property>

续表4-8

步骤	安装部署方法		说明
4	配置Hadoop参数	（5）配置 etc/hadoop/yarn-site.xml	</configuration> 注释：yarn.resourcemanager.hostname 是指运行 ResourceManager 的服务器
		（6）配置 etc/hadoop/slaves	m4 m5 m6
		（7）分发配置文件	scp -r /home/hadoop/hadoop-2.7.3 hadoop@m2:/home/hadoop/ scp -r /home/hadoop/hadoop-2.7.3 hadoop@m3:/home/hadoop/ scp -r /home/hadoop/hadoop-2.7.3 hadoop@m4:/home/hadoop/ scp -r /home/hadoop/hadoop-2.7.3 hadoop@m5:/home/hadoop/ scp -r /home/hadoop/hadoop-2.7.3 hadoop@m6:/home/hadoop/ 在m1上执行上述命令，将会把整个Hadoop的目录分发出去，如果只分发配置文件，可以只复制/home/hadoop/hadoop-2.7.3/etc/hadoop目录
5	启动集群	（1）格式化NameNode	在m1上执行下述命令： $ bin/hdfs namenode -format 注意：不要多次进行格式化，否则会使NameNode和DataNode的clusterID不一致。如果不小心格式化两次或以上，可以删除NameNode和DataNode对应机器（m1，m2，m3，m4，m5，m6）的hadoop.tem.dir指定的目录，然后再做一次格式化

		（2）启动NameNode	在m1上执行下述命令，并检查NameNode是否启动成功：
			$ bin/hadoop-daemon.sh start namenode
			$ jps

续表 4-8

步骤	安装部署方法		说明
5	启动集群	（3）启动 DataNode	在 m4 上执行下述命令，并检查 m4，m5，m6 上的进程是否启动成功： $ bin/hadoop - daemon.sh start datanode $jps $ssh m5 jps $ssh m6 jps
		（4）启动全部 dfs 进程	在 m1 上执行下述命令，并检查 SecondaryNameNode 是否启动成功： $sbin/start - dfs.sh $jps $ssh m2 jps
		（5）启动 ResourceManager	在 m3 上执行下述命令，并检查 ResourceManager 进程是否启动成功： $sbin/yarn - daemon.sh start resourcemanager $jps
		（6）启动 NodeManager	在 m4，m5，m6 上执行下述命令，并检查 NodeManager 进程是否启动成功： $sbin/yarn - daemon.sh start nodemanager $jps 注意：在 m3 上执行（5）和（6）
		（7）启动 JobHistoryServer	在 m3 上执行下述命令： $sbin/mr - jobhistory - daemon. sh start historyserver $jps
		（8）检查 Web 接口	用浏览器检查 Web 接口： NameNode：http://m1:50070

续表4-8

步骤	安装部署方法		说明
5	启动集群	(9) 关闭集群	在m3上执行下述命令： $sbin/stop-yarn.sh 在m1上执行下述命令： $sbin/stop-dfs.sh
★至此，完成了Hadoop集群的安装部署			

4.3.4 Hadoop之数据库HBase部署方法及过程

HBase是一种分布式可伸缩大数据存储系统，它的底层采用HDFS存储数据。HBase作为NoSQL数据库，虽然不具有传统关系数据库诸如类型定义、索引存储、触发器、高级查询语言等特性，但它具有良好的可伸缩性，通过增加安装在普通商用服务器上的HRegionServer，可以很容易扩充到成百个节点的集群，使之对大数据具备超强的存储和处理能力。而传统的关系数据库的集群系统，则需要昂贵的专业存储设备或专门的硬件一体机，同时，集群中的节点数量也受到限制。

1. HBase体系架构之功能部件

HBase集群采用Master/Slave主仆架构，主节点运行HMaster服务，仆从节点运行HRegionServer服务；当服务器出错时，通过ZooKeeper进行协调；HBase底层采用HDFS存储数据；客户端（Client）提供访问HBase的接口；元数据描述用户表被分割存储的ID及其映射信息。

HBase集群Master/Slave主仆架构功能部件的详细描述如表4-9所示。

表 4－9 HBase 集群 Master/Slave 主仆架构功能部件的详细描述

序号	功能部件名称	功能部件的详细描述
1	HMaster	HMaster 担负 HBase 集群管理者的角色，具体管理任务包括： 1）将存储区域 Region 分配给 HRegionServer； 2）协调 HRegionServer 的负载； 3）维护 HBase 集群状态，发现失效的 HRegionServer，并重新分配其上的 Region； 4）维护表和 Region 的元数据； 5）管理用户对表的维护（如增、删、改、查）操作； 6）回收 GFS 上的垃圾文件； 7）处理 Schema 更新请求。 注意：为避免 HMaster 单点故障，HBase 集群最多可以配置 10 个 HMaster，任何时刻只有一个 HMaster 在运行
2	HRegion 与 HRegionServer	1）HRegion 是 HBase 数据库中的存储块，HBase 在存储表时，自动按行键（rowkey）将表拆分成多个块进行存储，每一个块称为一个 HRegion。每个 HRegion 由一个或多个 Store 组成，每个 Store 保存表中一个列族的数据。每个 Store 由一个 MemStore 和若干个 StoreFile 组成，MemStore 保存在内存中，StoreFile 的底层实现则以 HFile 的形式存储在 HDFS 上，HRegion 是表数据存储分配的最小单位； 2）HRegionServer 负责管理本服务器上的 HRegion，处理对 HRegion 的 I/O 请求
3	客户端（Client）	客户端提供访问 HBase 的接口，使用 HBase 的 RPC 机制分别与 HMaster 和 HRegionServer 进行通信
4	ZooKeeper	ZooKeeper 扮演分布式应用程序协管员的角色，解决分布式应用中的统一命名服务、状态同步服务、集群管理服务以及配置项管理服务等问题，HBase 安装包内置了 ZooKeeper
5	元数据	HRegion 元数据——记录用户表的 HRegionID 及其映射关系 . META. 元数据表——存储用户表的 HRegion 元数据 －ROOT－元数据表——存储. META. 表中各个 HRegionID 及其映射关系 ZooKeeper 元数据——记录－ROOT－元数据表的位置 应用元数据，客户端访问用户表数据的流程： 1）访问 ZooKeeper 元数据，获得－ROOT－元数据表的位置； 2）访问－ROOT－元数据表，获得. META. 元数据表位置； 3）访问. META. 元数据表，获得用户数据存放位置

2. HBase 部署的准备工作

HBase 有三种部署方式：单节点部署、伪分布式部署和集群部署，集群部署需要准备多台机器，而单节点部署和伪分布式部署有一台机器就可以了，操作系统选用主流版本的 Linux 操作系统。

HBase 的底层存储采用 HDFS，HBase 集群部署需要先部署 Hadoop 集群，而单节点部署和伪分布式部署可以不使用 HDFS 而使用本地的文件系统存储数据。

如果是安装和运行 HBase 集群，则需要准备多台服务器，并要先部署好 Hadoop 集群。安装和运行 HBase 集群的基本环境要求如表 4－10 所示。

表 4－10　安装和运行 HBase 集群的基本环境要求

序号	环境名称	环境要求
1	JDK	HBase1.2 及 HBase1.3 均支持 JDK7 和 JDK8，如使用 HBase1.2 之前的版本，则建议安装 JDK7
2	SSH	主节点和所有备份节点均可通过 SSH 免密码连接访问包括 HBase 自身在内的 HBase 的所有节点
3	DNS	由于 HBase 使用本地机器名获取 IP 地址，因此必须有 DNS 对本地机器名进行解析和反解析。可以将集群中所有节点的机器名与 IP 地址的映射关系保存到每个节点的/etc/hosts 文件中
4	NTP	安装运行 NTP 服务，保持 HBase 各节点之间的时钟同步
5	Ulimit 配置	依据不同的 Linux 版本提供的配置方法，配置用户允许同时打开的文件数和进程数不小于 10000
6	Linux Shell	HBase 中的脚本需要在 GNU Bash Shell 下运行，要求 OS 必须支持 GNU Bash Shell
7	Hadoop	HBase 集群部署必须在 Hadoop 集群部署之后，在 HBase 集群安装部署之前，还需要对 Hadoop 集群部署补充下述两个配置步骤： 在 Hadoop 各节点的配置文件 hdfs－site.xml 中加上 dfs.datanode.max.transfer.threads 配置项，表示 HDFS 数据节点可以同时服务的文件数上限，配置值不小于 4096，配置格式如下： <property> <name>dfs.datanode.max.transfer.threads</name> <value>4096</value>

续表 4 – 10

序号	环境名称	环境要求
7	Hadoop	< /property > 2）HBase 集群安装部署后，lib 子目录下自带了一套 Hadoop 的 jar 包，这是提供给单节点部署使用的。集群部署要使用 HDFS 时，在安装 HBase 后，必须将 lib 子目录下自带的这套 Hadoop 的 jar 包替换为实际使用的 Hadoop 版本的 jar 包，以避免版本不匹配导致的系统故障
8	ZooKeeper	可以使用 HBase 安装包中自带的 ZooKeeper，如果选择独立安装 ZooKeeper，则必须安装 3. 4. x 版本

3. HBase 单节点部署方法及过程

HBase 单节点安装部署方法及过程参见表 4 – 11。

表 4 – 11　HBase 单节点安装部署方法及过程

步骤	安装部署方法	说明
1	下载 HBase 安装包，文件名为： hbase – 1. 2. 4 – bin. tar. gz	官方网址： http://www. apache. org/dyn/closer. cgi/hbase/ 选定版本为 HBase 1. 2. 4
2	选定安装目录，执行下述命令解压 HBase 安装包： [root@ client local]# tar – zxvf hbase – 1. 2. 4 – bin. tar. gz	执行命令后，安装包的文件被解压到 hbase – 1. 2. 4 子目录下
3	在 HBase 配置文件 conf/hbase – env. sh 中配置 JAVA_HOME。	在 conf/hbase – env. sh 中找到： #export JAVA_HOME = /usr/java/jdk1.6.0/ 将其修改为： export JAVA_HOME = /etc/alternatives/jre_1.7.0_openjdk 注意：上述这个值是 Hadoop 已经安装好的 JDK，JAVA_HOME 的值

续表 4－11

步骤	安装部署方法	说明
4	在 HBase 配置文件 conf/hbase－site. xml 中配置 HBase 和 ZooKeeper 用于写数据的目录	因为是单节点部署，所以应配置为本地文件系统目录，如该目录不存在，则 HBase 会自动创建。 以下是配置示例： <configuration> <property> <name>hbase.rootdir</name> <value>file://data/hbase</value> </property> <property> <name>hbase.zookeeper.property .dataDIR</name> <value>/data/zookeeper</value> </property> </configuration> 注意，HBase 启动后，会自动创建如下目录：/data/hbase 和/data/zookeeper。如果没有在配置文件中指定 hbase. rootdir，则其默认值为：file://tmp/hbase－${user. name}/hbase。由于操作系统重启后，/tmp 目录内容一般会被自动清除，所以不要使用默认配置
★至此，HBase 单节点的安装部署完毕		
5	执行如下脚本，启动 HBase： bin/start－hbase. sh	启动 HBase 后，执行 jps 命令查看 HBase 是否启动成功。执行脚本 bin/start－hbase. sh 和 jps 命令的结果如下所示则表明 HBase 启动成功： [root@ client hbase－1.2.4]# bin/start－hbase.sh starting master, logging to /root/hbase－1.2.4/ bin/../logs/hbase－root－master－client.out [root@ client hbase－1.2.4]# jps 6974 HMaster 8021 Jps

续表 4 – 11

步骤	安装部署方法	说明
6	执行如下脚本，停止 HBase： bin/stop – hbase. sh	停止 HBase，有如下结果： [root @ client hbase – 1.2.4] # bin/stop – hbase.sh Stoping hbase …

4. HBase 伪分布式部署方法及过程

这里介绍从 HBase 单节点部署改为伪分布式部署的方法及过程。伪分布式部署可以使用服务器本地的文件系统存储 HBase 数据，也可以用 HDFS 存储 HBase 数据，这里改用 HDFS 存储 HBase 数据，具体的部署方法及过程参见表 4 – 12。

表 4 – 12 HBase 伪分布式部署方法及过程

步骤	安装部署方法	说明
1	执行如下脚本，停止 HBase： bin/stop – hbase. sh	注意，由于要更改 HBase 的目录到 HDFS 上，原来节点 HBase 上创建的数据库将会丢失
2	修改配置。在 HBase 配置文件 conf/hbase – site. xml 中增加 hbase.cluster.distributed 配置项，并修改 hbase. rootdir 的配置值为 HDFS 目录	如下是修改配置的示例： <property> <name>hbase.cluster.distributed</name> <value>true</value> </property> <property> <name>hbase.rootdir</name> <value>hdfs://localhost:9000/hbase</value> </property>
3	启动 HBase	启动 HBase 的方法与单节点部署的方法一样，也是执行脚本 bin/start – hbase. sh，启动 HBase 后，执行 jps 命令，可以看到 HMaster 进程和 HRegionServer 进程

续表4-12

步骤	安装部署方法	说明
4	检查HBase目录	HBase第一次启动时会在HDFS中创建目录，依据前面的配置，应该创建/hbase目录，可以使用如下的Hadoop的命令fs查看/hbase目录下有哪些内容： [root@ client hbase -1.2.4]# hadoop fs -ls /hbase
5	启动和停止备用HMaster。 执行启动多个备用HMaster命令的示例： [root @ client hbase -1.2.4]# bin/local - master -backup.sh start 1 4 9 执行停止两个备用HMaster命令的示例： [root @ client hbase -1.2.4]# bin/local - master -backup.sh stop 4 9	这个示例启动了三个备用的HMaster，相对于主HMaster端口号的偏移量分别是1、4、9。每个HMaster需要使用3个端口，默认的主HMaster端口号是16010、16020及16030。示例中启动的三个备用HMaster分别使用的三组端口号为： 16011/16021/16031、16014/16024/16034以及16019/16029/16039。访问Web页面 http://<host>:16010，可以看到有三个Backup Master
6	启动和停止更多的HRegionServer。 启动三个额外的HRegionServer命令示例： [root @ client hbase -1.2.4]# bin/local - regionservers. sh start 2 3 4 停止二个RegionServer的命令示例： [root @ client hbase -1.2.4]# bin/local - regionservers.sh stop 2 3	启动三个额外的HRegionServer，其端口号偏移量分别为2、3、4，每个HRegionServer需要使用两个端口，端口偏移量参数是相对于端口16200和16300的偏移量。默认启动的HRegionServer使用的端口号为16201和16301。上述示例启动的HRegionServer分别使用下述三组端口号：16202/16302、16203/16303、16204/16304。 停止端口号偏移量2和3的两个HRegionServer
★至此，HBase伪分布式部署完毕		

5. HBase集群部署方法及过程

下面以4台Linux虚拟机master、slave1、slave2、slave3组成的集群为例，介绍HBase的集群部署方法及过程。这些节点之间必须可以通过网络访问并且没有设置软硬件防火墙，同时还要满足前面列出的对HBase集群运行环境的基本要求。

HBase集群采用Master/Slave主仆架构，主节点运行HMaster服务，仆从节点运行HRegionServer服务；ZooKeeper扮演分布式程序协管员角色。对于上述4台Linux虚拟机master、slave1、slave2、slave3组成的集群，表4－13是一个HBase集群部署架构的例子。

表4－13　4台Linux虚拟机的HBase集群部署架构

机器名称	节点类型		
	HMaster	HRegionServer	ZooKeeper
master	主节点	否	是
slave1	备用	是	否
slave2	否	是	是
slave3	否	是	是

以上述4台Linux虚拟机的HBase集群部署架构为例，HBase集群安装部署方法及过程如表4－14所示。

表4－14　HBase集群安装部署方法及过程

步骤	安装部署方法及过程		说明
1	免密码访问	建立SSH免密码访问	建立集群四个节点自身以及相互之间的免密码访问，可参考前面Hadoop部署中介绍的方法
2	部署master	(1) 安装HBase	1）安装HBase，配置文件conf/hbase－site.xml的配置内容应改为： <configuration> <property> <name>hbase.cluster.distributed</name> <value>true</value>

续表4-14

<table>
<tr><th>步骤</th><th colspan="2">安装部署方法及过程</th><th>说明</th></tr>
<tr><td rowspan="4">2</td><td rowspan="4">部署 master</td><td>（1）安装 HBase</td><td></property>
<property>
<name>hbase.rootdir</name>
<value>hdfs://master:9000/hbase</value>
</property>
</configuration>
2）在每台服务器的/etc/hosts 文件中给出
master、slave1、slave2、slave3 所对应的 IP 地址。
3）在 master 上安装好 HBase 后不要启动</td></tr>
<tr><td>（2）配置 HRegionServer</td><td>修改配置文件 conf/regionservers，这个文件配置了在哪些服务器上运行 HRegionServer 进程，要将原内容 locahost 改为：
slave1
slave2
slave3</td></tr>
<tr><td>（3）配置备用 HMaster</td><td>创建配置文件 conf/backup - masters，指定运行备用 HMaster 的服务器，编辑该文件的内容为：slave1</td></tr>
<tr><td>（4）配置 ZooKeeper</td><td>修改配置文件 conf/hbase - site. xml，在
<configuration>中增加下述配置：
<property>
<name>hbase.cluster.distributed</name>
<value>true</value>
</property>
<property>
<name>hbase.rootdir</name>
<value>hdfs://master:9000/hbase</value>
</property>
注意：上述配置表示集群运行 HBase 安装包自带的 ZooKeeper 实例，ZooKeeper 的数据目录为/data/zookeeper，此目录在启动 HBase 时自动创建，要求启动 HBase 的用户必须有/data 目录的操作权限</td></tr>
</table>

续表 4 – 14

<table>
<tr><th>步骤</th><th colspan="2">安装部署方法及过程</th><th>说明</th></tr>
<tr><td>3</td><td>部署仆从机器</td><td>部署 slave1、slave2、slave3</td><td>按照表 4 – 13 HBase 集群部署架构方案进行部署，部署方法相同，步骤如下：
1）下载解压 HBase 安装包，并解压到相应的目录。
2）复制配置文件。将 master 上 conf/目录下的所有配置文件复制到 slave1、slave2 和 slave3 的 conf/ 目录下，覆盖同名文件。可使用 scp 命令进行复制，示例如下：
[root@ master hbase – 1.2.4]# scp – r conf/ root@
slave1:/usr/local/hbase – 1.2.4/</td></tr>
<tr><td colspan="4">★至此，HBase 集群部署完毕</td></tr>
<tr><td>4</td><td>启动、测试 HBase 集群</td><td colspan="2">1）在每个节点上执行 jps 命令，确保都没有启动 HBase 进程，如果发现有 HMaster、HRegionServer 或 HQuorumpeer 进程，则用 kill 命令杀掉它们。
2）在 master 上执行 bin/start – hbase. sh 脚本启动集群。启动顺序为：ZooKeeper、HMaster、HRegionServer、备用 HMaster。
3）检查每个节点上的进程是否启动。在每个节点上执行 jps 命令检查启动的进程。正常情况如下：
master 上有 HMaster 和 HQuorumpeer 进程；
slave1 上有 HRegionServer 和 HMaster 进程；
slave2 和 slave3 上有 HRegionServer 和 HQuorumpeer 进程。
注意：如果使用 HBase 安装包中自带的 ZooKeeper，则其进程名为 HQuorumpeer；若使用独立安装的 ZooKeeper，则其进程名为 Quorumpeer。
4）检查 Web 界面。HBase 启动成功后，可以访问网址 http://master:16010 查看 HBase 集群状态。注意，需要通过 hosts 文件将 master 解析为 IP 地址。
5）模拟故障测试。如下是模拟故障的示例：
kill 掉 master 上的 HMaster 进程，这时 http://master:16010 无法访问了，但访问 http://slave1:16010 会发现 slave1 上的备用 HMaster 进程已经升级为主 HMaster，HBase 集群依然正常工作。
kill 掉 master 上的 HMaster 进程后，可以通过执行 bin/hbase – daemon. sh 脚本重新启动 HMaster 进程，但启动后其将作为备用 HMaster。如下是命令格式：
[root @ master hbase – 1.2.4] # bin/hbase – daemon. sh start master</td></tr>
</table>

4.3.5 Hadoop之数据仓库Hive部署方法及过程

Hive是用于管理和查询结构化/非结构化数据的数据仓库工具，Hive构建在Hadoop的HDFS和MapReduce之上。其优点是使用简单，可以通过类SQL语句快速实现简单的MapReduce统计，而不必开发专门的MapReduce应用。Hive的缺点是其构建在基于静态批处理的Hadoop之上，通常会有较高的延迟，而且在作业提交和调度时需要大量的开销，不能够在大规模数据集上实现低延迟的快速查询。因此，Hive不适合复杂的机器学习算法、复杂的科学计算和联机交互式实时查询等应用场景，Hive最佳的应用场景是大数据集的批处理作业，如网络日志分析等。

Hive有内嵌模式部署、独立模式部署以及远程模式部署等三种部署方法，目前的最新版本是Hive2.1.1。由于Hive是基于Hadoop的数据仓库技术，因此，部署Hive之前必须预先部署好Hadoop稳定版本的集群环境。

1. Hive内嵌模式部署方法及过程

Hive内嵌模式是安装时默认的部署模式，元数据信息被存储在Hive自带的数据库derby中，所有组件（如数据库、元数据服务等）运行在同一个进程内，只允许建立一个连接，即同一时刻只支持一个用户访问和操作Hive。这就限制了它的应用，一般用于演示。Hive内嵌模式的部署方法及过程如表4-15所示。

表4-15 Hive内嵌模式部署方法及过程

步骤	安装部署方法及过程	说明
1	下载Hive安装包到/root/tools 目录	在Apache官网 http://mirrors.cnnic.cn/apache/hive/hive-2.1.1 上找到Hive安装包，下载已经编译好的二进制包apache-hive-2.1.1-bin.tar.gz，将其复制到client机的 /root/tools 目录下
2	解压二进制包到 /usr/cstor 目录	解压命令： [root@client ~]# cd /usr/cstor/ [root@client cstor]# tar -zxvf /root/tools/apache-hive-2.1.1-bin.tar.gz

续表 4－15

步骤	安装部署方法及过程	说明
3	修改目录名	将目录名 apache－hive－2.1.1－bin 改为 hive，以便于后续操作，命令如下： [root@ client cstor]# mv apache－hive－2.1.1－bin hive
4	配置 Hive 的 Hadoop 安装路径	在 Hive 的配置文件夹 conf，将 Hive 的环境变量模板文件复制成环境变量文件，并编辑该文件，命令如下： [root@ client hive]# cd conf [root@ client conf]# cp hive－env.sh.template hive－env.sh [root@ client conf]# vim hive－env.sh 注意：按键盘 i 键进入编辑，在配置文件 hive－env.sh 中加入如下语句： HADOOP_HOME＝/usr/cstor/hadoop 这个位置可以依据自己的实际情况进行调整
5	在 HDFS 中新建 Hive 存储目录，并为其分配权限	1）建立目录 tmp。 [root@ client conf]# cd /usr/cstor/hadoop [root@ client hadoop]# bin/hadoop fs －mkdir /tmp 2）建立目录 /usr/hive/warehouse。 [root@ client hadoop]# bin/hadoop fs －mkdir －p /user/hive /warehouse 3）使 tmp 对同组用户增加写权限。 [root @ client hadoop] # bin/hadoop fs －chmod g＋w /tmp 4）使/user/hive/warehouse 对同组用户增加写权限。 [root @ client hadoop] # bin/hadoop fs －chmod g＋w /user/hive/warehouse 注意：Hive 运行过程中，是指定/user/hive/warehouse 存储 metadata（元数据）的

续表 4－15

步骤	安装部署方法及过程	说明
6	初始化元数据库，启动 Hive，进入 Hive 运行时环境	1）进入 Hive 安装目录。 [root@ client hadoop]# cd /usr/cstor/hive/ 2）初始化元数据库。 [root@ client hive]# bin/schematool - db-Type derby - initSchema 3）启动 Hive，进入 Hive 运行时环境。 [root@ client hive]# bin/hive 注意：在内嵌模式下，启动 Hive 指的是启动 Hive 运行时环境，出现“hive >”，则表示 Hive 部署成功，否则部署失败
★至此，Hive 内嵌模式部署完毕		

2．Hive 本地和远程模式部署方法及过程

Hive 本地模式下元数据存储在 MySQL 数据库中，而且 MySQL 数据库与 Hive 运行在同一台物理机器上。远程模式部署与本地模式部署相似，主要区别在于配置文件 hive－site. xml 中的 MySQL 数据库的地址不同而已。Hive 本地模式和远程模式的部署方法及过程如表 4－16 所示。

表 4－16　Hive 本地模式和远程模式部署方法及过程

步骤	安装部署方法及过程	说明
1	完成 Hive 的基本安装	按表 4－15 介绍的方法
2	安装 MySQL 程序	假定安装过程为 root 用户设置的 MySQL 登录密码是：123456
3	启动 MySQL	用 root 用户登录 MySQL，输入登录密码：123456。 1）启动 MySQL。 [root@ client ~]# cd /etc/init.d [root@ client init.d ~]# ./mysqld start 2）登录 MySQL。 [root@ client init.d ~]# mysqld - u root - p

续表 4－16

步骤	安装部署方法及过程	说明

4	创建存储 Hive 元数据的数据库 HiveDB，并验证创建成功	1）创建数据库 HiveDB。
		`mysql>create database HiveDB;`
		2）显示 MySQL 数据库，可验证是否创建成功。
		`mysql>show databases;`

5	退出 MySQL，切换到 Hive 的目录，编辑 hive-config.sh 文件	1）退出 MySQL。
		`mysql>exit;`
		2）切换到 Hive 的目录。
		`[root@ client ~]# cd /usr/cstor/hive/bin/`
		3）编辑 hive-config.sh 文件。
		`[root@ client bin]# vim hive-config.sh`
		加入下述 Hadoop 和 Hive 的安装目录后保存退出：
		`export HADOOP_HOME=/usr/cstor/hadoop`
		`export HIVE_HOME=/usr/cstor/hive`

6	切换到 Hive 的 conf 目录，创建和编辑 hive-site.xml 文件	1）切换到 Hive 的 conf 目录。
		`[root@ client bin]# cd /usr/cstor/hive/conf/`
		2）创建 hive-site.xml 文件。
		`[root@ client conf]# touch hive-site.xml`
		3）编辑 hive-site.xml 文件。
		`[root@ client conf]# vim hive-site.xml`

注意：编辑 hive-site.xml 文件加入的内容，加入后保存退出。

```
<configuration>
  <property>
    <name>javax.jdo.option.ConnectionURL</name>
    <value>jdbc:mysql://localhost:3306/HiveDB?createDatabaseIFNo-
tExist=true
    </value>
  </property>
  <property>
    <name>javax.jdo.option.ConnectionDriverName</name>
    <value>com.mysql.jdbc.Driver</value>
  </property>
```

续表 4-16

<table>
<tr><th>步骤</th><th>安装部署方法及过程</th><th>说明</th></tr>
<tr><td colspan="3"><property>
  <name>javax.jdo.option.ConnectionUserName</name>
  <value>root</value>
</property>
<property>
  <name>javax.jdo.option.ConnectionPassword</name>
  <value>123456</value>
</property>
<property>
  <name>hive.metastore.warehouse.dir</name>
  <value>/user/hive/warehouse</value>
</property>
<property>
  <name>hive.hwi.listen.host</name>
  <value>0.0.0.0</value>
</property>
<property>
  <name>hive.hwi.listen.port</name>
  <value>9999</value>
</property>
<property>
  <name>hive.hwi.war.file</name>
  <value>lib/hive-hwi-2.1.1.war</value>
</property>
</configuration></td></tr>
<tr><td>7</td><td>把 Java 连接 MySQL 的驱动程序文件复制到 Hive 的 lib 目录</td><td>1）MySQL 的驱动程序文件为：
mysql-connector-java-x.y.z-bin.jar，该文件可以在安装
MySQL 的 lib 目录下找到，x.y.z 为版本号。
2）复制命令如下：
[root@ client ~]# cp /usr/local/mysql/lib/mysql-connector-java-5.1.42-bin.jar /usr/cstor/hive/lib/</td></tr>
</table>

续表 4－16

步骤	安装部署方法及过程	说明
8	初始化元数据库，启动 Hive，进入 Hive 运行时环境	1）要确保 Hadoop 集群已经启动和 MySQL 服务运行正常才能启动 Hive。 2）进入 Hive 安装目录。 [root@ client ~]# cd /usr/cstor/hive/ 3）初始化元数据。 [root @ client hive] # bin/schematool - db-Type mysql - initSchema 4）启动 Hive，进入 Hive 运行时环境。 [root@ client hive]# bin/hive 5）显示表。 hive > show tables 6）显示所有函数。 hive > show functions
★至此，Hive 本地模式部署完毕		
注意：Hive 远程模式的部署方法及过程与上述本地模式的部署方法及过程类似，只需要编辑修改 hive－site. xml 文件内容即可。具体方法为： 1）切换到 Hive 的 conf 目录。 [root@ client ~]# cd /usr/cstor/hive/conf/ [root@ client conf]# vim hive - site.xml 2）将 javax. jdo. option. ConnectionURL 的属性值改为： <value>jdbc:mysql://host:3306/HiveDB?createDatabaseIFNotExist=true </value> 3）host 为远程安装 MySQL 数据库机器的 IP 地址		
★至此，Hive 远程模式部署从本地模式部署修改而来		

4.4 大数据框架，斯帕克安装

4.4.1 Spark 大数据框架的优势

Spark 是基于内存计算的大数据并行计算框架，由于 Spark 具有可伸缩性以及基于内存计算等特点，在进行数据批处理时，较之 Hadoop 的 MapReduce，Spark 的处理效率更高、速度更快，而且还兼容 Hadoop 的 HDFS、HBase、Hive 等分布式存储系统。Spark 可以融入 Hadoop 的生态系统中，弥补了Map Reduce 计算性能不足的问题。

与 Hadoop 的 MapReduce 比较，Spark 具有更显著的优势特点，表4－17 概括了 Spark 具有的优势特点。

表4－17 Spark 具有的优势特点

序号	优势特点	说明
1	数据批处理更快速、更高效	当使用 Hadoop 进行数据批处理需要多个 MapReduce 作业时，改用 Spark 进行同样的数据批处理则只需一个 Spark 作业，这就缩短了作业的申请及分配过程，同时还减少了磁盘读写的时间，使数据批处理更快速、更高效
2	编程模型灵活易用	Spark 提供了更灵活易用的 DAG（directed acyclic graph）编程模型，其中不仅包括了 map 及 reduce 接口，还增加了 filter、flatMap、union 等操作接口，使 Spark 编程更加简单方便
3	编程接口丰富灵活	Spark 提供了对编程语言 Java、Scala、Python、R 等 API 以及对数据库操作语言 SQL 的支持，便于“大数据应用”开发人员编写 Spark 程序；Spark 还提供了 Spark Shell 以支持交互式编程
4	支持多种类型的数据处理	Spark 不仅支持数据批处理，还支持流式数据处理、交互式数据查询（包括 SQL）以及复杂分析（包括机器学习、图计算）等

续表 4－17

序号	优势特点	说明
5	支持多数据源	Spark 可以独立运行，也可以运行于 Hadoop YARN 集群管理器，并兼容 Hadoop 的各种数据类型，支持 HDFS、HBase、Hive、Parquet 等多种数据源。

4.4.2　Spark 安装部署前的准备工作

Spark 安装部署在基于 Linux 操作系统上的物理机、虚拟机或云服务中，其版本可以选择流行的 Centos、Ubuntu 等，Spark 安装部署的准备工作如表4－18 所示。

表 4－18　Spark 安装部署准备工作

序号	准备工作	说明
1	安装 JDK	Spark 运行在 JVM（Java Virtual Machine）上，要求 Java 7 及以上版本，可选择 JDK1.7 或 JDK1.8 进行安装
2	下载 Spark	Spark 的官方下载地址： http://spark.apache.org/downloads.html 1）选择 Spark2.1.0 版本； 2）选择适用于 Hadoop2.7 及更高版本的预编译包类型：Pre－built for Hadoop 2.7 and later； 3）选择直接下载的方式下载 Spark； 4）点击下载 spark－2.1.0－bin－hadoop2.7.tgz 安装包； 5）校验下载的文件是否正确。 Spark 的版本应为 2.1.0，对应 Hadoop 的版本为 2.7

4.4.3　Spark 单节点部署方法及过程

Spark 单节点部署不适合企业的“大数据应用”，一般用于个人学习和体验。Spark 单节点安装部署方法及过程参见表 4－19。

表4-19　Spark单节点的安装部署方法及过程

步骤	安装部署方法	说明
1	安装JDK	选择一台Linux机器，安装好JDK
2	下载Spark包文件 spark-2.1.0-bin-hadoop2.7.tgz 使用下述命令解压缩文件： tar -zxvf spark-2.1.0-bin-hadoop2.7.tgz cd spark-2.1-bin-hadoop2.7	Spark的相关文件被解压在spark-2.1-bin-hadoop2.7目录之下
3	运行测试程序： ./bin/run-example SparkPi 10 2 >/dev/null	运行结果为： Pi is roughly 3.138939138939139
★至此，Spark单节点部署成功		

4.4.4　Spark集群部署方法及过程

1. Spark集群部署的三种模式

企业级"大数据应用"必须按集群方式部署Spark，Spark集群部署到多台网络互通的机器上组成分布式系统，并提供资源调度、高可用性、高可靠性等功能，使Spark程序的运行更加高效、稳定和可靠。按不同的集群管理器，可以将Spark集群部署分为三种模式，如表4-20所示。

表4-20　Spark集群部署的三种模式

序号	部署模式	说明
1	Standalone	使用Spark自带的集群管理器，便于快速搭建集群
2	Spark on YARN	使用Hadoop的资源管理器YARN管理集群，支持资源的动态分配，可以统一管理Hadoop与Spark集群
3	Spark on Mesos	使用Apache Mesos管理集群，这是一个通用的集群管理，也支持运行Hadoop MapReduce

下面以一个Master节点和两个Slave节点规模为例，介绍部署Spark集群的方法及过程。部署Spark集群的规划方案如表4-21所示。

表4－21　一个 Master 节点和两个 Slave 节点规模的 Spark 集群规划方案

序号	集群中的角色	机器名	IP 地址
1	Master	cloud1	192. 168. 100. 10
2	Slave	cloud2	192. 168. 100. 11
3	Slave	cloud3	192. 168. 100. 12

Master 节点负责调度管理，Slave 节点负责任务计算及数据处理。

2. 按 Standalone 模式部署 Spark 集群的方法及过程

以表4－21 规划方案，按 Standalone 模式部署 Spark 集群的方法及过程如表4－22 所示。

表4－22　以表4－21 的规划方案按 Standalone 模式部署 Spark 集群的方法及过程

步骤	安装部署方法	说明
1	按表4－21 的规划方案，分别配置机器名和 IP 地址，并确保机器间可以相互连通	默认配置下 Spark 会占用 8080、8081、6066 及 7077 等端口，若开启了防火墙，这些端口可能无法连通，因此，需要关掉每台机器防火墙
2	为每台机器创建一个用户，此处假定为 dtadmin.	用户 dtadmin. 具有每台机器的管理权限，登录每台机器均使用这个用户
3	配置每台机器的 hosts 文件，使用 vi 编辑文件，命令如下： sudo vi /etc/hosts	在 hosts 文件后面加入： 192. 168. 100. 10 cloud1 192. 168. 100. 11 cloud2 192. 168. 100. 12 cloud3
4	为每台机器安装 JDK	Spark 运行在 JVM 上，要求 Java 7 及以上版本，可选择 JDK1. 7 或 JDK1. 8 进行安装
5	配置 SSH 免密码登录	参照4. 3. 3 中 Hadoop 伪分布式部署中介绍的方法。验证免密码登录，可在 cloud1 上执行下述两条指令： ssh cloud2 ssh cloud3 若 SSH 登录无须密码，则表明免密码登录配置成功

续表4-22

步骤	安装部署方法	说明
6	为每台机器解压安装包文件： spark-2.1.0-bin-hadoop2.7.tgz 假定每台机器都放到相同的路径/home/dtadmin下，解压命令为： tar-zxvf spark-2.1.0-bin-hadoop2.7.tgz cd spark-2.1.0-bin-hadoop2.7	完成解压安装包后，每台机器的Spark目录均为： /home/dtadmin/spark-2.1.0-bin-hadoop2.7
7	配置Master节点上的slaves文件，在Master节点的Spark目录/home/dtadmin/spark-2.1.0-bin-hadoop2.7下，执行下述命令： cd conf cp slaves.template slaves	至此，在spark-2.1.0-bin-hadoop2.7目录下建了名为slaves的文件，此文件从slaves.template文件复制而来，要使用文本编辑工具vi对slaves文件进行编辑，将cloud2和cloud3添加到文件中
8	在Master节点上执行下述脚本： cd ~/spark-2.1.0-bin-hadoop2.7. /sbin/start-all.sh	启动Spark
9	验证是否安装成功，在每台机器上运行jps命令查看java进程信息。 在cloud1上运行jps，结果是： [dtadmin@ cloud1 spark-2.1.0-bin-hadoop2.7] $ jps 2257 Master 2431 Jps 在cloud2上运行jps，结果是： [dtadmin@ cloud2 spark-2.1.0-bin	运行结果表明：Spark进程在Master节点和Slave节点上均已启动成功

续表 4－22

步骤	安装部署方法	说明
9	-hadoop2.7]$ jps 4738 Jps 2219 Worker 在 cloud3 上运行 jps，结果是： [dtadmin@ cloud3 spark -2.1.0 - bin - hadoop2.7] $ jps 2212 Worker 2552 Jps	运行结果表明：Spark 进程在 Master 节点和 Slave 节点上均已启动成功
10	集群测试，执行命令： cd ~/spark -2.1.0 -bin -hadoop2.7 ./bin/spark -submit \ --class org.apache.spark.examples .SparkPi \ --master spark://cloud1:6066 \ --deploy - mode cluster ../examples/jars /spark -examples -2.11 -2.1.0.jar 100	使用 spark－submit 脚本提交 Spark 应用到集群运行，该脚本提供了统一接口，可用统一方法提交应用到不同类型的集群。 注意：spark－submit 脚本提交即退出，不会把运行结果显示出来。要知道运行结果，需要访问 Master 节点的 Web 界面
★至此，完成了 Spark Standalone 模式集群的部署及测试		

3. 按 Spark on YARN 模式部署 Spark 集群的方法及过程

按 Spark on YARN 模式部署 Spark 集群，集群管理器使用的是 Hadoop YARN，因此，需要把 Spark 和 Hadoop 部署在一起。搭建 Spark on YARN 模式的 Spark 集群，只需要在 Standalone 模式的 Spark 集群上部署 Hadoop 并做好相应的配置即可。这就需要规划好 Hadoop 的机器角色如何部署到已有的 Spark Standalone 模式集群上，做好 Spark on YARN 模式集群的规划工作，表 4－23 是一个 Spark on YARN 模式集群规划的例子。

表4-23　一个 Spark on YARN 模式集群规划的例子

序号	机器名	Spark 角色	Hadoop 角色	IP 地址
1	cloude1	Master	NameNode SecondaryNameNode ResourceManager	192.168.100.10
2	cloude2	Slave	DataNode NodeManager	192.168.100.11
3	cloude3	Slave	DataNode NodeManager	192.168.100.12

按 Spark on YARN 模式部署 Spark 集群，是在已搭建好的 Standalone 模式的 Spark 集群上继续配置，具体方法及过程参见表4-24。

表4-24　按 Spark on YARN 模式部署 Spark 集群的方法及过程

步骤	安装部署方法	说明
1	在三台机器上部署 Hadoop 集群，并配置好 Hadoop 的 HDFS 和 YARN 组件。 如下是 Hadoop 的四个配置文件信息： 1）配置文件 core-site.xml。 <configuration> <property> <name>hadoop.tmp.dir</name> <value>/home/dtadmin/hadooptmp</value> <description>A base for other temporary directories.</description> </property> <property> <name>fs.defaultFS</name> <value>hdfs://cloud1:9000</value> </property> <property> <name>io.file.buffer.size</name> <value>131072</value> </property>	

续表 4－24

步骤	安装部署方法	说明
1	</configuration> 2）配置文件 hdfs-site.xml <configuration> <property> <name>dfs.namenode.name.dir</name> <value>file://home/dtadmin/hadoopdata/namenode</value> </property> <property> <name>dfs.datanode.data.dir</name> <value>file://home/dtadmin/hadoopdata/datanode</value> </property> <property> <name>io.file.buffer.size</name> <value>131072</value> </property> <property> <name>dfs.namenode.handler.count</name> <value>100</value> </property> </configuration> 3）配置文件 yarn-site.xml <property> <name>yarn.resourcemanager.scheduler.address</name> <value>cloud1:8030</value> </property> <property> <name>yarn.resourcemanager.scheduler.address</name> <value>cloud1:8032</value> </property> <property> <name>yarn.acl.enable</name> <value>false</value> </property>	

续表 4－24

<table>
<tr><th>步骤</th><th>安装部署方法</th><th>说明</th></tr>
<tr><td>1</td><td colspan="2"><property>
  <name>yarn.admin.acl</name>
  <value>*</value>
</property>
<property>
  <name>yarn.log-aggregation-enable</name>
  <value>false</value>
</property>
<property>
  <name>yarn.resourcemanager.webapp.address</name>
  <value>cloud1:8088</value>
</property>
<property>
  <name>yarn.resourcemanager.hostname</name>
  <value>cloud1</value>
</property>
4)配置文件 slaves
cloud2
cloud3</td></tr>
<tr><td>2</td><td>配置每台机器的
spark－env. sh 文件</td><td>1）如果在 Spark 的 conf 目录下没有
spark－env. sh 文件，则需要从
spark－env. sh. template 复制，执行下述复制命令：
cd ~/spark－2. 1. 0－bin－hadoop2. 7/conf
cp spark－env. sh. template spark－env. sh
2）编辑 spark－env. sh 文件，加入配置项
HADOOP_CONF_DIR，配置值为 Hadoop 配置文件所在目录，如下所示：
- HADOOP_CONF_DIR, to point Spark towards
Hadoop configuration files
export HADOOP_CONF_DIR=/home/dtadmin/
hadoop-2.7.3/etc/hadoop</td></tr>
</table>

续表 4－24

步骤	安装部署方法	说明
3	重启 Spark	登录到 Master 节点 cloud1，执行下述命令： cd ~/spark-2.1.0-bin-hadoop2.7 ./sbin/stop-all.sh ./sbin/start-all.sh
4	验证安装成功与否	在每台机器上运行 jps 命令，查看 Java 进程信息。 1）在 Master 节点 cloud1 上运行 jps，执行结果为： [dtadmin@ cloud1 spark-2.1.0-bin-hadoop2.7] $ jps 3329 Master 2539 secondaryNameNode 2701 ResourceManager 2254 NameNode 3406 Jps 2）在 Slave 节点 cloud2 上运行 jps，执行结果为： [dtadmin@ cloud2 spark-2.1.0-bin-hadoop2.7] $ jps 2593 Worker 2539 secondaryNameNode 2169 DataNode 2649 Jps 2283 NodeManager 3）在 Slave 节点 cloud3 上运行 jps，执行结果为： [dtadmin@ cloud3 ~] $ jps 2657 Jps 2597 Worker 2167 DataNode 2281 NodeManager
★至此，Spark 和 Hadoop 进程均已启动成功		

续表4－24

步骤	安装部署方法	说明
5	提交测试程序	1）与测试 Standalone 模式集群相同，需要使用 spark－submit 脚本提交测试程序。脚本参数中 Master 指定为 YARN，执行下述命令： ./bin/spark－submit \\ －－class org.apache.spark.examples.SparkPi \\ －－master yarn \\ －－deploy－mode cluster \\ ../examples/jars/spark－examples－2.11－2.1.0.jar 100 2）命令执行后，查看程序运行结果需要登录 Hadoop 的 ResourceManager 的 Web 界面。ResourceManage 的默认 URL 为 http://<ResourceManager Address>:8080，当前的 URL 为 http://cloud1:8088。输出日志中的信息“final：SUCCEEDED”表明测试程序运行成功
★至此，Spark on YARN 模式集群搭建成功		

4．搭建高可用的 Spark 集群

搭建高可用的 Spark 集群，是为了解决 Spark 集群中由于单点故障而导致集群不可用的问题。例如，在 Standalone 模式集群中，Master 进程只部署在 cloud1 单点上，这就存在单点故障导致 Spark 集群不可用的风险。

企业的“大数据应用”，一般要部署高可用的集群。有两种方法实现 Standalone 模式的高可用 Spark 集群。

（1）增加备用 Master 节点实现高可用集群。

增加一台或多台备用的 Master 节点到集群，并连接到 Zookeeper 集群中。Zookeeper 可以选择一台 Master 机器作为主节点，其他 Master 机器作为备用节点。当主节点出现故障时，Zookeeper 会重新选择一台可用的 Master 机器作为主节点，从而解决单点故障问题。

Zookeeper 的官方网站 http://zookeeper.apache.org，有搭建 Zookeeper 集群的方法及过程可供参考。

在 Master 节点的 spark－env.sh 文件的配置项 SPARK_DAEMON_JAVA_

OPTS 中加入相关属性配置，实现增加备用 Master 节点的高可用集群，Master 节点 Zookeeper 配置方法参见表 4 – 25。

表 4 – 25　Master 节点 Zookeeper 配置方法

序号	属性名	属性值
1	spark. deploy. recoveryMode	ZOOKEEPER
2	spark. deploy. zookeeper. url	Zookeeper URL
3	spark. deploy. zookeeper. dir	Spark 在 Zookeeper 中的目录

（2）配置 Master 节点本地文件系统恢复。

这种方法是通过重启 Master 恢复之前文件系统中保存的状态，实现解决单点故障问题的。在 Master 节点的 spark – env. sh 文件配置项 SPARK_DAEMON_JAVA_OPTS 中加入如表 4 – 26 所示的配置项，实现 Master 节点文件系统恢复。

表 4 – 26　Master 节点文件系统恢复配置

序号	属性名	属性值
1	spark. deploy. recoveryMode	FILESYSTEM
2	spark. deploy. recoveryDirectory	用于存放恢复数据的目录

5. Spark 与 Hadoop 混合高可用集群部署

Spark on YARN 模式集群把 Hadoop 集群与 Spark 集群部署在一起，其中 Hadoop HDFS 的 NameNode 节点和 Secondary 节点部署到单台机器上，Hadoop YARN 的 ResourceManager 也部署到单台机器上，这些都可能出现单点故障问题。在企业“大数据应用”中需要考虑如图 4 – 4 所示的 Spark 与 Hadoop 混合高可用集群部署的方案。

4.5　Hadoop 集群管理之常用命令

本节介绍 Hadoop 集群管理之常用命令，这些命令使用的频率最高，为用户提供了强大的管理服务功能。Hadoop 集群管理常用命令参见表 4 – 27。

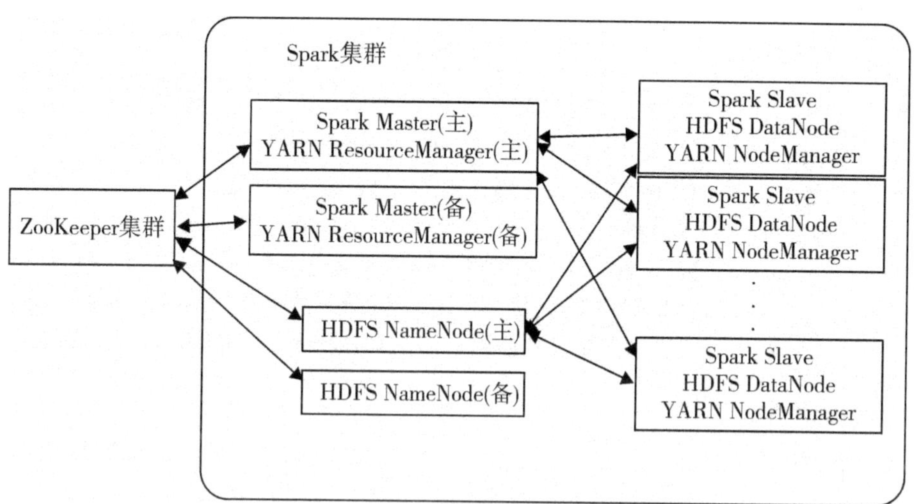

图4－4　Spark与Hadoop混合高可用集群部署

表4－27　Hadoop之集群管理常用命令

序号	类别	命令及功能
1	用户命令	（1）求助命令：$bin/hadoop 执行不带任何参数的Hadoop命令，可显示帮助信息
		（2）文件操作：$bin/hadoop fs［参数］ 执行带参数的hadoop fs命令，可实现对fs文件不同的操作功能，常用的参数及对fs文件操作的功能如下所示： 1）－cat path/file，输出文本文件内容； 2）－appendToFile［文件］［集群文件］，将本地文件的内容追加到集群文件的末尾； 3）－copyFromLocal［本地文件］［集群文件］，将本地文件复制到集群； 4）－copyToLocal［集群文件］［本地文件］，将集群文件复制到本地； 5）－cp［集群源文件］［集群目标文件］，复制集群文件； 6）－mv［集群源文件］［集群目标文件］，移动或重命名文件； 7）－ls［路径］，列出集群文件或目录； 8）－mkdir［路径］，在集群中创建目录； 9）－setrep［参数］［副本数］［路径］，设置文件副本数

续表 4 –27

<table>
<tr><th>序号</th><th>类别</th><th colspan="2">命令及功能</th></tr>
<tr><td rowspan="3">1</td><td rowspan="3">用户命令</td><td colspan="2">(3) 运行 MapReduce 程序：＄bin/hadoop jar［jar 文件路径］</td></tr>
<tr><td colspan="2">(4) 查看 Hadoop 版本：＄bin/hadoop version</td></tr>
<tr><td colspan="2">(5) 检查 Hadoop 本地库：＄bin/hadoop checknative
本地库提供第三方封装好的一些其他实用功能，如文件压缩功能以及对 https 的支持等。本地库一般以动态链接库的方式提供，分为 32 位和 64 位两种，不能混用。本地库的默认路径是 hadoop/lib/native。Hadoop 是默认加载本地库的，但可通过环境变量或配置文件修改是否加载本地库</td></tr>
<tr><td>2</td><td>管理命令</td><td>动态设置日志级别
＄bin/hadoop daemonlog -getlevel <host：httpport> <classname>
＄bin/hadoop daemonlog -setlevel <host：httpport> <classname> <level></td><td>动态设置日志级别。日志库对日志分为 5 个级别，从低到高依次为：DEBUG，INFO，WARN，ERROR 和 FATAL。动态设置日志级别后，只输出不低于设定级别的日志信息。
可以为每个类单独设置日志输出级别，以便于找出程序运行中出现的异常。
还可以通过 Web 接口方式设置日志级别，Web 地址为：http://<hostname>:50070/logLevel。注意：通过 Web 接口方式设置日志级别，只能在 NameNode 和 SecondaryNameNode 上使用</td></tr>
<tr><td rowspan="2">3</td><td rowspan="2">启/停命令</td><td colspan="2">(1) 启动集群所有服务：$sbin/start-all.sh
此命令已经过时不再推荐使用了，可以通过调用 sbin/start-dfs.sh 和 sbin/start-yarn.sh 实现启动集群所有的服务</td></tr>
<tr><td colspan="2">(2) 启动 dfs：$sbin/start-dfs.sh
此命令一般部署在 NameNode 上执行，依次启动 NameNode、全部 DataNode、SecondaryNameNode</td></tr>
</table>

续表4－27

序号	类别	命令及功能
3	启/停命令	（3）启动YARN：$sbin/start－yarn.sh 此命令一般部署在ResourceManager上执行，可启动ResourceManager和NodeManager。 启动集群时，一般先启动dfs，再启动YARN，关闭集群时，一般先关闭YARN，再关闭dfs
		（4）关闭集群服务：$sbin/stop－all.sh 此命令已经过时不再推荐使用了，可以通过调用sbin/stop－dfs.sh 和sbin/stop－yarn.sh 实现关闭集群所有的服务
		（5）关闭YARN：$sbin/stop－yarn.sh 此命令一般部署在ResourceManager上执行，可关闭ResourceManager和NodeManager
		（6）关闭dfs：$sbin/stop－dfs.sh 此命令一般部署在NameNode上执行，依次关闭NameNode、全部DataNode和SecondaryNameNode
		（7）单个Hadoop服务启/停：$sbin/hadoop－daemon.sh[start｜stop] 服务名，启动或关闭单个的Hadoop服务。服务名为namenode、全部datanode和secondarynamenode，服务名要使用小写字母
		（8）全部slaves上的Hadoop服务启/停： $sbin/hadoop－daemons.sh[start｜stop] 服务名 启动或关闭全部slaves上的Hadoop服务，用于控制远端服务的启/停
		（9）单个YARN服务启/停：$sbin/yarn－daemon.sh[start｜stop] 服务名启动或关闭单个的YARN服务。用于操作控制本地的服务器。服务名为ResourceManager和NodeManager
		（10）全部slaves上的YARN服务启/停： $sbin/yarn－daemons.sh[start｜stop] 服务名 启动或关闭全部slaves上的YARN服务，用于控制远端服务的启/停

续表4－27

序号	类别	命令及功能
3	启/停命令	(11) 以控制台方式启动：`$bin/hdfs SecondaryNameNode` 以控制台方式启动SecondaryNameNode，此命令在初次启动命令时特别有用，可以快速定位异常。执行这个命令还有下述附加特点： 1) 启动过程中显示日志信息； 2) 程序在Shell中运行，而非在后台运行； 3) 如果关闭Shell，程序也一起终止； 4) 可以按【Ctrl＋C】随时终止程序
		(12) 以控制台方式启动：`$bin/hdfs namenode` 以控制台方式启动NameNode
		(13) 以控制台方式启动：`$bin/hdfs datanode` 以控制台方式启动DataNode

4.6 Hadoop之HDFS常用命令

Hadoop之HDFS常用命令参见表4－28。

表4－28 Hadoop之HDFS常用命令

序号	类别	命令	功能
1	用户命令	(1) 求助命令 `$bin/hdfs`	显示帮助信息
		(2) 文件操作 `$bin/hdfs fs [参数]`	执行带参数的hdfs fs命令，可实现对fs文件不同的操作功能，常用的参数与`$bin/hadoop fs`的参数完全相同
		(3) 格式化NameNode `$bin/hdfs namenode -format`	格式化NameNode
		(4) 获取配置信息 `$bin/hdfs getconf`	获取配置信息，查看集群中NameNode的名称

续表4-28

序号	类别	命令	功能
1	用户命令	(5) 处理损坏的文件 $bin/ hdfs fack [路径] [参数]	处理损坏的文件，常用的参数及对文件操作的功能如下所示： 1) -list-corrupfileblock 输出损坏的文件及丢失的块； 2) -move 将文件移到/lost+found 目录； 3) -delete 删除损坏的文件； 4) -openforwrite 输出以写方式打开的文件； 5) -files 输出该目录及子目录下所有文件的状态； 6) -files-block 输出该目录及子目录下所有文件的块信息； 7) -files-block-location 输出该目录及子目录下所有文件在 DataNode 的存储信息； 8) -files-block-racks 输出该目录及子目录下所有文件机架感知信息。Hadoop 集群一般以机架的形式组织，默认情况下 Hadoop 的机架感知没有启用。所有机器都默认在同一个机架下，名称为：/default-rack。在这种情况下，任何一台 DataNode 机器，不管物理上是否属于同一个机架，都被认为是在同一机架下
		(6) 获取 hdfs 配置信息 $bin/ hdfs getconf [参数]	与 $bin/hadoop getconf 相同

续表 4-28

序号	类别	命令	功能
2	管理命令	(1) 查看 HDFS 的基本统计信息 $bin/hdfs dfsadmin -report	查看 HDFS 的基本统计信息
		(2) 配置安全模式 $bin/hdfs dfsadmin -safemode <enter | leave | get | wait>	配置安全模式。安全模式是 NameNode 的一种状态，在安全模式下，文件不能被修改、不能复制以及不能删除文件块。当 NameNode 启动时，自动进入安全模式，如无故障会自动离开安全模式。如果手动进入安全模式，则只能手动离开安全模式
		(3) 保存内存信息 $bin/hdfs dfsadmin -saveNamespace	将内存信息保存到磁盘，并重置 edits 文件
		(4) 刷新节点及排除文件 $bin/hdfs dfsadmin -refreshNodes	命令强迫 NameNode 重新加载 hosts 和排除文件，让新的 DataNode 或断开的 DataNode 重新连接 NameNode
		(5) 设置负载均衡带宽 $bin/hdfs dfsadmin - setBalancerBand-width [byte per second]	设置负载均衡带宽
		(6) 操作 SecondaryNameNode $bin/ hdfs secondary nameNode[参数]	操作 SecondaryNameNode，可用参数及功能如下： 1）参数：-checkpoint[force] 功能：手工触发检查点功能。 2）参数：-format 功能：启动时，格式化本地空间。 3）参数：-geteditsize 功能：获取 edits 文件大小

续表 4-28

序号	类别	命令	功能
2	管理命令	(6) 操作 SecondaryNameNode $bin/ hdfs secondary nameNode[参数]	注意：SecondaryNameNode 不是 Hadoop 的第二个 NameNode，它不提供 NameNode 服务，它是帮助 NameNode 管理 Metadata 数据的工具
		(7) 平衡集群中的数据 $bin/hdfs balancer	平衡集群中 DataNode 的数据，与命令 $sbin/start - balancer.sh 功能一样，区别在于运行方式不同，前者以控制台方式运行，后者以服务方式运行

4.7 Hadoop 数据库 HBase 之配置及使用

4.7.1 Hadoop 数据库 HBase 之配置

HBase 包含 7 个配置文件，全部放在 conf/子目录下。这些配置文件及主要配置项参见表 4-29。

表 4-29 HBase 的配置文件及主要配置项

序号	配置文件名及说明	必须及建议的配置项
1	hbase - site. xml 1）配置文件必须是 xml 格式； 2）主要配置项较多，但大多数配置项使用默认值即可	1）必须配置的参数： ★hbase.cluster.distributed ★hbase.tmp.dir ★hbase.rootdir ★hbase.zookeeper.quorum 2）建议配置的参数： ◆ hbase. zookeeper. property. dataDir ◆hbase.master.wait.on.region-servers.mintostart

续表 4 –29

序号	配置文件名及说明	必须及建议的配置项
1		◆ hbase. regionserver. handler. count ◆ hbase. hregion. majorcompaction ◆ hbase. hregion. majorcompaction.jitter ◆ hbase. regionserver. global. memstore.size ◆hfile.block.cache.size ◆hbase.client.write.buffer
2	hbase – env. sh 1）设置 HBase 运行所需的工作环境，如 JAVA_ HOME、堆大小、垃圾回收配置等 Java 选项； 2）其他环境设置，如配置文件目录、日志目录、SSH 选项、pid 文件路径等	在 hbase – env. sh 文件中需要配置 JAVA_HOME ，并根据服务器内存情况配置堆内存大小参数 HBASE_HEAPSIZE。此外，默认时使用 HBase 自带的 ZooKeeper，如果 ZooKeeper 是独立部署的，需要在 hbase – env. sh 中将 HBASE _ MANAGES _ ZK 参数配置为 false。如下是配置示例： export JAVA_HOME = /etc/alternatives/jre_1.7.0_openjdk export HBASE_ HEAPSIZE =8G export HBASE_MANAGES_ZK = false
3	backup – masters 列出应启动备用 HMaster 进程的服务器	这个配置文件为纯文本格式，每个服务器单独一行，如果找不到该配置文件或文件内容为空，则不启动备用 HMaster
4	regionservers 列出应启动备用 HRegionServer 进程的服务器	这个配置文件为纯文本格式，每个服务器单独一行，默认时仅有一行 localhost，应改为需要启动 HRegionServer 的机器名或 IP 地址

续表 4 -29

序号	配置文件名及说明	必须及建议的配置项
5	hbase - police. xml 已进行默认设置，一般不需要改动	这是 PRC 服务器对客户端请求进行权限验证时使用的策略配置文件，仅当启用 HBase 安全管理 hbase. security. authorization 设置为 true 时才使用
6	log4j. properties	这是 HBase 使用的日志文件模块 log4j 的配置文件，已默认设置，一般不需要改动
7	hadoop - metrics2 - hbase. properties	此配置文件将 HBase 集群与 Hadoop 的 Metrics2 框架相关联，用于实时收集 HBase 集群的各类监控信息

注意：

（1）上述 7 个 HBase 配置文件的路径和内容必须在每个节点上保持一致。

（2）除了个别动态配置之外，其他配置修改之后必须重启 HBase 集群才能生效。

（3）客户端配置问题。

如果要从非 HBase 集群节点的客户端连接 HBase 集群，则需要安装好 HBase 库文件，并进行客户端配置。如下是配置方法：

在客户端解压 HBase 安装包，并将解压后的 lib/子目录和 conf/子目录加入到客户端的 CLASSPATH 环境变量中。lib/子目录里包含了 HBase 的所有库文件，conf/子目录包含了 HBase 的客户端配置文件。

在 conf/hbase - site. xml 配置文件中设置好参数 hbase. zookeeper. quorum，示例如下：

```
<? xml version ="1.0"? >
<xml - stylesheet type ="text /xsl" href ="configuration.xsl"? >
<configuration >
  <property >
     <name >hbase.zookeeper.quorum < /name >
     <value >master,slave2,slave3 < /value >
  < /property >
< /configuration >
```

（4）在 hbase. zookeeper. quorum 配置值中不能包含空格，否则无法连接到 ZooKeeper

4.7.2　Hadoop 数据库 HBase 之使用

Hadoop 数据库 HBase 有两种使用方式，第一种通过 HBase Shell 直接操作数据库 HBase；第二种通过 HBase 提供的 API 编程接口在程序中进行操作。目前 HBase 提供了 Java、C/C++、Scala 以及 Python 等多种语言的编程接口。

1. 使用 HBase Shell 直接操作数据库 HBase 的方法及过程

使用 HBase Shell 直接操作 HBase 数据库有交互式及非交互式两种模式，在 Hadoop 数据库 HBase 安装目录下，执行 hbase shell 命令即可进入交互式模式操作 HBase 数据库，参见表 4-30；执行 hbase shell 命令时加上 -n 选项即可进入非交互式模式操作 HBase 数据库，在非交互式模式下，可把多条命令放在一个输入文件中一起执行，参见表 4-31。

表 4-30　交互式模式操作 HBase 数据库

序号	命令名		功能说明及使用示例
0	进入交互式模式操作 HBase 数据库：[root@client bin]# ./hbase shell		
1	help		显示所有命令的列表，执行 help'<command>'，列出引号内命令的帮助信息。 示例：显示 status 命令的用法： hbase(main):002:0 >help 'status'
2	DDL	1）create	创建一张新表。 示例一（长格式）： hbase(main):021:0 >create 't1',{NAME => 'f1'}, {NAME => 'f2'}, {NAME => 'f3'} 示例二（短格式）： hbase(main):022:0 >create 't2','f1','f2','f3'
		2）list	列出所有表，可以加上过滤的正则表达式选项。 示例一： hbase(main):087:0 >list 示例二： hbase(main):088:0 >list 't.*' 注意：*是通配符

续表 4-30

序号	命令名		功能说明及使用示例
2	DDL	3） exists	查看指定的表是否存在。 示例： hbase(main):090:0 >exists 't1'
		4） describe	显示指定表的定义。 示例： hbase(main):093:0 >desc 't1' 注意：desc 是 describe 的简写
		5） disable	停用指定的表。 示例： hbase(main):094:0 >disable 't2'
		6） enable	启用指定被 disable 停用的表。 示例： hbase(main):095:0 >enable 't2'
		7） alter	在指定表上增加、修改、删除列族或更改表的属性定义。 示例一：修改表 t2 的列族属性，将列族 f2 数据保存在内存，列族 f3 每个单元最多保存的版本数为 5（默认值为 1）。 hbase(main):096:0 >alter 't2',{NAME = >'f2',IN_MEMORY = >true}, {NAME = >'f3',VERSIONS = >5} 示例二：下述两条指令分别删除表 t2 中的列族 f1、f2。 hbase(main):097:0 > alter 't2',NAME = >'f1',METHOD = >'delete' hbase(main):098:0 >alter 't2','delete' = >'f2' 示例三：修改表 t1 的列族 f1，使每个单元最多保存的版本数为 5，并修改表 t1 的属性 MAX_FILESIZE 为 128MB，即表 t1 HRegion 的最大值为 128MB。 hbase(main):011:0 > alter 't1',{NAME = >'f1',VERSIONS = >5}, MAX_FILESIZE = >'134217728'

续表 4－30

序号	命令名		功能说明及使用示例
2	DDL	7）alter	示例四：取消表 t1 的 MAX_FILESIZE 属性定义。 hbase(main):014:0 >alter 't1',METHOD = >'table_att_unset', NAME⇒'MAX_FILES'
		8）drop	删除指定的表，删除前必须先执行 disable 命令停用该表。 示例：删除表 t2。 hbase(main):018:0 >drop 't2'
3	DML	1）put	在指定表的单元插入数据，通过行键和列名指定插入数据的单元。 示例：在指定表 t1 的 4 个单元插入数据，共 3 行，行键分别为 r1，r2 及 r3，列名各不相同。 hbase(main):016:0 >put 't1','r1','f1:c1','value1' hbase(main):017:0 >put 't1','r2','f1:c2','value2' hbase(main):018:0 >put 't1','r3','f1:c3','value3' hbase(main):019:0 >put 't1','r1','f2:c4','value4'
		2）scan	查询指定表中满足条件的数据，可以在行、列、时间戳等维度上设定查询条件。 示例一：查询表 t1 中的所有数据。 hbase(main):023:0 >scan 't1' 示例二：查询表 t1 中从行键 r1 开始的 2 行数据，包含列族 f1 和 f3 中的所有列。 hbase(main):045:0 >scan 't1',{columns = >['f1','f3'],LIMIT = >2, STARTROW = >'r1'} 示例三：查询表 t1 时间戳在 1488038266200 和 1488038520000 之间的列族 f1 的所有数据，结果以行键的倒序排列

续表4-30

序号	命令名		功能说明及使用示例
3	DML	2）scan	hbase(main):001:0 > scan 't1',{columns = > ['f1'],TIMERANGE = > [1488038266200,1488038520000],REVERSED = > true}
		3）get	获取表中给定行符合条件的数据，第一个参数是表名，第二个参数是行键。 示例一：查询表t1中行键为r1的所有数据。 hbase(main):008:0 >get 't1','r1' 示例二：查询表t1中行键为r1且值大于等于value4的数据。 hbase(main):009:0 >get 't1','r1',{FILTER = >"ValueFilter(> =,'binary:value4')"}
		4）count	查询指定表中的行数，默认为1000行计一次数，计数间隔可以在count命令中设置。 示例；查询表t1的行数，计数间隔设为2。 hbase(main):013:0 >count 't1',INTERVAL = >2
		5）delete	删除指定表中指定单元的数据，通过表名、行键和列名指定删除数据的单元，还可加上时间戳选项，如果有时间戳选项则表示删除该单元时间戳之前的所有版本数据；如果没有时间戳选项则表示删除该单元所有版本的数据。 示例： hbase(main):086:0 >delete 't1','r1','f1:c1'
4	命名空间类		命名空间（namespace）是对表的逻辑分组，HBase可以针对命名空间分配资源限额、指定HRegionServer子集、进行安全管理等。HBase通过<命名空间>：<表标识符>的格式表示一张表。HBase有以下两个默认的命名空间： （1）hbase：系统命名空间，用于保存HBase的内部表，用户不能使用该命名空间； （2）default：HBase的默认命名空间，没有指定命名空间的表，自动属于default命名空间

续表 4－30

序号	命令名		功能说明及使用示例
4	命名空间类	1） create_ namespace	创建命名空间，可以加上命名空间的配置选项。 示例：创建命名空间 ns1，并且 ns1 中最多只能有 5 张表。 hbase(main):002:0 > create_namespace 'ns1', {'hbase.namespace.quota.maxtables' = >'5'}
		2） alter_ namespace	修改指定命名空间的定义。 示例：修改命名空间 ns1，使其最多只能有 20 个 HRegion。 hbase(main):011:0 > alter_namespace 'ns1', {METHOD = >'set', 'hbase.namespace.quota.maxregions' = >'20'}
		3） describe_ namespace	显示指定命名空间的定义。 示例： hbase(main):006:0 > describe_namespace 'ns1'
		4） list_ namespace	列出所有的命名空间，可以加上带有通配符的正则表达式选项。 示例： hbase(main):015:0 > list_namespace
		5） list_ namespace_ table	列出某命名空间的所有表。 示例： hbase(main):023:0 > list_namespace_table 'default'
		6） drop_ namespace	删除某命名空间，只有命名空间中没有任何表时，此命令才能成功执行。 示例： hbase(main):030:0 > drop_namespace 'ns1'
5	其他命令类	其他命令类包括：配置类命令、安全类命令、限额类命令、工具类命令、复制类命令、快照类命令、过程类命令、可视化标签类命令以及通用类命令等。下面只介绍配置类命令及安全类命令，其他类命令限于篇幅这里不再介绍	

续表 4 – 30

序号	命令名		功能说明及使用示例
5	其他命令类	update_all_config	对 HBase 集群参数配置值进行动态更新。 示例： hbase(main):035:0 > update_all_config
		客户端安全访问	（1）默认配置下，只要网络连通客户端可以不需要认证直接访问 HBase 集群。 （2）客户端安全访问，要在每台服务器的配置文件 hbase – site. xml 中设置 hbase. security. authentication、hbase. security. authorization、hbase. coprocessor. region. classes 等属性要求客户端必须通过 Kerberos 认证才能访问 HBase。 服务器端配置示例： <property> <name>hbase.security.authentication</name> <value>kerberos</value> </property> <property> <name>hbase.security.authorization</name> <value>true</value> </property> <property> <name>hbase.coprocessor.region.classes</name> <value>org.apache.hadoop.hbase.security.TokenProvider </value> </property> （3）客户端安全访问，还要在客户端的配置文件 hbase – site. xml 中设置为 kerberos，保持客户端和服务器一致才能访问集群。 客户端配置示例： <property>

续表 4－30

序号	命令名		功能说明及使用示例
5	其他命令类	客户端安全访问	<name>hbase.security.authentication</name> <value>kerberos</value> </property> (4) 上述配置修改后，必须关掉 HBase 集群再重新启动才能生效
		客户端简单访问控制	(1) 客户端简单访问控制并不能阻止黑客攻击，只是一种便于通过设置用户权限进行访问控制的方法，可以防止误操作。前面的客户端安全访问，配置了 Kerberos 认证，才能提升系统的安全性。 (2) 客户端简单访问，要在每台服务器的配置文件 hbase－site. xml 中配置如下配置示例的属性。 服务器端配置示例： <property> <name>hbase.security.authentication</name> <value>simple</value> </property> <property> <name>hbase.security.authorization</name> <value>true</value> </property> <property> <name>hbase.coprocessor.master.classes</name> <value>org.apache.hadoop.hbase.security.access.AccessController</value> </property> <property> <name>hbase.coprocessor.region.classes</name>

续表4-30

序号	命令名		功能说明及使用示例
5	其他命令类	客户端简单访问控制	<value>org.apache.hadoop.hbase.security.access.AccessController</value> </property> <property> <name>hbase.coprocessor.regionserver.classes</name> <value>org.apache.hadoop.hbase.security.access.AccessController</value> </property> (3) 客户端简单访问，还要在客户端的配置文件 hbase-site.xml 中设置为 simple，保持客户端和服务器一致才能访问集群。 客户端配置示例： <property> <name>hbase.security.authentication</name> <value>simple</value> </property> (4) 上述配置修改后，必须关掉 HBase 集群再重新启动才能生效
		数据访问权限控制	(1) 5个级别的数据访问权限定义。 ★读权限，标识符 R，读取指定范围内的数据； ★写权限，标识符 W，在指定范围内写数据，包括增加及删除； ★执行权限，标识符 X，在指定范围内执行 HBase 协处理器终端程序； ★创建权限，标识符 C，在指定范围内创建、删除表； ★管理权限，标识符 A，在指定范围内执行分配 HRegion、平衡负载等集群操作。 (2) 数据访问权限作用范围定义。 ◆超级用户，允许对任意对象执行所有操作，超级用户包括 HBase 的用户以及在 hbase-site.xml 中配置项 hbase.superuser 指定的用户

续表 4－30

<table>
<tr><th>序号</th><th colspan="2">命令名</th><th>功能说明及使用示例</th></tr>
<tr><td>5</td><td>其他命令类</td><td>数据访问权限控制</td><td>◆全局，允许在集群的所有表上执行操作；
◆命名空间，允许在命名空间的所有表上执行操作；
◆表，允许在指定表的数据或元数据上执行操作；
◆列族，允许在指定列族的单元上执行操作；
◆列，允许在指定列的单元上执行操作。
（3）授权命令。各种权限级别与作用范围的组合，可以实现很细粒度的权限控制。在 HBase Shell 中可以使用 grant 命令实现授权，授权命令的语法格式如下：
grant <user>,<permissions>[,<@ namespace> | <table>[,column family>[,column qualifier>]]]
注意：第一个参数 <user> 是用户名或组名，如为组名，则需要加上前缀@；第二个参数 <permissions> 是权限标识符 RWXCA 的任意组合。第一个参数和第二个参数是必须的，而方括号内的参数是可选的，表示权限的作用范围。
（4）权限回收命令 revoke 的语法格式与授权命令 grant 的语法格式类似，差别在于 revoke 命令与 grant 命令比较，少了第二个表示权限标识符的参数 <permissions>。
示例一：给用户 user1 授权 default：t1 表的 RW 权限。
hbase(main):138:0 >grant 'user1','RW','default:t1'
示例二：给用户 user2 授权 default 命名空间的 RWCX 权限。
hbase(main):139:0 >grant 'user2','RWCX','@ default'
示例三：收回用户 user1 在指定范围' default：t1' 上的所有权限。
hbase(main):154:0 >revoke 'user1','default:t1'
示例三：收回用户 user2 在指定范围'@ default'上的所有权限。
hbase(main):154:0 >revoke 'user2','@ default'
注意：revoke 命令的作用范围必须与 grant 的作用范围一致，才能成功回收权限</td></tr>
</table>

表4-31　非交互式模式操作HBase数据库

序号	命令名	功能说明及使用示例
1	进入非交互式模式操作HBase数据库，执行[root@ client bin]# ./hbase.shell -n 命令	
2	1）假定输入文件为sample_cmd.txt文件内容为： create't3','f1','f2','f3' put 't3','r1','f1:a','value1' put 't3','r2','f2:b','value2' put 't3','r3','f3:c','value3' scan 't3' disable 't3' drop 't3' 2）将sample_cmd.txt 文件作为输入，非交互式模式操作HBase数据库。 [root@ client bin]# ./hbase shell -n <sample_cmd.txt 3）直接以脚本文件作为命令行参数执行非交互式模式操作HBase数据库。 [root@ client bin]# ./hbase shell sample_cmd.txt	

2. 使用Python语言操作数据库HBase的方法及过程

HBase除了可以通过shell和java API进行操作数据库外，还提供了一套完整的thrift服务用于跨语言调用接口，以下是Python操作HBase的方法及过程。

（1）使用前在服务器端安装开启thrift服务，开启方法：在hbase/bin目录下执行[root@ hadoop bin]./hbase -daemon.sh start thrift。

（2）在客户端使用pip安装第三方库HappyBase。

```
Pip install happybase
```

（3）第三方库HappyBase提供的方法参见表4-32。

表4-32　第三方库HappyBase提供的方法

序号	方法	说明
1	connection = happybase.Connection(url)	获取链接，端口默认是9090（url = HBase数据库IP地址）

续表 4－32

序号	方法	说明
2	`table_name_list = connection.tables()`	获取 HBase 示例中所有表名
3	`table = happybase.table(name, connection)`	获取表实例（name＝表名；connection＝链接）
4	`connection.disable_table(name)`	禁用表（name＝表名）
5	`connection.enable_table(name)`	启用表（name＝表名）
6	`connection.create_table(name, families)`	创建表（name＝表名；families＝列族）
7	`connection.delete_table(name, disable=False)`	删除表（name＝表名；disable＝是否先禁用表）
8	`cells(row, column, versions = None, timestamp = None, include_timestamp=False)`	获取单元格 cells 的值（row＝行；column＝列；versions＝获取的最大版本数量；timestamp＝时间戳；include_timestamp＝是否返回时间戳）
9	`delete(row,columns=None,timestamp=None,wal=True)`	删除指定行数据（row＝行；columns＝列；timestamp＝时间戳；wal＝是否写入wal）
10	`put(row,data,timestamp=None, wal=True)`	插入数据（row＝行；data＝数据；timestamp＝时间戳；wal＝是否写入 wal）
11	`row(row, columns = None, timestamp=None, include_timestamp=False)`	获取一行数据（row＝行；columns＝列；timestamp＝时间戳；include_timestamp＝是否返回时间戳）

续表 4－32

序号	方法	说明
12	rows(rows,columns = None,timestamp = None, include_timestamp = False)	获取多行数据（rows = 行；可传入一个 list 或 tuple 获取多行；columns = 列；timestamp = 时间戳；include_timestamp = 是否返回时间戳）
13	scan (row _start = None, row _stop = None, row _ prefix = None, columns = None,filter = None,timestamp = None,includetimestamp = False, batch_size = 1000,scan_batching = None,limit = None,sorted_columns = False,reverse = False)	获取一个扫描器，返回一个 generator（row_start = 起始行；row_stop = 结束行；row_prefix = 行号前缀；columns = 列；filter = 过滤字符串；timestamp = 时间戳；include_timestamp = 是否返回时间戳数据；batch_size = 用于检索结果的批量大小；scan_batching = 服务端扫描批处理；limit = 数量；sorted_columns = 是否返回排序的列；reverse = 是否执行反向扫描）

（4）Demo 程序示例。

```
import happybase
import time

host ='192.168.0.186'
connection =happybase. Connection (host)

# 获取 HBase 实例中的表名列表，返回一个 list
tables =connection. tables ()
print (tables)

# 获取表实例 (name =表名，connection =连接)
shenzhen =happybase. Table (b'gdshenzhen2', connection)

# 获取单元格数据，返回一个列表（row =行，column =列，versions =获取的最大版本数量，timestamp =时间戳，include_timestamp =是否返回时间戳)
```

```
data = shenzhen. cells ('300311660016311391','electric: zyggl',
versions =1)
print (data)

# 插入数据，无返回值 (row =行，data =数据，timestamp =时间戳，wal =是
否写入 wal)
shenzhen. put ('300311660016311391', {
'electric: yhbh':'1',
'electric: zyggl':'1',
'electric: azxyg:'1',
}, timestamp =int (time. time ()), wal =True)
print ('插入数据成功')

# 删除指定行数据，无返回值 (row =行，columns =列，timestamp =时间戳，
wal =是否写入 wal)
shenzhen. delete ('300311660016311391', columns ='electric: zyg-
gl', timestamp =1564460180, wal =True)
print ('删除成功')
```

（5）程序输出结果。

```
[b'gdshenzhen', b'gdshenzhen1', b'gdshenzhen2']
[b'0.0255']
插入数据成功
删除成功
```

4.8 Hadoop 数据仓库工具 Hive 之配置及使用

4.8.1 Hadoop 数据仓库工具 Hive 之配置

Hive 的配置文件主要有两个：hive－env. sh 和 hive－site. xml。

1. Hive 配置文件 hive－env. sh 的配置方法

在文件 hive－env. sh 中指定 Hadoop 安装路径，进入 Hive 配置文件夹 conf，将 Hive 的环境变量模板文件复制成环境变量文件，并编辑该文件，命令

如下：

```
[root@ client hive]# cd conf
[root@ client conf]# cp hive-env.sh.template hive-env.sh
[root@ client conf]# vim hive-env.sh
```

注意，按键盘 i 键进入编辑，在配置文件 hive - env. sh 中加入如下语句：

```
HADOOP_HOME = /usr/cstor/hadoop
```

这个位置可以依据自己的实际情况进行调整。

2. Hive 配置文件 hive - site. xml 的配置方法

Hive 运行时所需的相关配置参数保存在 hive - site. xml 文件中。HIVE_HOME/conf 目录中的文件 hive - default. xml. template 保存各个配置参数的默认值，通过在 conf 目录中创建 hive - site. xml 文件并新增特定的参数值可以覆盖默认值。每次启动 Hive 时，其参数值是不变的，hive - site. xml 文件中包含的主要配置项及配置方法参见表 4 - 33。

表 4 - 33　hive - site. xml 文件包含的主要配置项及配置方法

hive - site. xml 文件包含的主要配置项		
序号	属性	功能及属性值
1	hive. exec. scratchdir	Hive 操作访问 HDFS 时，存储临时数据目录默认为/tmp/，目录权限设置为 733
2	hive. metastore. warehouse. dir	Hive 操作的数据存储目录，设置为 HDFS 存储路径： hdfs://master_ hostname:port/hive/warehouse
3	javax. jdo. option. ConnectionURL	设置 Hive 通过 JDBC 模式连接 MySQL 数据库存储 metastore 元数据内容。 属性值为： jdbc:mysql://host/data_ base_ name?createDatabaseIfNotExist = true
4	javax. jdo. option. ConnectionDriverName	设置 Hive 连接 MySQL 数据库的驱动名称，属性值为： com. mysql. jdbc. Driver

续表 -33

<table>
<tr><td>5</td><td>javax. jdo. option. ConnectionUserName</td><td>设置 Hive 连接存储 metastore 内容的数据库的用户名</td></tr>
<tr><td>6</td><td>javax. jdo. option. ConnectionPassword</td><td>设置 Hive 连接存储 metastore 元数据内容的数据库的密码</td></tr>
<tr><td>7</td><td>javax. jdo. option. Multithreaded</td><td>是否允许 Hive 与 MySQL 之间存在多条连接，设置属性值为 true 表示允许</td></tr>
<tr><td colspan="3">hive - site. xml 文件主要配置项配置方法</td></tr>
<tr><td>序号</td><td colspan="2">配置方法及说明</td></tr>
<tr><td>1</td><td colspan="2">Hive SET 命令，此方法称为运行时配置，是在 Hive 特定会话中修改相关配置信息。
示例一：建立桶表之前设定 Hive 能够识别桶。
<code>hive > set hive.enforce.bucketing = true</code>
示例二：在当前会话中输出 hive. enforce. bucketing 的属性值。
<code>hive > set hive.enforce.bucketing</code>
注意：若 set 命令后不带任何参数，则输出所有与 Hive 相关的属性名及属性值，同时输出 Hadoop 中被 Hive 修改的相关默认属性及属性值</td></tr>
<tr><td>2</td><td colspan="2">使用带 - hiveconf 选项的 Hive 命令为会话设置参数</td></tr>
<tr><td>3</td><td colspan="2">编辑 hive - site. xml 文件</td></tr>
<tr><td>4</td><td colspan="2">编辑 hive - default. xml 文件</td></tr>
<tr><td>5</td><td colspan="2">编辑 hive - site. xml 文件及其相关文件，如 core - site - xml 、hdfs - site. xml、mapred - site. xml 等</td></tr>
<tr><td>6</td><td colspan="2">编辑 hive - default. xml 文件及其相关文件，如 core - default - xml、hdfs - default. xml、mapred - default. xml 等</td></tr>
<tr><td colspan="3">注意：上面列出的六种方法，是按优先级由高到低列出的，即序号 1 的方法优先级最高，优先级高的属性值设置会覆盖优先级低的属性值设置</td></tr>
</table>

4. 8. 2　Hadoop 数据仓库工具 Hive 之使用

Hadoop 数据仓库工具 Hive 为上层面向企业的“大数据应用”提供了丰富的接口，使“大数据应用”的开发人员应用这些接口，可以得心应手地使用

Hadoop 的数据仓库工具 Hive。这些接口包括：Hive Shell 接口、Hive Web 接口、Hive API 接口、Hcatalog 接口、Pig 接口和 Beeline 接口等。限于篇幅，本节主要介绍常用的 Hive Shell 接口和 Hive Web 接口的使用方法。

1. Hive Shell 接口的使用方法

安装好 Hive 后，输入 <HIVE_HOME>/bin/hive 或 hive - - service cli 并回车，即可启动 Hive Shell 接口。第一次在 Hive Shell 上执行命令，将在执行命令的机器上创建名为 metastore 的数据库，并在运行 Hive 命令的相应路径下创建一个名为 metastore_db 的目录，用于存储数据描述文件。

Hive Shell 接口运行在 Hadoop 集群环境上，为“大数据应用”开发人员提供了一个执行类似 SQL 命令的称为 HiveQL 的操作环境。在 Hive 提示符后输入 HiveQL 命令，Hive Shell 把该命令转换为一系列的 MapReduce 作业任务进行并行处理，最后返回该命令的处理结果。因此，从某种意义上说，Hive Shell 相当于 MapReduce 和 HDFS 的翻译器。

HiveQL 与大部分的 SQL 语法兼容，便于熟悉 SQL 的开发人员在 Hive Shell 接口上使用 HiveQL 进行复杂的大数据分析、挖掘工作。由于 HiveQL 可以在 Hive 的多个接口环境上使用，因此把其使用方法安排在 4.9 节详细介绍。

Hive Shell 接口的常用命令参见表 4 – 34。

表 4 –34　Hive Shell 接口的常用命令

序号	Hive Shell 接口命令语法	说明
1	clear;	清屏命令
2	show tables;	查看数据库中的表
3	show functions;	查看数据库中的内置函数
4	desc <表名>;	查看指定表名的表结构
5	dfs – ls /user/hive/warehouse;	查看 HDFS 上的文件
6	! pwd;	查看当前目录
注意： 命令必须以分号结束； 命令可不分大小写，除进行字符串比较的相关操作命令外； 支持 Tab 键命令自动补全功能； 命令默认除输出结果外，还会输出执行过程信息。可以通过指定 – s 选项禁止输出执行过程信息		

2. Hive Web 接口的使用方法

Hive Web 接口是 Hive 提供的另一个可替代 Hive Shell 接口功能的图形化接口方案，直观的 Web 界面，非常适合大数据分析人员或大数据运营人员做数据的即时查询。通过浏览器访问和操作 Hive 服务器，可查看 Hive 数据库模式以及执行 HiveQL 操作命令。

Hive Web 接口简称为 HWI（Hive Web Interface），在浏览器地址栏输入下述地址 http：//<IP 地址>：9999/hwi/ 访问 Hive Web 管理接口。使用 Hive Web 接口的方法及过程参见表 4－35。

表 4－35　使用 Hive Web 接口的方法及过程

序号	方法	步骤及说明

1	配置 HWI	（1）打包 war 文件。
		HWI 的运行需要 $HIVE_HOME/lib 目录下的 hive－hwi－2.1.1.jar 和 hive－hwi－2.1.1.war 两个包的支持。安装部署 Hive（4.2.3 版本）后，在 $HIVE_HOME/lib 目录下已经有了 hive－hwi－2.1.1.jar 包，但没有 hive－hwi－2.1.1.war，解决这个问题的办法是：
		1）下载 Hive 的源码包并解压；
		`[root@ client ~]# cd /root/tools/`
		`[root@ client tools]# tar -zxvf apache-hive-2.1.1-src.tar.gz`
		2）进入解压后生成的目录下的 hwi/web 目录，将该目录下的文件夹及文件压缩成 zip 包，命名为 hive－hwi－2.1.1.war；
		`[root@ client tools]# cd apache-hive-2.1.1-src`
		`[root@ client apache-hive-2.1.1-src]# cd hwi/web`
		`[root@ client web]# ll`
		`[root@ client web]# yum -y install zip`
		`[root@ client web]# zip -rq hive-hwi-2.1.1.war`
		3）将 hive-hwi-2.1.1.war 复制到 $HIVE_HOME/lib 目录下。
		`[root@ client web]# cp hive-hwi-2.1.1.war /usr/cstor/hive/lib`
		`[root@ client web]# cd /usr/cstor/hive/lib`
		`[root@ client lib]# ll`
		（2）复制相关 jar 文件到 $HIVE_HOME/lib 目录下

续表 4－35

序号	方法	步骤及说明
1	配置HWI	需要复制的相关 jar 文件主要包括：tools. jar、jasper－compiler－5. 5. 23. jar、jasper－runtime－5. 5. 23. jar 和 commons－el－1. 0. jar。 复制 tools. jar 的示例：tools. jar 在 JDK 安装目录的 lib 目录下。 [root@ client tools]# cd /usr/cstor/hive/lib [root@ client lib]#cp /usr/local/jdk1.7.0_79/lib/tools.jar /usr/cstor/hive/lib/ （3）修改 hive－site. xml 配置文件。 [root@ client ~]# cd /usr/cstor/hive/conf [root@ client conf]# vim hive-site.xml 在配置文件中添加下述属性： <property> <name>hive.hwi.listen.host</name> <value>0.0.0.0</value> <description>HWI 服务运行的主机</description> </property> <property> <name>hive.hwi.listen.port</name> <value>9999</value> <description>HWI 服务运行的端口</description> </property> <property> <name>hive.hwi.war.file</name> <value>lib/hive-hwi-2.1.1.war</value> <description>HWI 服务运行的 WAR 包路径</description> </property>
	启动HWI服务	（1）启动 HWI 服务前，要确保 Hadoop 集群能正常使用，要确保 MySQL 服务器能正常访问，要确保 Hive 能正常使用。 （2）在命令行下输入：hive－－service hwi 即可启动 Hive Web 管理方式，获得 HWI 服务。启动 Hive Web 管理界面后，要先完成用户信息认证，然后就可以创建 Hive 会话执行查询或浏览数据库等操作了

4.9 大数据分析/挖掘语言 HQL 与 Spark SQL

4.9.1 HQL 与 Spark SQL 扮演的角色

前面4.3节与4.4节介绍了大数据框架Hadoop和Spark的安装部署方法及过程，为“大数据应用”搭建了“Hadoop + Spark”大数据框架。这个大数据框架的计算引擎MapReduce和计算引擎Spark为大数据分析、挖掘提供了高级语言如Java、R、Python等的编程接口，基于这些编程接口，“大数据应用”开发人员使用高级语言能编写出大数据分析、挖掘的应用程序。但是，这种基于编程接口的“大数据应用”分布式程序开发的复杂性，不但技术门槛相对较高，而且开发效率也较低，不利于让更多非专业的技术人员使用这些大数据引擎高效地开发大数据分析、挖掘的分布式应用程序。

为了解决上述问题，大数据开源社区在分布式计算框架的基础上，构建了更高级的SQL引擎。在Hadoop计算引擎MapReduce基础上构建了Hive，在Spark计算引擎基础上构建了Spark SQL。Hive是一个数据仓库工具，在其上定义了一个简单的类SQL查询语句，简称为HQL（Hive Query Language）。HQL与标准的SQL语法非常相似，熟悉标准SQL的技术人员，可以很容易地掌握HQL；Spark SQL提供的查询语言除了个别语句的语法与HQL稍有不同外，与HQL非常接近，掌握Spark SQL也是一件技术难度不大的事。

SQL作为一种主流的数据分析语言，不但为许多软件工程师所习惯使用和熟练掌握，而且能与现有的JDBC/ODBC BI系统兼容以及与现有系统进行集成。相对于直接应用Spark计算引擎和MapReduce计算引擎编程接口工具进行“大数据应用”开发，应用SQL技术门槛更低、开发效率更高。

因此，在大数据框架中，HQL与Spark SQL扮演着降低“大数据应用”开发技术门槛以及提高开发效率的重要角色。

4.9.2 大数据框架上的 SQL

目前在大数据分析/挖掘层构建的SQL语言引擎分为：基于大数据计算引擎和基于大数据MPP（Massively Parallel Processing，大规模并行处理）架构两类，两类大数据框架上的SQL语言引擎如图4－5所示。

基于计算引擎的HQL，其基本原理是将SQL语句翻译成分布式应用程序运行在集群中，HQL具有良好的拓展性和兼容性，能够应对海量数据的处理；

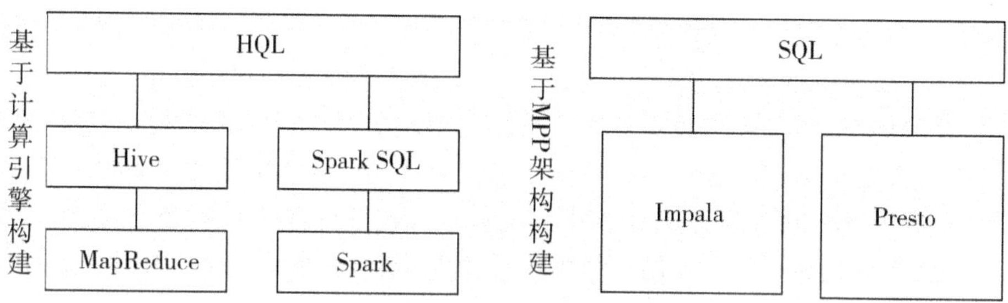

图4-5　大数据框架上的SQL语言引擎

基于MPP架构的SQL引擎，其基本原理是将SQL语句翻译成可分布式执行的任务，采用volcano风格的计算引擎并行处理这些任务，任务之间的数据流动和交换由专门的Exchange运算符完成，如上述架构中的Impala和Presto，这类SQL引擎具有良好的可扩展性，但容错性较差。

4.9.3　Hive与Spark SQL的基本架构

1. Hive的基本架构

Hive的基本架构参见图4-6，Hive对外提供三种访问方式：CLI（Client Line Interface）、Web UI和Thrift协议（支持JDBC/ODBC）。在Hive后端主要由驱动器Driver、管理和存储元信息的服务Hive Metastore以及Hadoop服务构成。

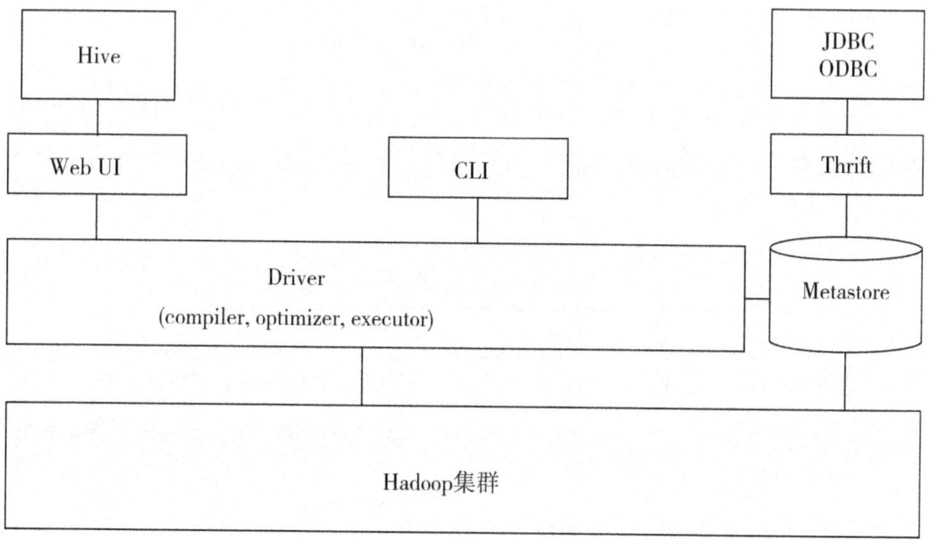

图4-6　Hive基本架构

2. Spark SQL 的基本架构

Spark SQL 的基本架构参见图 4－7，其体系架构由用户接口层、SQL 引擎层、计算引擎层以及存储层组成。用户接口层提供了两套访问接口：类 HQL 语言以及结构化编程接口 DataFrame/DataSet；SQL 引擎层负责将 HQL 或 DataFrame/DataSet 程序编译成分布式运行程序，包括生成逻辑计划、物理计划、查询优化以及执行等。其最重要的组件是查询优化器 catalyst，确保生成最优化的分布式程序；计算引擎层的输入是 HQL 或 DataFrame/DataSet 程序，输出是基于 RDD 模型的 Spark 分布式计算程序，这些程序直接运行在 Spark 计算引擎层；存储层内置了对多种存储引擎的支持，包括 HDFS、Hive 以及各种关系数据库等。

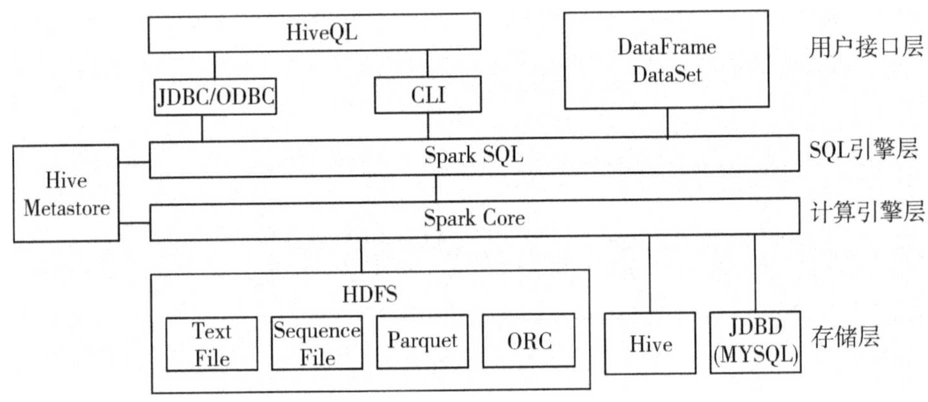

图 4－7　Spark SQL 基本架构

本节下面只介绍基于计算引擎构建的 Hive 和 Spark SQL。Hive 和 Spark SQL 均支持类 SQL 语言，可以很方便地处理海量大数据，它们之间的差别参见表 4－36。

表 4－36　Hive 与 Spark SQL 特征对比

序号	特征	Hive	Spark SQL
1	查询语言	HQL	类 HQL 与 DataFrame/DataSet API
2	元信息存储	Hive Metastore	Hive Metastore。如果处理的数据来自第三方的引擎如 MySQL，则由第三方对应引擎负责元信息存储

续表4-36

序号	特征	Hive	Spark SQL
3	查询引擎	将HQL翻译成对应的分布式程序	将查询语句翻译成最高效的分布式Spark程序
4	分布式计算引擎	MapReduce、Tez或Spark	Spark Core
5	分布式存储引擎	HDFS和HBase	支持各种数据源，包括HDFS、HBase、Hive以及关系数据库等

依据上述Hive与Spark SQL的特征对比表，从数据源支持与表达支持两个方面衡量，Spark SQL的能力要更胜一筹。在表达支持方面，Spark SQL不仅支持SQL，还支持更加灵活的DataFrame与DataSet API；在数据源支持方面，Spark SQL应用data source API，可以操作多种异构的数据源；但是，在对支持表达能力的查询引擎方面，Hive应用插拔式引擎设计，要比Spark SQL更具灵活性。

4.9.4 HQL的使用

Hive数据仓库是一个数据仓库工具，而HQL是数据仓库Hive提供的数据查询语言。开发人员可以在Hive上创建表，用表保存数据。数据库表由若干列组成，创建表时需要定义各列的数据类型。

Hive数据库类似传统的关系数据库，但其作用有所不同，它是一个目录或命名空间（元数据），用于解决表命名冲突，使不同用户或应用程序可以分别位于不同的命名空间或模式中执行各自的操作而互不受影响。所以，Hive元数据库实际上是一张表，对应于HDFS上数据仓库目录下是一个文件夹。Hive默认的数据库是default。

1. Hive的数据类型

Hive支持的数据类型包括基本数据类型和复杂数据类型两种，如表4-37所示。

表 4－37　Hive 支持的数据类型

<table>
<tr><th>序号</th><th colspan="2">数据类型</th><th>类型说明</th></tr>
<tr><td rowspan="4">1</td><td rowspan="4">基本类型</td><td>1）整数型</td><td>包括：tinyint、smallint、int、bigint</td></tr>
<tr><td>2）浮点型</td><td>包括：float、double、dicemal</td></tr>
<tr><td>3）布尔型</td><td>boolean</td></tr>
<tr><td>4）字符串型</td><td>包括：string、varchar、char</td></tr>
<tr><td rowspan="3">2</td><td rowspan="3">复杂类型</td><td>1）数组型</td><td>由一系列相同数据类型的元素组成</td></tr>
<tr><td>2）集合型</td><td>包括 Key－Value 键值对，可以通过 Key 访问元素</td></tr>
<tr><td>3）结构型</td><td>可以包含不同数据类型的元素，这些元素可以通过“点语法”的方式进行访问</td></tr>
</table>

2. HQL 基本语法

HQL 语法类似于标准的 SQL 语法，HQL 主要包括 DDL（Data Definition Language）、DML（Data Manipulation Language）和避免数据访问一致性问题的读写锁。

（1）DDL 主要涉及元信息数据的创建、输出及修改。Hive 的元信息包括数据库、数据表、视图、索引、函数、用户角色和权限等。DDL 包含的主要语句如表 4－38 所示。

表 4－38　DDL 包含的主要语句

序号	成分	主要语句
1	数据库	create、drop、alter、use database
2	数据表	create、drop、truncate table
3	表/分区/列	alter table、partition、column
4	视图	create、drop、alter view
5	索引	create、drop、alter index
6	函数	create、drop、reload function
7	角色和权限	create、drop、grant、revoke roles and privileges

（2）DML 定义数据操作语句，包括数据控制语句、数据检索语句以及存

储过程，DML包含的主要语句如表4-39所示。

表4-39 DML包含的主要语句

序号	成分	主要语句
1	控制	load、insert、update、delete
2	检索	select查询、窗口和分析函数等
3	存储过程	为Hive、Spark SQL以及Impala等实现的存储过程

3. Hive DDL操作示例

表4-40列出了一些常用DDL操作的示例。为方便起见，下面的介绍默认数据存储路径为user/hive/warehouse，表数据存储路径可以通过修改配置文件hive-site.xml中的参数hive.metastore.warehouse.dir来改变。

为便于介绍DDL语句及示例，进一步做下述准备工作：假定在本地系统的/home下建立文本文件stu.txt，创建表mytable；将本地文件stu.txt中的数据导入表mytable中；查看HDFS下对应的目录；验证mytable表中数据与文本文件stu.txt中的数据一致。

（1）准备文本文件stu.txt的数据，各项之间用Tab键分隔，如下所示.

```
1	xs1	female	21
2	xs2	male	21
3	xs3	female	22
4	xs4	male	20
5	xs5	female	21
6	xs6	male	22
7	xs7	male	21
8	xs8	female	22
9	xs9	female	23
10	xs10	male	20
```

（2）创建表mytable.

```
hive > create table mytable(id int,name string,gender string,age
int)row
format delimited fields terminated by '\t';
```

（3）将本地文件stu.txt中的数据导入表mytable中。

```
hive > load data local inpath '/home/stu.txt' overwrite into table
```

mytable;

(4) 查看 HDFS 下对应的目录。

```
hive >dfs -ls /user/hive/warehouse;
```

(5) 验证 mytable 表中数据与文本文件 stu. txt 中的数据一致。

```
hive >select * from mytable;
```

做了上述准备工作后，下面介绍常用的 DDL 操作实例，参见表 4-40。

表 4-40 常用的 DDL 操作示例

序号	DDL 语句及示例
1	create/drop/alter 数据库 DDL 语句 (1) 创建并查验数据库 mydb 及 db1 hive >create database mydb; hive >create database db1; hive >dfs -ls /user/hive/warehouse; (2) 查看数据库 db1 信息 hive >describe database db1;#describe 可以简写为 desc (3) 打开数据库 db1 及 default hive >use db1; hive >use default; (4) 删除数据库 db1 并查验 hive >drop database if exists db1; hive >dfs -ls /user/hive/warehouse;
2	create/drop/truncate 表 DDL 语句 (1) 创建表 示例一：创建内部表 tb1，第 1 列名为 id，数据类型为 int，第 2 列名为 name，数据类型为 string，同时验证存储在默认目录下。 1) 创建表 hive >create table db1(id int,name string); 2) 验证创建操作 hive >dfs -ls /user/hive/warehouse; 示例二：在指定路径 /user/hive 创建表 tb2，同时验证表 tb2 存储指定的路径。 1) 创建表并存储在指定路径 hive > create table db2 (id int, name string) location '/user/hive/tb2';

续表4-40

<table>
<tr><th>序号</th><th>DDL语句及示例</th></tr>
<tr><td>2</td><td>2）验证创建操作
hive>dfs -lsr /user/hive;
示例三：创建表tb3，同时加载表mytable数据，数据用逗号分隔，并验证。
hive>create table db3 row format delimited fields terminated by ',' as select * from mytable;
hive>dfs -lsr /user/hive/warehouse;
hive>dfs -cat /user/hive/warehouse/tb3/000000_0;
注意：/user/hive/warehouse/tb3/000000_0是在表tb3导入数据后自动建立的存储数据文件。
示例四：创建分区表tb_part，分区字段为gender string；显示tb_part表列以验证创建了分区字段；将mytable表中gender值为'male'的数据插入分区gender='M'中；查询tb_part表，列出所有数据；查看HDFS上的文件以验证gender='M'分区中存储了数据。
1）创建分区表
hive>create table tb_part(id int,name string,age int) partitioned by(gender string) row format delimited fields terminated by ',';
2）显示tb_part表列
hive>desc tb_part;
3）向分区表的gender='M'分区导入数据
hive>insert overwrite table tb_part partition(gender='M') select id,name,age
from mytable where gender='male';
4）查询表tb_part
hive>select * from tb_part;
5）查看数据仓库下的分区目录
hive>dfs -lsr /user/hive/warehouse;
6）查看数据仓库下分区数据存储
hive>dfs -cat /user/hive/warehouse/tb_part/gender=M/000000_0;
示例五：创建桶表tb_bucket，按age分2个桶；向桶中插入数据，验证tb_bucket表中数据、warehouse目录下的内容以及每个桶中的数据；从2个桶中抽样查询第1个桶，即000000_0文件。</td></tr>
</table>

续表 4－40

序号	DDL 语句及示例
2	1）更改属性设置以便 Hive 能识别桶 Hive >set hive.enforce.bucketing =true; 2）创建桶表 hive >create table tb_bucket(id int,name string,gender string,age int)clustered by (age)sorted by(gender)into 2 buckets row format delimited fields terminated by ','; 3）向桶表导入数据 hive >insert into table tb_bucket select id,name,gender,age from mytable; 4）查看 HDFS 下对应存储目录 hive >dfs -lsr /user/hive/warehouse; 5）查询桶表 tb_bucket hive >select * from tb_bucket; 6）查看数据仓库下分桶数据存储 hive >dfs -cat /user/hive/warehouse/tb_bucket/000000_0; hive >dfs -cat /user/hive/warehouse/tb_bucket/000001_0; 7）对桶取样操作 hive >select * from tb_bucket tablesample(bucket 1 out of 2 on age); 示例六：创建外部表 tb_ext，指向 /root/data/xsxx. txt 文件，并查看数据仓库目录（创建前，先建立文本文件 xsxx. txt）。 hive >create external table tb_ext(id int,name string,gender string,age int)row format delimited fields terminated by '\t'; hive >show tables; 示例七：在 mydb 数据库中创建表 tb4，其结构与表默认中的 tb1 相同；验证 mydb 数据库中包含 tb4 文件，而且其结构与 tb1 结构相同。 hive >create tables mydb.tb4 like tb1; hive >use mydb; hive >show tables; hive >desc tb4;#desc 是 describe 的简写 （2）显示表 hive >use mydb;

续表4-40

<table>
<tr><th>序号</th><th>DDL 语句及示例</th></tr>
<tr><td>2</td><td>hive > show tables;
hive > use default;
hive > show tables;
hive > show tables 'tb * ';#显示 tb_开头的所有表
(3) 显示表列
hive > describe tb_part;
hive > desc tb_part;
(4) 截断表
hive > select * from tb3;
hive > truncate table tb3;#删除 tb3 表中所有行
hive > select * from tb3;
(5) 删除表
hive > drop table if exists tb1;#删除对象存在时执行删除操作,否则抛出异常</td></tr>
<tr><td>3</td><td>alter 表/分区/列 DDL 语句
(1) 更改表名
示例一：将表 tb3 重命名为 stu_tb3，查看数据仓库目录数据存储验证更改。
hive > show tables;
hive > alter tables tb3 rename to stu_tb3;
hive > show tables;
hive > dfs -lsr /user/hive/warehouse;
(2) 增加列和列注释
示例二：在 stu_tb3 表中新增加列 score，类型 float，新增列 rank，类型 int，同时附加注释“* * * * * * * * * * *”。
hive > alter tables stu_tb3 add columns(score float);
hive > alter tables stu_tb3 add columns(rank int comment '***********');
hive > desc stu_tb3;
(3) 修改列
示例三：创建表 tb_change，包含 a、b 和 c 三列，显示表列；修改列名 a 为 stu_a；显示表列验证修改；修改列名 stu_a 为 a，并出现在 b 列后；显示表列验证修改。
hive > create tables tb_change(a int,b int,c int);</td></tr>
</table>

续表 4-40

序号	DDL 语句及示例

3	hive >desc tb_change;
	hive >alter table tb_change change a stu_a int;
	hive >desc tb_change;
	hive >alter table tb_change change stu_a a string after b;
	hive >desc tb_change;
	示例四：在 alter table 命令中加关键字 replace columns 可更改列名，而原有数据不发生改变。
	hive >alter table tb_change replace columns(stu_b int,stu_a string,stu_c int);
	hive >desc tb_change;
	示例五：在 alter table 命令中加关键字 replace columns 还可以删除列，如本例实现删除 tb_change 表的 stu_a 和 stu_b 两列。
	hive >alter table tb_change replace columns(stu_c int);
	hive >desc tb_change;
	(4) 增加和删除分区
	示例六：
	1）在表 tb_part 中添加一个分区 gender='F'，查看 tb_part 表的分区，验证是否成功添加了分区。
	hive >show partitions tb_part;
	hive >alter table tb_part add partition(gender='F');
	hive >show partitions tb_part;
	2）向分区 gender='F'中导入数据，查看数据仓库目录变化。
	hive >insert overwrite table tb_part partition(gender='F') select id,name,age from
	mytable where gender='female';
	hive >dfs -lsr /user/hive/warehouse;
	3）查看分区 gender='F'中的数据。
	hive >dfs -cat /user/hive/warehouse/tb_part/gender=F/000000_0;
	4）删除 gender='M'分区，查看表分区和数据仓库目录，验证分区 gender='M'被删除。
	hive >alter table tb_part drop if exists partition(gender='M');
	hive >show partitions tb_part;
	hive >dfs -lsr /user/hive/warehouse;

续表4-40

序号	DDL语句及示例
4	create/drop/alter 视图 DDL 语句 示例一：创建视图 tb_view；查看创建视图中的数据；删除视图 tb_view。 hive >create view tb_view as select gender,avg(age) from mytable group by gender; hive >select * from tb_view; hive >drop view tb_view;
5	create/drop 函数 DDL 语句 示例一：在 Hive Shell 下显示内置函数。 hive >show function; 示例二：显示函数 sum 的描述信息。 hive >desc function sum; 示例三：定义和使用用户定义函数 UDF 的流程。 1）自定义一个 Java 类。 2）继承 UDF 类。 3）重写 evaluate 方法。 4）打成 jar 包。 5）进入 Hive 的 Shell，用命令 add jar 把包导入 Hive 的环境变量里。 6）用 create temporary function as 命令，基于 jar 包中的类创建临时函数。 7）HQL 中使用 UDF 函数

4.9.4.4 Hive DML 操作示例

表4-41列出一些常用DML操作的示例。

表4-41 常用的DML操作示例

序号	DML语句及示例
1	将文件中的数据导入（load）到 Hive 表中的语句 示例一：创建表 pokes 和包含分区字段的 invites；将本地系统文件 kv1.txt 中的数据导入到 pokes 表；将本地系统的文件 kv2.txt 中的数据导入到表 invites 的 ds ='2017-03-20'分区；将存储于 HDFS 上的文件 kv3.txt 中的数据导入到表 invites 的 ds ='2017-03-21'分区。 hive >create table pokes(foo int,bar string);

续表 4－41

序号	DML 语句及示例
1	hive＞create table invites(foo int,bar string)partitioned by(ds string); hive＞load data local inpath '/home/kv1.txt' overwrite into table pokes; hive＞load data local inpath '/home/kv2.txt' overwrite into table invites partition(ds='2017－03－20'); hive＞dfs －put /home/kv3.txt /user;#上传文件 kv3.txt 到 HDFS 上 hive＞load data inpath '/user/kv3.txt' overwrite into table invites partition(ds='2017－03－21'); hive＞dfs －lsr /user/hive/warehouse;#查看数据仓库目录
2	select 和 filters 语句 （1）简单 select 操作。 hive＞select * from mytable;　#查询表中的所有行和列 （2）限制条数查询 limit。 hive＞select * from mytable limit 3;　#从表中随机查询 3 条记录 （3）top N 查询。 hive＞set mapred.reduce.tasks=2;　#设置 MapReduce 任务数为 2 hive＞select * from mytable sort by age desc limit 3;#查询年龄最大的 3 个人 （4）不输出重复记录的查询。 hive＞select distinct id,name from mytable;#查询不重复记录 （5）基于 Partition 的查询。 hive＞select * from tb_part where gender='F';#查询分区数据 （6）分别统计 mytable 表中字段值为“female”和“male”的平均年龄（age 字段）。 hive＞select gender,avg(age)from mytable group by gender;
3	数据表连接 join 操作语句 示例一：建立部门测试表 department（包含部门编号 d_id 和 d_name 两列）和员工测试表 employee（包含员工编号 e_id、员工姓名 e_name、员工年龄 e_age、所在部门编号 e_d_id 四列），并从本地文件系统中导入数据，假定两个本地文件如下所示

续表4-41

<table>
<tr><th>序号</th><th>DML 语句及示例</th></tr>
<tr><td>3</td><td>/data/department.txt 文件内容如下（数据之间使用Tab键分隔）：
1　网络部
2　宣传部
3　研发部
5　人事部
/data/employee.txt 文件内容如下（数据之间使用Tab键分隔）：
1　王红　20　1
2　李强　22　1
3　赵四　20　2
4　郝娟　20　4
hive>create table department(d_id int,d_name string)row format delimited fields
terminated by '\t';
hive>create table employee(d_id int,d_name string,e_age int,e_d_id int)
row format delimited fields terminated by '\t';
hive>load data local inpath '/data/department.txt' overwrite into table department;
hive>load data local inpath '/data/employee.txt' overwrite into table employee;
hive>select * from department;
hive>select * from employee;
hive>dfs -lsr /user/hive/warehouse;
(1) 内连接查询（等值连接）join …on。
示例二：检索department表中d_id字段值与employee表e_d_id字段值相等的所有员工。
hive>select b.e_name,a.d_name from department a join employee b on
b.e_d_id=a.d_id;
(2) 左外连接查询 left outer join …on。
示例三：查询department表中每个部门的员工。
hive>select b.e_name,a.d_name from department a left outer join employee b on</td></tr>
</table>

续表 4 –41

<table>
<tr><th>序号</th><th>DML 语句及示例</th></tr>
<tr><td>3</td><td>(b.e_d_id = a.d_id);
执行上述语句的查询结果为：
1 网络部 王红
1 网络部 李强
2 宣传部 赵四
3 研发部 NULL
5 人事部 NULL
注意：上述结果输出了左表 department 的所有行，员工表 employee 中编号为 3 的研发部员工和编号为 5 的人事部员工，在对应位置上显示为空 NULL。
(3) 右外连接查询 right outer join …on。
示例四：查询 employee 表中每个员工所属部门。
hive > select b.e_id,b.e_name,b.e_age,a.d_name from department a right out join employee b on(a.d_id = b.e_d_id);
执行上述语句的查询结果为：
1 王红 20 网络部
2 李强 22 网络部
3 赵四 20 宣传部
4 郝娟 20 NULL
注意：上述结果输出了右表 employee 表的所有行，其中第 4 条数据郝娟的部门编码为 4，而部门表 department 中没有编码为 4 的部门，故在对应位置上显示为空 NULL。
(4) 全外连接查询 full outer join …on。
示例五：查询部门和员工情况。
hive > select a.*,b.* from department a full out join employee b on(a.d_id = b.e_d_id);
执行上述语句的查询结果为：
1 网络部 2 李强 22 1
1 网络部 1 王红 20 1
2 宣传部 3 赵四 20 2
3 研发部 NULL NULL NULL NULL
NULL NULL 4 郝娟 20 4
5 人事部 NULL NULL NULL NULL
注意：上述结果输出了左表 department 和右表 employee 表的所有行，可以了解每</td></tr>
</table>

续表 4－41

序号	DML 语句及示例

3	个部门有哪些员工，每个员工在哪个部门。其中第 5 条数据郝娟的部门编码为 4，而部门表 department 中没有编码为 4 的部门，故在对应位置上显示为空 NULL。第 4 条研发部门和第 6 条人事部在 employee 表中没有对应的数据，故在对应位置上显示为空 NULL。
	（5）左半连接查询 left semi join。
	示例六：列出能在 department 表中查到，而且 employee 表中有其对应员工信息的部门；列出能在 employee 表中查到，而且 department 表中有其对应员工信息的部门。
	`hive >select a.* from department a left semi join employee b on(a.d_id = b.e_d_id);`
	`hive >select a.* from employee a left semi join department b on(a. e_d_id = b. d_id);`
	执行上述第 1 条语句的查询结果为：
	1　　网络部
	2　　宣传部
	执行上述第 2 条语句的查询结果为：
	1　　王红　　20　　1
	2　　李强　　22　　1
	3　　赵四　　20　　2
	（6）使用 join 查询语句时的注意事项。
	1）应该把条目少的表或子查询放在 join 操作符的左边，理由是在执行 join 操作的 reduce 阶段，join 操作符左边的表的内容会被加载到内存，所以将条目少的表或子查询放在 join 操作符的左边，可以减少发生 OOM 错误的概率；
	2）语句的查询结果默认输出到控制台，可以使用 insert 命令将结果插入到 Hive 的新表中，也可以将查询结果写入或导出到文件中

4	将 select 查询结果导出到 Hive 的另一个表中
	示例一：创建表 tb_out1 和 tb_out2；将 select 查询结果导入 tb_out1 和 tb_out2。
	`hive >create table tb_out1 as select id,name from mytable where age = 20;`
	`hive > create table tb_out2(age int,number int);`
	`hive >select * from tb_out1;`
	`hive >insert into table tb_out1 select id,name from mytable where age = 21;#以追加方式向 tb_out1 表导入数据`

续表 4 -41

序号	DML 语句及示例
4	hive > select * from tb_out1;#验证 tb_out1 追加数据成功 hive > insert overwrite table tb_out2 select age,count(id) from mytable group by age;#向 tb_out2 表导入数据 hive > select * from tb_out2;#验证 tb_out2 导入数据成功 示例二：创建表 tb_out3 和 tb_out4；一次性向 tb_out3 和 tb_out4 导入数据。 hive > create table tb_out3 as select id,name from mytable where age = 22; hive > select * from tb_out3; hive > create table tb_out4(gender string,av_age float); hive > insert overwrite table tb_out3 select id,name.from mytable where age = 23 insert into table tb_out4 select gender,avg(age).from mytable group by gender; #以覆盖方式向 tb_out3 表导入数据，以追加方式向 tb_out4 表导入数据 hive > select * from tb_out3; hive > select * from tb_out4;
5	将 select 查询结果写入文件。 （1）写入本地文件系统 示例一：将 select 查询结果导出到本地/tmp/exporttest/目录。 hive > insert overwrite local directory '/tmp/exporttest/' select * from mytable where gender = 'male'; #将查询结果写入本地/tmp/exporttest/目录 hive > quit; #退出 Hive [root@ client hive]# ll /tmp/exporttest/ #验证输出 [root@ client hive]# cat /tmp/exporttest/000000_0 #验证写入本地文件成功 注意：将查询结果导出本地文件系统时，导出路径为文件夹路径，如指定的文件夹不存在，系统则会先建立该文件夹，不必指定文件名，系统会在指定的文件夹生成一个查询结果集数据文件 000000_0。 （2）写入分布式文件系统 示例一：将查询结果导出到 HDFS 的/tmp/outtest/目录。 hive > insert overwrite directory '/tmp/outtest/' row format delimited fields terminated by '\t' select * from mytable where gender = 'female';

续表4－41

<table>
<tr><th>序号</th><th>DML语句及示例</th></tr>
<tr><td>5</td><td>#将查询结果写入HDFS的/tmp/outtest/目录
hive >dfs -ls /tmp/outtest/;　　#查看数据仓库目录
hive >dfs -cat /tmp/outtest/000000_0;#查看存储在HDFS的文件
示例二：用一条命令实现将mytable表中gender ='male'数据导入本地/tmp/exporttest1/目录，同时将mytable表中的gender ='female'数据导入HDFS的/tmp/outtest1/目录。
hive >insert overwrite local directory '/tmp/exporttest1/'
select * from mytable where gender ='male'
insert overwrite directory '/tmp/outtest1/'
row format delimited fields terminated by '\t'
select * from mytable where gender ='female';　　#导入数据到两个文件
hive >dfs -lsr /tmp　　#查看数据仓库目录
hive >dfs -cat /tmp/outtest1/000000_0　#验证数据成功导入到本地文件
hive >quit;　　#退出Hive
[root@ client hive]# ll /tmp/　　#验证输出
[root@ client hive]# cat /tmp/exporttest1/000000_0　#验证数据成功导入到HDFS目录</td></tr>
<tr><td>6</td><td>一个较完整的Hive操作示例：在本地文件系统创建文件 /home/member.txt，文件内容如下所示（数据之间使用制表符分隔）。
编号　姓名　性别　年龄
201701　xx　0　21
201702　yy　1　22
201703　zz　1　22
201704　aa　0　22
201705　bb　1　21
201706　cc　1　22
启动Hive，要求完成下述操作：
（1）创建member表。
（2）将本地文件/ home/member.txt导入member表中。
（3）查询member表中所有记录。
（4）查询member表中男性（性别值为1）数据</td></tr>
</table>

续表 4 -41

序号	DML 语句及示例
6	(5) 查询 member 表中 22 岁男性数据。 (6) 统计 member 表中男性和女性（性别值为 0）的人数。 (7) 输出 member 表。 下面的操作在 client 上以 root 用户身份执行： #启动 Hive,显示 Hive 表 [root@ client ~]# cd /usr/cstor/hive [root@ client hive]# bin/hive hive > show tables; #创建 member 表,显示表 hive > create table member(id int,name string,gender tinyint,age tinyint) row format delimited fields terminated by '\t'; hive > show tables; #将本地文件 /home/member.txt 中的数据导入到 member 表 hive > load data local inpath '/home/member.txt' overwrite into ta-ble menber; #查询 member 表中所有记录 hive > select * from member; #查询 member 表中男性的数据 hivs > select * from member where gender = 1; #查询 member 表中 22 岁男性的数据 hivs > select * from member where gender = 1 and age = 22; #统计 member 表中男人和女人的人数 hivs > select gender,count(*) from member group by gender; #删除 member 表 hivs > drop table member; #退出 Hive

4.9.5 Spark 的配置及使用

1. Spark 的配置

Spark 的配置方式有三种，即 Spark 属性、环境变量以及日志配置，其作用及配置方式方法参见表 4 -42。

表4－42　Spark 配置方式方法

<table>
<tr><th>序号</th><th>配置方式</th><th>作用及配置方法</th><th>示例</th></tr>
<tr><td rowspan="3">1</td><td rowspan="3">Spark 属性</td><td rowspan="3">用于控制应用程序配置，通过 SparkConf 对象或 Java 系统属性进行配置</td><td>（1）conf 目录下的 spark－defaults. conf 文件配置示例
spark.eventlog.enabled　true
spark.serializer　org.apache.
spark.serializer
.Kryoserializer
Spark.driver.memory　4g</td></tr>
<tr><td>（2）命令行参数：通过 spark－submit 脚本的命令行参数—conf 指定 Spark 属性。命令格式如下：
./bin/spark－submit －name “My app” \
－－master local[4] \
—conf spark.eventLog.enabled＝false \
－－conf "spark.executor.extraJavaOp-
tions＝\
－－XX:＋PrintGCDetails －XX:＋PrintGC-
TimeStamps" \
myAPP.jar</td></tr>
<tr><td>（3）SparkConf 对象
在程序中可以通过 SparkConf 对象指定 Spark 属性。示例：
val conf＝new SparkConf()
　　.setMaster("local[2]")
　　.setAppName("Myapp")
　　.set(spark.executor.memory","2g")
val sc＝new SparkContext(conf)
注意1：这种配置方法没有命令行方法灵活，程序中配置优先级最高，在外部无法进行修改。
注意2：常用的 Spark 属性参见表4－43，Master URL 格式参见表4－44</td></tr>
</table>

续表 4-42

序号	配置方式	作用及配置方法	示例
2	环境变量	用于设置机器相关的设置，如 IP 地址等，通过每个节点上的 conf/spark-env. sh 脚本进行配置	常用的通用配置如下所示，完整的环境变量配置可以参考 conf 目录下的 spark-env. sh. template。 SPARK_LOCAL_IP #绑定的 IP 地址 SPARK_PUBLIC_DNS #Driver 使用的 DNS 服务器 SPARK_CLASSPATH #额外追加的 classpath

3	日志配置	通过 log4j. properties 进行配置	日志配置使用配置文件目录下的 log4j. properties 文件，完整配置选项可参考 conf 目录下的 log4j. properties. template，可复制一份作为默认配置。
			示例：修改 log4j. rootCategory 配置，调整 Spark 在屏幕上打印的日志的内容及格式。
			log4j.rootCategory = ERROR, console #输出 ERROR 级别日志
			log4j.appender.console.layout.ConversionPattern = %d{yy/MM/dd HH:mm:ss} %p %c{1}:%m%n

表 4-43　常用的 Spark 属性

序号	属性名称	默认值	说明
1	spark. app. name	(none)	Spark 应用程序的名称，在界面和日志中显示
2	spark. driver. cores	1	在集群模式下 driver 所使用的 core 的数量
3	spark. driver. maxResultSize	1G	每个 spark action 的结果最大值。设置合适的大小可以避免 out-of-memory 错误
4	spark. driver. memory	1G	Driver 进程所使用的内存大小
5	spark. executor. memory	1G	每个 executor 进程所使用的内存大小
6	spark. local. dir	/tmp	Spark 本地目录，可以指定多个目录并用逗号分隔

续表4-43

序号	属性名称	默认值	说明
7	spark. logConf	false	以INFO级别打出有效的sparkconf日志
8	spark. master	(none)	集群管理器URL，格式参见表4-44
9	spark. submit. deploy-Mode	(none)	Driver程序的部署模式，取值为“client”或“cluster”

表4-44 Master URL格式

序号	Master URL	说明
1	local	本地运行Spark，使用一个worker线程
2	local [K]	本地运行Spark，使用K个worker线程
3	local [*]	本地运行Spark，使用和逻辑core数量一致的worker线程
4	spark：//HOST：PORT	使用Standalone模式集群管理器，HOST为Master节点，PORT默认为7077
5	mesos：//HOST：PORT	使用Mesos模式集群管理器，PORT默认为5050
6	yarn	使用YARN模式集群管理器

2. Spark RDD之特征及转换操作

Spark的数据处理建立在统一抽象的RDD（Resilient Distributed Dataset，弹性分布式数据集）上，理解RDD的概念和特性，对使用Spark非常重要。分布式存储是指数据集合分散到各个Spark节点存储；弹性是指数据分片方法可以自定义，而且数据分片丢失后具有的容错性。RDD的主要特征见表4-45。

表4-45 RDD的主要特征

序号	主要特征	说明
1	数据集	类似于高级语言中的集合，如array及list等
2	分布式存储	数据集的成员被切分为多个数据块，分散存储于集群的多个节点上

续表 4－45

序号	主要特征	说明
3	弹性分布	可以通过自定义设置的分片函数，实现数据的分片（切分）
4	只读	生成一个 RDD 后，其内容不可修改，使并行计算时无须考虑数据互斥等同步问题
5	可持久化	从一个 RDD 转换到另一个新的 RDD 后，旧的 RDD 虽然不再使用，但可以进行缓存以便后续重复使用，避免了 RDD 的重复计算
6	可重新计算	若某个节点宕机导致存储在其上的 RDD 数据片丢失，Spark 可以重新计算出这部分丢失的分区数据

RDD 的转换操作是由一个 RDD 生成另一个新的 RDD 的过程，表 4－46 列出了常用的部分 RDD 转换操作，以供学习参考。

表 4－46　常用的部分 RDD 转换操作

序号	RDD 转换	说明
1	map（func）	通过函数 func 对数据集中的每个成员进行转换
2	filter（func）	通过函数 func 选择过滤数据集中的成员
3	flatMap（func）	与 map 转换类似，但函数 func( ) 可以把单个成员转换为多个成员
4	union（otherDataset）	返回当前集合与 otherDataset 集合的 union 操作
5	distinct	删掉集合中的重复成员，使新的集合中的成员各不相同
6	groupByKey	对键－值（key－value）对集合，按键进行 groupBy 操作
7	reduceByKey（func）	通过函数 func，对键－值对集合，进行聚合操作（aggregate）
8	sortByKey	对键－值对集合，进行排序操作
9	join（otherDataset）	对两个键－值对集合（K，V）和（K，W），进行连接操作，形成新的键－值对集合（K，（K，W））

续表4-46

序号	RDD转换	说明
10	cogroup (otherDataset)	对两个键-值对集合(K, V)和(K, W),进行协同划分操作,形成新的键-值对集合:(K, (Iterable <V>, Iterable <W>))

3. Spark RDD之转换操作及行动操作

RDD转换操作(transformation)与RDD转换前后的依赖关系相关,从一个RDD转换为另一个新的RDD,则称新的RDD依赖于转换前旧的RDD。转换前的RDD称为父RDD,转换后新的RDD称为子RDD。RDD是由分布的数据切片(分区)组成的,依据RDD转换时新旧分区之间的关系,将转换操作分为窄依赖(narrow dependency)转换操作和宽依赖(wide dependency)转换操作两种类型,表4-47概括了这两种类型的差异。

表4-47 RDD窄依赖转换和宽依赖转换操作的比较

序号	类型	说明	比较	
			RDD转换效率	RDD数据恢复
1	窄依赖转换	一个父RDD分区对应一个子RDD分区;多个父RDD分区对应一个子RDD分区。即父RDD的每个分区最多被一个子RDD的分区所用。如map、filter等就属于此类	子RDD分区从相同节点的父RDD分区或常数个父RDD分区计算得出,网络开销小,转换效率高	计算丢失的数据分区时,由于只依赖于单个或常数个父分区,数据恢复的代价相对较小
2	宽依赖转换	子RDD的每个分区都依赖于父RDD的所有分区或者多个分区。即存在一个父RDD可以对应多个子RDD分区	子RDD分区的计算可能要使用所有父RDD分区,数据传输开销大,导致转换效率低	计算丢失的数据分区时,可能依赖于所有的父分区,数据恢复的代价相对较大,极端情况可能需要整个重新计算

RDD行动操作(action)是相对于转换操作的另一种操作。注意,RDD转换操作并没有真正执行计算,可以把转换操作看作是制订了一个RDD转换的方案,只是记录了转换操作所需的基础数据集,而RDD行动操作才是实际执

行这个转换方案的操作者。表4－48列出了常用的RDD行动操作。

表4－48　常用的RDD行动操作

序号	Action操作	说明
1	collect	返回RDD中的所有元素
2	count	返回RDD中元素的数量
3	countByKey	计算键－值对中RDD每个键对应的元素个数
4	first	返回RDD中第一个元素
5	take（n）	返回RDD中前n个元素
6	reduce（func）	通过函数func对RDD进行聚合操作
7	saveAsTextFile（path）	将RDD保存为一个文本文件，可以选择保存在本地的文件系统、HDFS等，文件中的一行为RDD中的一个元素
8	saveAsObjectFile（path）	将RDD保存为一个Java序列化格式文件
9	Foreach（func）	通过函数func对RDD中的每个元素进行计算，一般在更新累加器或者使用外部存储系统时用到

4. Spark－Shell的使用方法及示例

Spark是一种交互式数据分析、挖掘工具，同时还提供了一种快速学习Spark API的方法。Spark中可以使用编程语言Scala或Python进行编程。Scala是运行在JVM上的类似Java的编程语言，Spark便是使用Scala编写的。Spark－Shell是Spark自带的一个Scala交互式操作Shell，类似于Rthon或其他脚本语言的Shell，其可以以脚本方式进行交互式执行。

本节概括性介绍Spark－Shell的使用方法及示例，参见表4－49。

表4－49　Spark－Shell的使用方法及示例

序号	步骤	说明	示例
1	准备工作	准备好待处理的数据，选择待处理的数据放到HDFS上。假定使用的是“Spark + Hadoop”混合部署的集群	示例一：在HDFS上创建目录，并上传待处理的文件：LICENSE、NOTICE、README. md和RELEASE。#创建Hadoop目录环境变量 export HADOOP_HOME = ~/hadoop -2.7.3

续表 4－49

序号	步骤	说明	示例
1	准备工作	准备好待处理的数据，选择待处理的数据放到 HDFS 上。假定使用的是“Spark + Hadoop”混合部署的集群	#进入 Spark 目录 cd ~/spark-2.1.0-bin-hadoop2.7 #在 HDFS 中创建目录 $HADOOP_HOME/bin/hadoop fs -mkdir /testdata #上传文件 $HADOOP_HOME/bin/hadoop fs -put ./LICENSE /testdata $HADOOP_HOME/bin/hadoop fs -put ./NOTICE /testdata $HADOOP_HOME/bin/hadoop fs -put ./README.md /testdata $HADOOP_HOME/bin/hadoop fs -put ./RELEASE /testdata
2	启动	启动 Spark－Shell，进入 Spark home 目录，运行 Spark－Shell 命令	示例一：使用 Standalone，指定 Spark－Shell 的参数—master 的 Master URL 为 spark://cloud1:7077。 cd ~/spark-2.1.0-bin-hadoop2.7 ./bin/spark-shell --master spark://cloud1:7077
3	创建 RDD	Spark－Shell 会默认创建一个 SparkContext 对象 sc，可以直接使用	RDD 两种创建方式的示例。 示例一：通过驱动程序中的集合的创建方式。使用 SparkContext 的 parallelize 方法创建。 val data = Array(1,2,3,4,5)　　#创建数组对象 #创建 RDD 对象 distData val distData = sc.parallelize(data) 示例二：从本地文件创建 RDD；从 HDFS 文件创建 RDD；从 HDFS 创建 RDD，使用 HDFS 目

续表 4 -49

序号	步骤	说明	示例
3	创建 RDD	spark - shell 会默认创建一个 SparkContext 对象 sc，可以直接使用	录/testdata 下的所有文件。 val rddLocalFile = sc. textFile (file://homedtadmin/testfile) val rddHdfsFile = sc. textFile ("HDFS://cloud1:9000/testfile") val rddTextFile = sc. textFile ("HDFS://cloud1:9000/testdata")
4	转换 RDD	制定一个 RDD 转换的方案，实现文本文件中单词出现频率的分析	示例一：找出文本文件中出现次数超过 10 次的单词。 #第 1 步，使用 flatMap 转换将 RDD 元素中的文本切分为单词。 val words = rddTextFile.flatMap(line = >line.split("")) #第 2 步，使用 filter 转换过滤 RDD 中长度小于等于 3 或大于等于 10 的元素。 val words_normal = words.filter(word = >word.length >3&&word.length <10) #第 3 步，使用 map 转换将 RDD 元素转换为小写。 val words_normal_lower = words_normal.map(word = >word.toLowerCase) #第 4 步，使用 map 转换将 RDD 元素转换为键值对（word，1），键为元素单词，值固定为 1。 val words_map = words_norma_lower.map (word = >(word,1)) #第 5 步，使用 reduceByKey 转换，将键值对 RDD 按照相同的键聚合。 val words_count = words_map_reduceByKey(num1,num2) = >num1 +num2) #第 6 步，使用 filter 转换把键值对 RDD 中值小于等于 10 的元素过滤掉。 val words_final = word_count.filter (wpair = >wpair._2 >10)

续表4-49

序号	步骤	说明	示例
5	执行RDD	执行转换操作制定的方案	示例一：执行步骤4制定的RDD转换方案。words_final是转换最终的RDD对象，collect方法是收集RDD数据至驱动程序，并通过Spark Shell把执行结果打印出来。操作代码为： `words_final.collect()` 注意：在Action执行前后，均可以通过Spark Shell界面，查看是否由待执行的作业生成以及作业执行的结果，可以打开URL：http://cloud1：4040查看

4.9.6 Spark SQL使用概述

Spark SQL是Spark的一个结构化数据处理模块，Spark SQL提供了两种方式处理结构化数据：分布式SQL查询引擎和结构化数据编程接口。下面先概述与Spark SQL使用相关的知识，然后介绍Spark SQL的使用过程、方法及示例。

1. Spark SQL提供分布式引擎处理结构化数据

“大数据应用”程序（外部程序）以分布式SQL引擎使用Spark SQL处理结构化数据，包括标准接口JDBC/ODBC和命令行方式两种方法。使用标准接口JDBC/ODBC可以让第三方数据分析软件接入Spark，使用SQL查询数据；命令行方法也为数据分析人员提供了一种使用SQL查询数据的分析工具。

2. Spark SQL提供DataFrame编程接口处理结构化数据

在“大数据应用”程序（外部程序）中，通过调用Spark SQL提供的DataFrame编程接口，实现处理结构化数据的功能。DataFrame编程接口支持的编程语言有Scala、Java、Python以及R等，还支持在程序中使用SQL语言操作数据，返回的数据封装在DataFrame分布式数据集中。DataFrame数据集可以从结构化数据文件（如Json、Parquet文件）、Avro、ORC、Hive表、外部数据库（JDBC）、RDD等数据源转化而来。

3. Spark SQL的特性

Spark SQL特性反映了开发人员使用Spark SQL开发“大数据应用”Spark程序时普遍关心的编程问题，Spark SQL具有表4-50概括的特性。

表 4－50　Spark SQL 特性

序号	特性	说明
1	与 Spark 程序无缝集成	可以在 Spark 程序中通过 SQL 语言或 DataFrame API 使用 Spark SQL 处理结构化数据，支持编程语言包括 Scala、Java、Python 以及 R 等
2	统一的数据访问方法	与 SQL 语言一样，DataFrame API 提供了一种通用的方法访问各种数据源，包括 Json、Parquet、Hive、JDBC 等，Spark SQL 甚至可以对不同类型的数据源进行连接操作
3	兼容 Hive	Hive 查询可以不用修改，直接在 Spark SQL 上运行。将 Hive 和 Spark SQL 部署在一起，SparkSQL 便可以兼容 Hive 的数据，兼容 Hive 查询和用户定义的函数
4	标准的访问接口	Spark SQL 提供了搭建 JDBC/ODBC 服务器的方法，即提供了标准接口以供第三方软件访问

4. Spark API 之比较

Spark SQL 提供了三种应用程序编程接口 API，这些编程接口 API 是 Spark 生态圈提供的编程工具，为“大数据应用”开发人员提供了诸多便利。表 4－51 概括了这些 Spark API 应用特征比较，可以为“大数据应用”开发人员提供参考。

表 4－51　Spark API 应用特征比较

序号	应用特征	RDD API	DataFrame API	DataSet API
1	引入版本	Spark 1.0	Spark 1.3	Spark 2.0
2	使用语言	Java/Scala/Python/R	Java/Scala/Python/R	Java/Scala
3	内存存储方法	JVM 对象	列式存储	列式存储
4	内存数据是否使用堆（heap）	是	否	否
5	使用 Catalyst 优化器	否	是	是
6	编译期类型检查	支持	不支持	支持

5. Spark SQL 与 Hive 的兼容性

Spark SQL 中使用的语法基本上完全兼容 HiveQL，表 4－52 概括了二者兼容的语句，供“大数据应用”开发人员参考。

表 4－52 Spark SQL 与 HiveQL 兼容的常用语句

序号	语句类型	兼容语句说明
1	查询语句	包括下述子句：SELECT /GROUP BY /ORDER BY /CLUSTER BY/SORT BY
2	运算符	所有的 Hive 运算符
3	用户定义函数	用户定义函数 UDF
4	聚合函数	用户定义的聚合函数 UDAF
5	序列化格式	用户定义的序列化格式 SerDes
6	窗口函数	窗口函数两者兼容
7	连接 Join	包括：JOIN / {LEFT | RIGHT | FULL} OUTER JOIN / LEFT SEMI JOIN / CROSS JOIN
8	子查询	select col from（select a + b as col from t1）t2
9	Sampling	Sampling
10	Explain	Explain
11	表分区	表分区
12	View	View
13	DDL（）函数	DDL（）函数
14	数据类型	大部分的数据类型，包括 TINYINT、SMALLINT、INT、BIGINT、BOOLEAN、FLOAT、DOUBLE、STRING、BINARY、TIMESTAMP、DATE、ARRAY < >、MAP < >、STRUCT < >
注意：有些不常用的 Hive 特性，如 Hive 的 bucket 表、UNION 类型、Unique join 等，Spark SQL 是不支持的		

6. Spark SQL 的数据类型

Spark SQL 支持的数据类型如表 4－53 所示。

表 4－53　Spark SQL 支持的数据类型

序号	类型	说明
1	数值类型	ByteType　单字节有符号整数 ShortType　双字节有符号整数 IntegerType　4 字节有符号整数 LongType　8 字节有符号整数 FloatType　4 字节单精度浮点数 DoubleType　8 字节双精度浮点数 DecimalType　任意精度有符号小数
2	字符串类型	StringType 字符串
3	二进制类型	BinaryType 二进制序列
4	布尔类型	BooleanType 布尔值
5	时间日期类型	1）TimestampType 包含年、月、日、时、分、秒 2）DataType 包含年、月、日
6	复合类型	1）数组类型 ArrayType（elementType，containsNULL） containsNULL 用于标明是否可以包含空值 2）键值对类型 MapType（keyType，valueType，valueContainsNull） valueContainsNull 用于标明是否可以包含空值 3）结构体类型 StructField（name，datatype，nullable） nullable 用于标明字段值是否可以为空

4.9.7　Spark SQL 使用方法及示例

1. Spark SQL 使用之配置

使用 Spark SQL 之前需要配置元数据库及表数据的位置，在实际应用中，首先要依据搭建大数据框架的集群情况，并充分考虑使用集群资源以及提高数据的可靠性，做好 Spark SQL 配置规划工作。本章节介绍的 Spark SQL 环境在前面 4.4.4 节介绍的“Hadoop + Spark”混合集群上进一步搭建，具体规划如表 4－54 所示。

表4-54 Spark SQL 环境

序号	机器名	Spark 角色	Hadoop 角色	IP 地址
1	cloud1	Master	NameNode SecondaryNameNode ResourceManager	192.168.100.10
2	cloud2	Slave MySQL 元数据库	DataNode NodeManager	192.168.100.11
3	cloud3	Slave Thrift JDBC/ ODBC Server	DataNode NodeManager	192.168.100.12

Spark SQL 配置包括三部分：元数据库搭建、mysql-connector 配置以及 hive-site.xml 配置，配置过程及方法参见表4-55。

表4-55 Spark SQL 配置过程及方法

步骤	配置项目	配置过程及方法
1	搭建 MySQL 元数据库	(1) 准备 MySQL 数据库。 (2) 创建数据库用户 sparksql。 #使用 root 用户驱动 MySQL Mysql -user root -p grant all on hiveMetastore.* to 'sparksql'@'localhost' identified by 'sparksql'; grant all on hiveMetastore.* to 'sparksql'@'cloud1' identified by 'sparksql'; grant all on hiveMetastore.* to 'sparksql'@'cloud3' identified by 'sparksql'; flush privileges; (3) 创建元数据库 hiveMetastore。 create database hiveMetastore;

续表 4－55

<table>
<tr><th>步骤</th><th>配置项目</th><th>配置过程及方法</th></tr>
<tr><td>2</td><td>配置 mysql － connector</td><td>（1）下载 mysql－connector－java－5.1.41－bin.jar，并将该文件放置到 Spark 节点的/home/dtadmin 目录下。
（2）在配置文件 conf/spark－env.sh 中增加环境变量。
Export SPARK_CLASSPATH = \
$SPARK_CLASSPATH:/home/dtadmin/mysql-connector-java-5.1.41-bin.jar</td></tr>
<tr><td>3</td><td colspan="2">配置 hive－site.xml
在 spark conf 目录下新建 hive－site.xml 文件，hive－site.xml 配置内容如下：
<?xml version="1.0"?>
<?xml-stylesheet type="text/xsl" href="configuration.xsl"?>
<configuration>
<property>
<name>hive.metastore.warehouse.dir</name>
<value>hdfs://cloud1:9000/hive/warehouse</value>
<description>location of database for the warehouse</description>
</property>
<property>
<name>javax.jdo.option.ConnectionURL</name>
<value>jdbc:mysql://192.168.100.11:3306/hiveMetastore</value>
<description>JDBC connect string for a JDBC metastore</description>
</property>
<property>
<name>javax.jdo.option.ConnectionDriverName</name>
<value>com.mysql.jdbc.Driver</value>
<description>Driver class name for a JDBC metastore</description>
</property>
<property>
<name>javax.jdo.option.ConnectionUserN ame</name></td></tr>
</table>

续表4－55

步骤	配置项目	配置过程及方法
3		<value>sparksql</value> <description>username to use against metastore database</description> </property> <property> <name>javax.jdo.option.ConnectionPassword</name> <value>sparksql</value> <description>password to use against metastore database</description> </property> <property> <name>javax.jdo.option.Multithreaded</name> <value>true</value> </property> </configuration> 注意：配置完成后需要重新启动Spark，并登录到Master节点cloud1，同时进入Spark目录，执行下述命令重启集群： ./sbin/stop-all.sh ./sbin/start-all.sh
★至此，完成了Spark SQL的MySQL元数据库配置和HDFS存储配置		

2. Spark SQL CLI的使用方法及示例

CLI（Client Line Interface）是Spark SQL提供的客户端行命令接口，可以使用SQL语言与Spark SQL进行交互。执行下述spark－sql命令即可进入Spark SQL CLI：

```
cd ~/spark-2.1.0-bin-hadoop2.7
./bin/spark-sql
```

注意：启动命令未指定spark－sql的参数，后台启动的Spark程序以本地模式运行；通过参数—master指定Master URL，后台启动的spark－sql程序以集群模式运行。表4－56以示例形式介绍Spark SQL CLI进行数据库常用操作的方法及示例。

表 4－56　Spark SQL CLI 进行数据库常用操作的方法及示例

序号	操作类型	方法及示例
1	创建数据库	示例：创建数据库 mytestdb create database mytestdb;
2	查看数据库	示例：查看系统中的数据库 show database;
3	指定当前数据库	示例：指定当前数据库为 mytestdb use mytestdb;
4	创建表	示例：创建 3 个字段的表 test_tb1 create table test_tb1(id int,name string,value int);
5	查看表定义	示例：查看表 test_tb1 的定义 desc test_tb1;
6	列出当前数据库中的表	示例：查看当前数据库中的所有表 show tables;
7	插入数据	示例：在表 test_tb1 插入两条数据 insert into table testtb1 values(0,"blue",10); insert into table test_tb1 value(1,"red",20);
8	查询数据	示例一：查询所有数据 select * from test_tb1; 示例二：条件查询 select * from test_tb1 where value >15;
9	删除表	示例：删除指定的表 test_tb1 drop table test_tb1;
10	删除数据库	示例：删除指定的数据库 drop database mytestdb; 注意：当且仅当该数据库中的所有表都被删除后，删除数据库操作才能成功

3. 使用DataFrame API的方法及示例

在介绍DataFrame API的方法及示例之前，简单提一下关于Thrift JDBC/ODBC Server的启动问题。启动Thrift JDBC/ODBC Server非常简单，例如，前面表4-54：Spark SQL环境配置将Thrift JDBC/ODBC Server部署在cloud3上，首先登录cloud3，然后进入目录后执行下述命令即可启动Thrift JDBC/ODBC Server：

```
./sbin/start-thriftserver.sh
```

启动Thrift JDBC/ODBC Server后，可以使用HiveServer2提供的命令行测试工具Beeline，在任意一台Spark节点上启动Beeline测试Thrift JDBC/ODBC Server，方法和过程比较简单，此处不再作详细介绍。

下面以示例的形式介绍如何使用DataFrame API处理结构化数据。在介绍具体的方法及过程之前，先准备示例中的测试数据如下：

```
{"id":1,"colorValue":20,"name":"fruit_apple"}
{"id":2,"colorValue":10,"name":"fruit_blueberry"}
{"id":3,"colorValue":20,"name":"fruit_grape"}
{"id":4,"colorValue":10,"name":"vegetables_radish"}
{"id":5,"colorValue":30,"name":"vegetables_greens"}
{"id":6,"colorValue":30,"name":"vegetables_cucumber"}
```

使用DataFrame API处理结构化数据的方法及示例参见表4-57。

表4-57 使用DataFrame API处理结构化数据的方法及示例

序号	步骤	说明	示例
1	准备工作	准备好待处理的结构化数据	示例：假定上述准备好的数据的数据文件名为test.json；将其上传到HDFS/testdata目录。 Export HADOOP_HOME=~/hadoop-2.7.3 $HADOOP_HOME/bin/hadoop fs -put./test.json /testdata/
2	启动Spark-Shell	示例选择Spark-Shell的目的是因为比较适合学习Spark API	示例：启动Spark-Shell。 登录cloud1，进入Spark目录，执行下述命令： ./bin/spark-shell

续表 4 -57

序号	步骤	说明	示例

3	读取 json 文件	使用 SparkSession 对象读取 HDFS 上的 json 文件	示例：使用 SparkSession 对象读取 HDFS 上的 json 文件。
			`scala > val df_json = spark.read.json ("HDFS://cloud1:9000 /testdata/test.json")`
			`df_json:org.apache.spark.sql.DataFrame [colorValue: bigint,id:bigint,…,1 more field]`
			注意：“scala >” 是 scala 语言的提示符

4	过滤选择数据	过滤方法与 RDD 的方法类似，都是使用 filter（）函数	示例：选择 colorValue 字段等于 10 及 name 字段以 fruit 为前缀的记录。
			`val df_a = df_json.filter( $"colorValue" = = =10)`
			`val df_b = df_a.filter( $"name".starts-With("fruit"))`

5	选择字段	通过 DataFrame 对象的 select（）函数实现，函数参数为要选择的字段	示例：选择 name 字段和 colorValue 字段。 `val df_final = df_b.select( $"name","col-orValue")`
6	输出结果	使用 DataFrame 的 Show（）函数可以输出结果	示例：输出测试文件 test. json 上述操作后的结果。 `df_final.show ()`
7	查看 Spark SQL 状态		在输出结果后，可以通过 Spark Shell Web 界面查看 Spark SQL 查询状态，在“Compieted Queries”列表中有一个完整的查询，点击此查询可查看详细的信息

本章参考文献

［1］董西成. 大数据技术体系详解：原理、架构与实战［M］. 北京：机械工业出版社，2018.

［2］袁晓东. 大数据实践［M］.. 北京：清华大学出版社，2018.

［3］Spark 官方文档 http://spark. apache. orgdocslatest/index. html. http://spark. apache. crg/docs/latest/index. html.

［4］于俊，向海，代其锋，等. Spark 核心技术与高级应用［M］. 北京：机械工业出版社，2015.

［5］陈欢，林世飞. Spark 最佳实践［M］. 北京：人民邮电出版社，2016.

第5章　大数据分析、挖掘、应用之应用层开发

三更灯火五更鸡，正是男儿读书时。
黑发不知勤学早，白首方悔读书迟。
——（唐）颜真卿

唐代名臣、书法家颜真卿的一首《劝学》诗，诗词深入浅出，富含哲理。勉励人们不要虚度光阴，要不断地坚持学习，学好本领，才能报家报国，建功立业。

5.1　应用层开发，标准之过程

在图4－1所示的国家标准《信息技术　大数据　技术参考模型》（GB/T 35589—2017）的三个层级的开发工作中，大数据应用层的开发内容如图5－1所示。这是“大数据应用”开发框架参考模型第②层的开发。

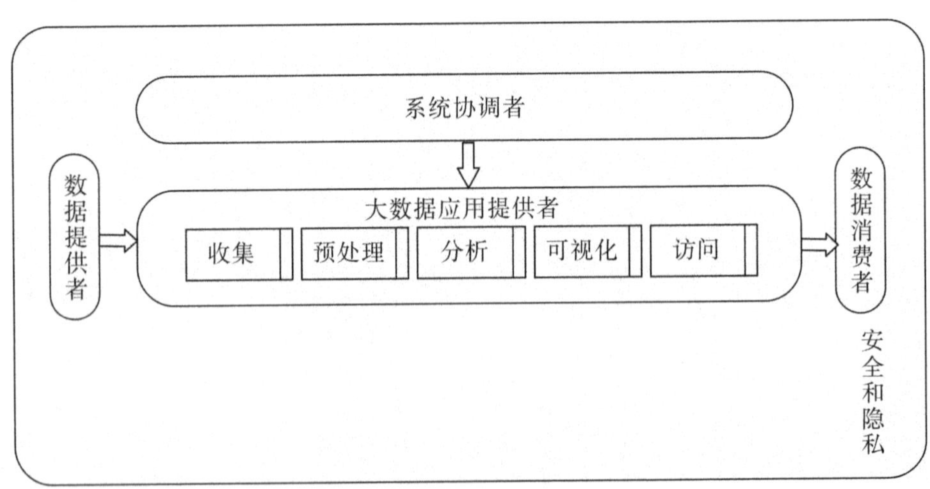

图5－1　大数据应用层开发框架

电力企业实施“大数据应用”项目，第①层一般是直接选用开源的或商品化的大数据框架，而第②层、第③层才是真正需要开发的工作。图5-1所示的跨行业数据挖掘标准过程模型CRISP-DM，是指导“大数据应用”第②层开发工作的框架参考模型。

图5-1所示的指导“大数据应用”第②层开发工作的框架模型，将第②层的开发工作分为六个阶段。对每个阶段的开发工作，有大量基于第①层大数据框架技术的开源或商业化的技术工具提供专业支持，使非专业的数据科学人员也能够在无须精通第①层大数据框架技术的情况下，应用这些技术工具的支持，实践“大数据应用”第②层面向商业应用的开发工作。本节基于图5-1所示的第②层开发工作的框架模型，按图5-2所示的顺序介绍开发过程中对应不同阶段的开发工作及技术支持工具。

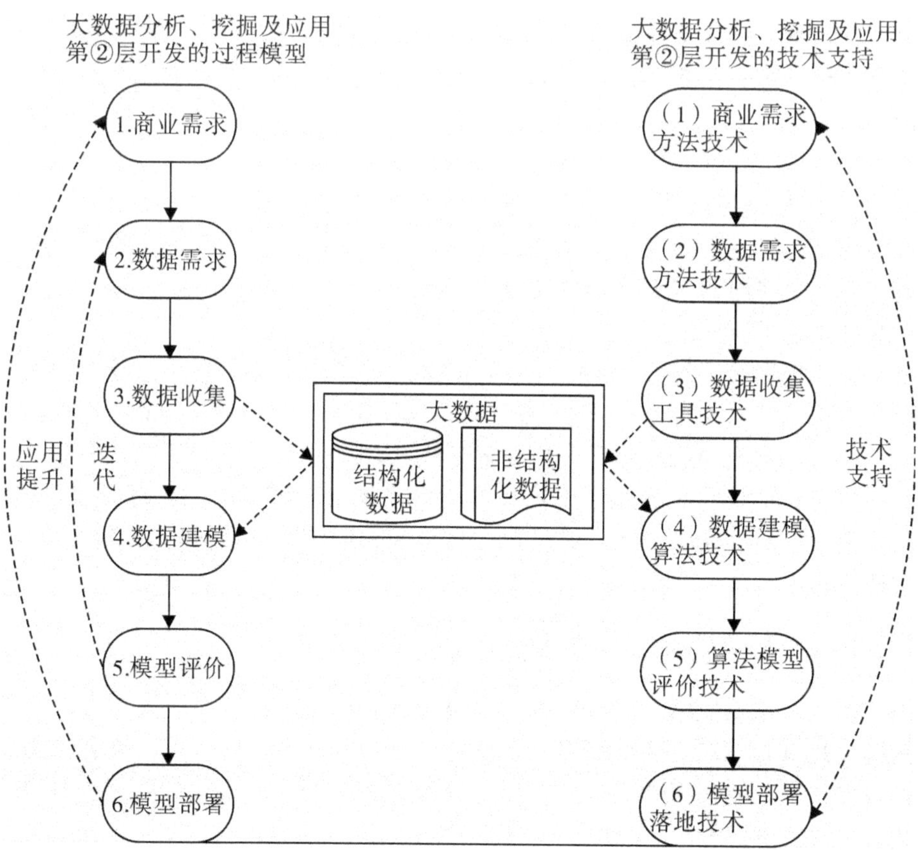

图5-2 大数据分析、挖掘及应用第②层开发过程模型及对应的技术支持

5.2 应用层开发，开发之语言

5.2.1 应用程序开发语言选择依据

“大数据应用”应用层是基于底层“Hadoop + Spark”大数框架技术支持平台开发出来的，与选择底层的大数据框架技术支持平台一样，应用层的开发需要选择程序开发语言。目前，可供选择的“大数据应用”程序开发语言主要有两类，第一类是信息科学技术人员熟悉的诸如 C、C + + 、Java 以及 Scala 等语言，第二类是数据科学工作者熟悉的诸如 R、Python、Weka、SPSS、SAS、MATLAB 及 SQL 等语言。推出这两类语言的初衷有所不同，第一类语言是信息化时代推出的热门语言，而第二类语言是数字化时代进而迈向智能化（俗称数据科学）时代而推出的语言。第一类语言侧重于支持信息技术工具及信息化应用程序的开发，第二类语言主要是为满足数据科学的需求而推出。在这两类语言中，Java 和 Scala 语言有点特殊。例如，底层大数据框架技术支持平台 Hadoop 是用 Java 语言开发的，而 Spark 是用 Scala 语言开发的。不言而喻，应用程序开发语言选用 Java 或 Scala 具有天然的优势。但是，实际上，目前在“大数据应用”中使用相对广泛的是 R 和 Python 语言。这是为什么呢？一种直观的原因是使用 R 或 Python 语言技术门槛低、开发效率高，容易为非专业的信息技术人员所掌握。

选择应用程序开发语言的依据首先是考虑开发团队掌握的信息技术背景以及企业信息技术人才的知识与技能结构，其次是考虑应用程序的商业性质。如果属于“大数据应用”程序，应优先考虑程序开发和优化的效率。因此，属于“大数据应用”的数据科学项目应优先考虑选择第二类的程序开发语言。事实上，目前 R 和 Python 语言已经成为“大数据应用”数据科学项目开发的主流语言工具。

5.2.2 R 与 Python 语言的分析比较

在“大数据应用”的数据科学项目中选择第二类的应用开发语言，主流的选择是 R 语言和 Python 语言，这两种语言各有优点，难以用一句话讲清谁优谁劣。表 5 - 1 从不同的角度分析比较 R 语言和 Python 语言，可为选用开发语言工具提供参考。

表5-1　R语言和Python语言不同的角度分析比较

序号	分析比较项	R语言	Python语言
1	设计者	Ross Ihaka 和 Robert Gentleman（统计学家）	Guido van Rossum（程序员）
2	设计目的	方便统计处理、数据分析及可视化	提升程序开发的效率及源代码的可读性
3	设计哲学	功能层面上的简单、有效、完善	代码层面上优雅、明确、简单
4	发行年份	1995年	1991年
5	语言前身	S语言	ABC语言、C语言和Modula-3
6	主要维护者	The R-Core Team The R Foundation	Python Software Foundation
7	主要用户群	学术/科学研究/统计学家	软件工程师/程序员
8	可用性	用几行代码即可实现复杂的数据统计、机器学习及可视化功能	源代码的语法更规范，便于编码与调试
9	学习成本曲线	入门难，入门后相对容易	入门相对容易，入门后学习难度随着学习内容的深入而不断加深
10	第三方提供的功能	以“包”的形式存在，可以从CRAN下载	以“库”的形式存在，可以从PyPi下载
11	常用包/库	数据科学工具集：tidyverse 数据处理：dplyr、Plyr、data. table、stringr 可视化：ggplot2、ggvis、lattice 机器学习：RWeka、caret	数据处理：pandas 科学计算：SciPy/NumPy 可视化：Matplotlib 统计建模：statsmodels 机器学习：scikit-learn、TensorFlow、Theano
12	常用IDE（集成化开发环境）	RStudio/RGui	Jupyter Notebook（iPython Notebook）、Spyder/Rodeo/Eclipse/PyCharm

续表 5 - 1

序号	分析比较项	R 语言	Python 语言
13	相互调用能力	在 R 中，可以通过包 RPython 调用 Python 代码	在 Python 中，可以通过包 rpy2 调用 R 代码

目前，有一种将 R 和 Python 集成应用的趋势，相互取长补短，融合发展。R 和 Python 交叉应用的途径主要有三条：

（1）在 Python 中调用 R 代码。使用面向 R 的 Python 包，如 rpy2、pyReserve、RPython 等。

（2）在 R 中调用 Python 代码。使用面向 Python 的 R 包，如 RPython、PythonInR、Reticulate、SnakeCharmR 等。

（3）用 Jupyter Notebook/Lab。安装两种语言的内核。

基于上述 R 和 Python 集成应用的趋势，本书介绍技术工具的使用示例，会交叉应用两种语言。

5.3 应用层开发，商业之目标

与信息时代的“小数据应用”解决“计算科学”的确定性问题不同，大数据时代的“大数据应用”解决的是“数据科学”的预测性问题。因此，企业在确定“大数据应用”的需求及商业目标时，其思考问题的出发点和归宿是不同的。

在“小数据应用”的信息时代，人们提出商业智能（Business Intelligence，BI）的应用需求问题，求解的是对“过去时间”的“解释性”问题；在“大数据应用”的数据科学时代，人们提出“大数据应用”的需求问题，求解的是对“未来时间”的“探索性”问题。认识了“小数据应用”和“大数据应用”需求问题的区别，才能准确把握大数据应用需求的商业目标。图 5 - 3描述了数据科学与商务智能的区别与联系，可以作为确定“大数据应用”商业需求目标的数据科学方法及技术，用于指导大数据应用需求及其商业目标的设计。

针对电力行业“大数据应用”的特点，使用如图 5 - 3 所示的大数据应用数据科学方法技术，提出如表 5 - 2 所示的电力企业大数据应用及其商业目标设计的示例。

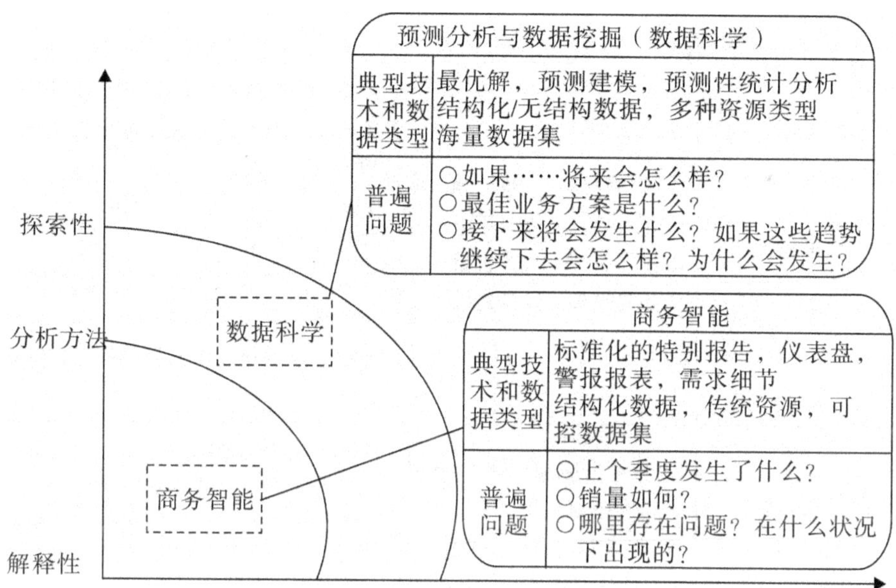

图5-3　数据科学与商务智能的区别与联系

表5-2　电力企业大数据应用及其商业目标设计示例

序号	业务领域	大数据应用	商业目标
1	电力生产	①规划建设：数字电网 ②电力调度：负荷预测 ③设备运维：缺陷预测	①基于数字孪生的智能电网规划模型及其应用 ②基于大数据的区域、行业、用户的中长期、季节、节假日等的负荷预测模型及其应用 ③基于无人机巡线等物联网的设备缺陷图像识别及其健康评估
2	安全监察	①电力作业：风险评估 ②智慧安监：行为监控	①电力作业事前风险评估、事中风险预警以及事后风险隐患追溯 ②电力作业习惯性违章行为识别及监控

续表5-2

序号	业务领域	大数据应用	商业目标
3	市场营销	①营销管理：电量预测 ②用电检查：违章用电 ③线损管理：实时告警 ④计量管理：设备运维	①基于大数据的区域、行业、用户的中长期、季节、节假日等的电量预测模型及其应用 ②基于大数据分析、挖掘的窃电行为智能排查及实时取证 ③基于大数据分析、挖掘的线损实时告警模型及其应用 ④计量自动化设备故障排查及其健康评估
4	客户服务	①个性化服务：客户信用评价及价值挖掘 ②增值服务：节能方案	①基于大数据的客户信用评价及其价值的分析、挖掘模型及其应用 ②基于大数据分析、挖掘的用户节能方案
5	人力资源	①人才评价：专业需求 ②人才储备：战略需求	①基于电力企业创新业务的专业人才需求模型及其应用 ②基于电力企业战略发展人才需求的预测模型及其应用
6	企业资产	①资产评估：综合价值 ②资产增值：增值预测	①基于大数据的电力企业资产综合价值评估指标体系及其应用 ②基于大数据的电力企业资产增值预测模型及其应用
7	电力市场	①电力指数：指数模型 ②电力交易：竞价模型	①基于大数据的电力指数模型及其在区域经济发展评估中的应用 ②基于大数据的电力交易竞价预测模型及其应用
8	新能源	①光伏能源：调度方案 ②氢气能源：安全告警	①基于光伏能源分布及气象信息等大数据的区域电力智能调度方案 ②基于物联网大数据的氢能源存储泄漏预警模型及其应用

5.4 应用层开发，大数据需求

在确定了大数据分析、挖掘及应用的商业需求目标后，下一阶段的工作是要把商业目标需求转换为大数据需求。这里所述的“数据”是指与大数据分析、挖掘及应用商业需求目标关联的特征数据，确定特征数据的工作俗称为特征工程。

如何依据“大数据应用”商业目标需求确定“特征数据”需求，是一件“科学性”与“技术性”相结合的工作。由此，可以将特征工程分为“科学性”方法特征工程和“技术性”方法特征工程。前者是在大数据收集之前，应用“科学性”方法进行人工特征工程，以确定大数据收集的任务；后者是在大数据收集之后，确定大数据分析、挖掘模型之前，应用“技术性”方法进行自动或半自动特征工程，以提高大数据分析、挖掘模型的性能。

所谓“科学性”方法特征工程，包括两个方法步骤。第一步，数据科学家依据“大数据应用”商业目标对应的专业领域理论知识以及自身的知识和经验，在与企业管理专家交流并取得对“大数据应用”商业目标需求一致认识的基础上，人工提出与大数据分析、挖掘及应用商业需求目标关联的候选特征数据集；第二步，评估候选特征数据集收集特征数据的技术、成本及操作等方面的可行性，确定“大数据应用”收集的特征数据。

从特征数据来源角度看，这些特征数据有企业内部数据库资源中的数据，也有涉及企业外部数据资源的数据；从特征数据结构角度看，这些数据有结构化数据、半结构化数据和非结构化数据。收集这些特征数据并确保这些数据的质量，需要投入大量的人力和物力，一些资料认为，这项工作占用实施“大数据应用”项目的工作量不会低于60%。例如，本书第二部分应用案例篇的“电力事故事件与违章大数据分析及预控模型研究和应用”案例，是基于现代管理理论的“人－机－料－法－环”五个维度提出与案例商业目标关联的特征数据的，收集这些特征数据并进行预处理占了项目62%左右的工作量。

所以，在进入下一阶段大数据收集工作之前，应用“科学性”方法进行人工特征工程，确定“大数据应用”的特征数据需求，是降低大数据收集成本至关重要的步骤。

所谓“技术性”方法特征工程，是指数据科学家在统计学、信息理论、可视化和文本分析等技术工具的支持下，依据“科学性”方法对人工特征工程确定并收集回来的特征数据，进行特征数据的降维、合并及再生等进一步的处理，以优化大数据分析、挖掘建模的特征数据集，使大数据分析、挖掘及应用模型达到最佳的性能。“技术性”方法特征工程，安排在后面大数据预处理的章节介绍。

5.5 应用层开发，大数据收集

从这一节开始，进入“大数据应用”第②层开发工作框架第三阶段的开发工作，这一阶段以及往后阶段的开发工作，需要真刀实枪地应用第①层大数据框架提供的技术支持工具，完成相应的大数据应用功能的开发。大数据收集分为结构化数据收集和非结构化（含半结构化）数据的收集，下面详细介绍如何在第①层大数据框架提供的技术工具的支持下，完成大数据收集的导入/导出工作。注意，本书选用的是“Hadoop + Spark”的大数据框架技术支持平台。

5.5.1 大数据收集的数据资源

从数据结构角度，可以将上述大数据需求涉及的数据资源分为结构化数据资源和非结构化数据资源两类；从数据产生角度，可以将上述大数据需求涉及的数据资源分为商业数据、互联网数据以及物联网数据三大数据资源。

我国电力企业支持生产、经营和管理的“SG168 系统”以及“6 + 1 系统”产生的数据资源属于商业数据资源；电力企业外部的 Web 系统、社交网络、社会媒体以及搜索引擎产生的数据资源属于互联网数据资源；电力生产调度系统、电力各类实时监控系统、计量自动化系统等产生的数据资源属于物联网数据资源。从数据结构角度，这些数据资源有结构化数据资源，也有非结构化数据资源。

Hadoop 大数据框架支持数据收集的技术工具与产生数据资源的应用无关，只是与数据资源的结构相关，分为支持结构化数据收集的工具和支持非结构化数据收集的工具，本节按照支持数据结构的类型介绍 Hadoop 大数据框架支持数据收集的技术工具。

5.5.2 结构化数据收集工具 Sqoop 和 Canal

第①层 Hadoop 大数据框架支持结构化数据收集的工具有两个：Sqoop 和 Canal，Sqoop 可实现关系数据库中的结构化数据与 Hadoop 分布式数据库系统（HDFS）中的数据双向全量导入/导出，Canal 实现增量数据导入/导出。

1．结构化数据收集工具 Sqoop 导入/导出数据的方法

Sqoop 工具实现的关系数据库系统（RDBMS）与 Hadoop 分布式文件系统（HDFS）之间数据的导入/导出工作，如图5－4所示，分两步进行。第一步，Sqoop 检查数据库并收集需导入/导出数据的元数据；第二步，Sqoop 提交 map-only 作业给 Hadoop 集群，并使用第一步获取的元数据完成数据传输工作。注意，执行导入/导出的节点必须具有访问数据库的权限。

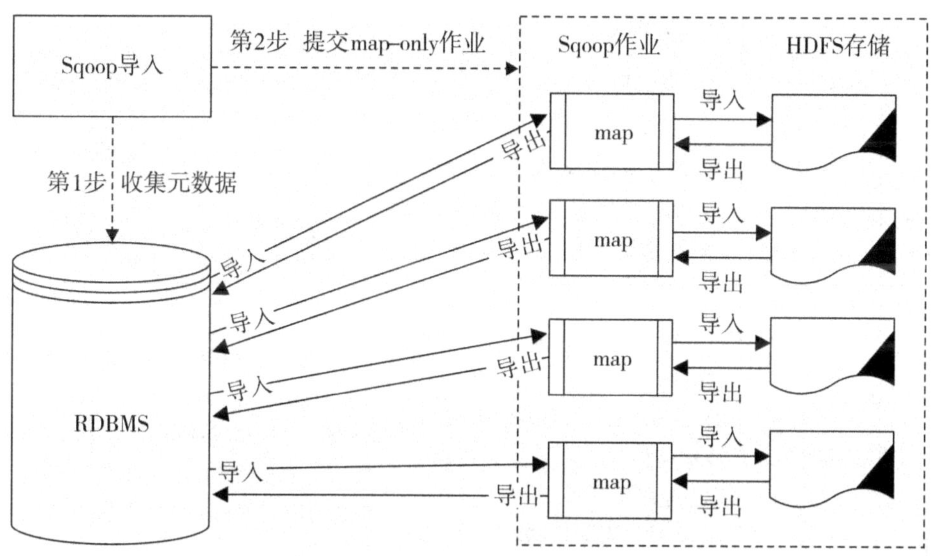

图5－4 用 Sqoop 在 RDBMS 与 HDFS 之间导入/导出数据

2．结构化数据收集工具 Sqoop 两个版本的特性比较

Sqoop 工具在传统关系数据库与 Hadoop 分布式数据库 HBase 及 Hive 之间搭建一个结构化数据双向导入/导出的桥梁，方便开发者依据大数据处理的需求，选择在不同的数据环境中处理数据。例如，对事务处理的支持，关系数据库提供的数据环境要优于 Hadoop 分布式数据库提供的数据环境；对大数据存储管理的支持，Hadoop 分布式数据库要优于关系数据库。

目前，Sqoop 工具包含 Sqoop1 和 Sqoop2 两个版本。Sqoop2 是 Sqoop1 的改进版本，由于两个版本在实现原理及架构上的差异，导致它们在使用方面不兼容。表5－3从功能性、架构性、易用性、扩展性、安全性、连接性以及传输性七个方面对这两个工具进行特性比较，为读者朋友使用 Sqoop 工具提供参考。

表 5－3　Sqoop 工具 Sqoop1 和 Sqoop2 的分析比较

<table>
<tr><th colspan="2" rowspan="2">特性</th><th colspan="2">Sqoop 工具</th></tr>
<tr><th>Sqoop1 工具</th><th>Sqoop2 工具</th></tr>
<tr><td>1</td><td>功能性</td><td colspan="2">采用与特定数据源相关组件的插拔式 Connector 架构，实现从数据源中抽取和加载数据。使用者可以选用工具自带的 Connector，也可以选用数据库提供商发布的 native Connector，用户甚至可以依据需求自己定制 Connector</td></tr>
<tr><td>2</td><td>架构性</td><td>客户端工具，Client-Only</td><td>客户端/服务器工具，Client/Server</td></tr>
<tr><td>3</td><td>易用性</td><td>1）仅支持命令行访问（CLI）;
2）客户端需要访问 Hive、HBase 数据源</td><td>1）客户端支持命令行和 Web 两种访问方式；
2）客户端发送请求，服务器端访问 Hive、HBase 等数据源</td></tr>
<tr><td>4</td><td>扩展性</td><td>1）Connector 必须遵循 JDBC 模式；
2）Connector 实现时需考虑通用性功能模块，如数据文件格式以及系统集成等；
3）为使用者隐式默认选择 Connector，容易导致误用 Connector</td><td>1）实现若干组件，进一步泛化了 Connector；
2）独立出 Connector 通用功能模块，使用者设计 Connector 时，只需考虑与数据源相关的数据抽取及加载等功能</td></tr>
<tr><td>5</td><td>安全性</td><td>1）仅支持 Hadoop Security；
2）支持 Kerberos 安全集成；
3）无资源管理机制</td><td>1）增加了对角色的安全访问控制机制；
2）不支持 Kerberos 安全集成；
3）增加了资源管理机制，用户可以更细粒度地管理作业占用的资源</td></tr>
<tr><td>6</td><td>连接性</td><td>支持所有主要的 RDBMS 连接器</td><td>不支持所有主要的 RDBMS 连接器，使用通用的 JDBC 连接器</td></tr>
</table>

续表 5－3

特性		Sqoop 工具	
		Sqoop1 工具	Sqoop2 工具
7	传输性	1）支持从 RDBMS 到 Hive 或 HBase 的数据直接传输； 2）不支持数据直接从 Hive 或 HBase 中传输到 RDBMS 中，先要从 Hive 或 HBase 中导出到 HDFS，然后使用 Sqoop 工具导入到 RDBMS 中	1）不支持从 RDBMS 到 Hive 或 HBase 的数据直接传输，数据先要从 RDBMS 中导入到 HDFS，然后手动将数据加载到 Hive 或 HBase 中； 2）不支持数据直接从 Hive 或 HBase 中传输到 RDBMS 中，数据先要从 Hive 或 HBase 中导出到 HDFS，然后使用 Sqoop 工具导入到 RDBMS 中

结构化数据收集工具 Sqoop 使用的前提是：大数据框架技术支持平台已经存在关系数据库系统（本书以 MySQL 为例）和分布式文件系统 HDFS，并已经完成 Sqoop 工具的安装部署。有关 Sqoop 工具的详细信息，可参见 Sqoop 网站：http://sqoop.apache.org。

3．结构化数据收集工具 Sqoop 之 Sqoop1 的使用方法及示例

表 5－4 归纳总结了结构化数据收集工具 Sqoop1 的使用方法，便于读者朋友查询使用。

表 5－4　结构化数据收集工具 Sqoop1 的使用方法

序号	命令	数据导入/导出功能
1	import	数据导入功能。将关系数据库中的数据导入到 Hadoop 的分布式文件系统如 HDFS 中；关系数据库中的记录转化为 HDFS 文件系统中的一行，可表示为文本文件、二进制文件或 SequenceFile 等格式
使用方法		$ import [通用参数] [特定参数]
通用参数		主要通用参数 1）－conf：指定应用程序配置文件； 2）－D <property = value>：指定属性及其值； 3）－fs <local | namenode：port>：指定 namenode 地址； 4）－jt <local | resourcemanager：port>：指定 ResourceManager 地址

续表 5 - 4

序号	命令	数据导入/导出功能
通用参数		5） - files < 以逗号分隔的文件列表 >：指定分发到集群中各节点的文件列表； 6） - libjars < 以逗号分隔的 jar 文件列表 >：指定分发到集群中各节点的 jar 文件列表，这些 jar 包会自动被加到任务环境变量 CLASSPATH 中； 7） - archives < 以逗号分隔的归档文件列表 >：指定分发到集群中各个节点的归档文件（以“. tar”“. tar. gz”及“. zip”结尾的压缩文件为主）列表，这些文件会自动解压到任务的工作目录下
特定参数		列出部分特定参数，使用"sqoop import help”命令可查出所有的特定参数。 1） - - connect < jdbc - uri >：指定 JDBC 连接符，如 jdbc:mysql://node1/movie; 2） - - driver < class - name >：指定 JDBC 驱动器类，如 com. mysql. jdbc. Driver; 3） - - password < password >：指定访问数据库的密码； 4） - - username < username >：指定访问数据库的用户名； 5） - - table < table - name >：指定要导出数据的数据库表名； 6） - - target - dir < dir >：指定存放导出数据的 HDFS 目录； 7） - - as - textfile：指定存放导出数据的格式为文本文件； - - as - parquetfile：指定存放导出数据的格式为 Parquet 文件； - - as - avrodatafile：指定存放导出数据的格式为 avro 文件； - - as - sequencefile：指定存放导出数据的格式为二进制 key/value 文件； 8） - m, - - num - mappers < n >：指定并发启动的 Map Task 数目（并发任务数）; 9） - e, - - query < statement >：将指定的 SQL 返回的数据导出到 HDFS 中
2	export	数据导出功能。将存放在 Hadoop 分布式文件系统 HDFS 中的数据导出到关系数据库中。导出数据时，按照被导出数据的 Hadoop 分布式文件设定的某个分隔符拆分为记录，插入关系数据库文件中
使用方法		$ export ［通用参数］［特定参数］
通用参数		与 import 命令的通用参数相同，参见 import 命令的通用参数列表

续表 5 -4

序号	命令	数据导入/导出功能
特定参数		列出部分特定参数，使用“sqoop export help”命令可查出所有的特定参数。 1） - - connect < jdbc - uri >：指定 JDBC 连接符，如 jdbc：mysql://node1/movie； 2） - - driver < class - name >：指定 JDBC 驱动器类，如 com. mysql. jdbc. Driver； 3） - - password < password >：指定访问数据库的密码； 4） - - username < username >：指定访问数据库的用户名； 5） - - table < table - name >：指定要导出数据的数据库表名； 6） - - export - dir < dir >：指定导出数据的所在 HDFS 目录； 7） - - update - key < col - name >：指定若干列更新关系数据库表中的数据，如无指定列，则默认将 HDFS 导出的数据加到数据库表的尾部； 8） - - update - mode < mode >：目前支持“updateonly”和“allowinsert”两种模式，从 HDFS 中导出数据到关系数据库指定的数据表中； 9） - m, - - num - mappers < n >：指定并发启动的 Map Task 数目（并发任务数）

表 5 -5 列举了若干结构化数据收集工具 Sqoop1 的使用示例，便于读者朋友参考使用。

表 5 -5　若干结构化数据收集工具 Sqoop1 的使用示例

序号	示例	命令及功能
1	将 MySQL 数据库 movie 中表 data 的数据导入到 HDFS 中	1）命令 $ sqoop import - - connect jdbc:mysql:// \\ mysql.example.com:3306/movie - - table data \\ - - username lxg - - password 123456 2）功能 将存放在 mysql://mysql. example. com/movie 的数据库文件表 data 的数据导入到 HDFS 的用户根目录下的 user 目录中，访问该数据库的用户是 lxg，访问密码为 123456

续表 5 -5

序号	示例	命令及功能
2	将 MySQL 数据库 movie 中表 data 满足某种条件的数据导入到 HDFS 中	1）命令 $ sqoop import - - connect jdbc:mysql:// \\ mysql.example.com:3306/movie - - table data \\ - - username lxg - - password 123456 - - num - mappers 10 \\ - - query "select name,id from data where date >10" \\ - - target - dir /prod/date 2）功能 将存放在 mysql://example. com/movie 的数据库文件表 data 中满足条件“select name，id from data where date > 10”的数据导入到 HDFS 的/prod/date 目录中，访问该数据库文件的用户是 lxg，访问密码为 123456。为防止并发的任务数目过多对 MySQL 产生过大负载，限制并发启动的 Map Task 数目为 10
3	将 HDFS 中/user/X/data/目录下的数据导出到 MySQL 数据库 movie 中的表 data 中	1）命令 $ sqoop export - - connect jdbc:mysql:// \\ mysql.example.com:3306/movie \\- - table data \\ - - export - dir /user/X/data/- - username lxg - - password 123456 2）功能 将 HDFS 中/user/X/data/目录下的数据导出到 MySQL 数据库 movie 中的表 data 中。/user/X/data/中数据列数与类型应与数据库表 data 一一对应，默认情况下，/user/X/data/目录下的所有文件应为文本格式，数据记录之间用“\ n”分隔（可以使用参数“ - lines - terminated - by <char>”修改），记录内部列之间用“,”分隔（可使用参数“ - fields - terminated - by <char>”修改）

续表5－5

<table>
<tr><th>序号</th><th>示例</th><th>命令及功能</th></tr>
<tr><td>4</td><td>将HDFS中数据增量导出到MySQL数据库movie中的表data中</td><td>1）命令
$sqoop export --connect jdbc:mysql:// \
mysql.example.com:3306/movie \
--table data --export-dir /user/X/data/-
-username lxg \
--password 123456 --update-key id \
--update-mode allowinsert
2）功能
将HDFS中数据增量导出到MySQL数据库movie中的表data中。若该数据对应的id已在关系数据库中存在，则更新其数据，否则，将该数据作为新纪录插入到数据库表中</td></tr>
<tr><td colspan="3">举一个简单的增量导出的实际例子。
假定数据库表data的定义为：
CREATE TABLE data{
id INT NOT NULL PRIMARY KEY,
msg VARCHAR(32)
bar INT};
假定HDFS中/user/X/data/目录下的数据为：
0,I am a teacher,42
1,she is a student,20
……
则上述命令执行结果等价于下述操作：
UPDATE data SET msg='I am a teacher',bar=42 WHERE id=0;
UPDATE data SET msg='she is a student',bar=20 WHERE id=1;</td></tr>
</table>

4．结构化数据收集工具Sqoop之Sqoop2的使用方法及示例

Sqoop2是客户端/服务器的结构化数据收集工具（Client/Server），其使用方式方法与Sqoop1有所不同。Sqoop2内置了多种数据源，便于用户在数据源与Hadoop中双向导入/导出数据。为便于介绍使用方法及示例，下面先解释三个关键的概念：

（1）Connector。访问某种数据源的组件，负责从数据源中读取数据，或将数据写入数据源。Sqoop2 内置了下述多种数据源。

- ◆ generic - jdbc - connector：访问支持 JDBC 协议数据库的 Connector；
- ◆ hdfs - connector：访问 Hadoop HDFS 的 Connector；
- ◆ kafka - connector：访问分布式消息队列 kafka 的 Connector；
- ◆ kite - connector：使用 Kite SDK 实现，可访问 HDFS/HBase/Hive。

（2）Link。一个 Connector 实例。

（3）Job。完成数据迁移功能的分布式作业，可以从某个数据源（称为“FROM link”）中读取数据，并导入到另一种数据源中（称为“TO link”）。

表 5 -6 归纳总结了 Sqoop2 的使用方法。

表 5 -6　Sqoop2 的使用方法

<table>
<tr><th>序号</th><th>命令</th><th>功能</th><th>数据源</th></tr>
<tr><td>1</td><td>Link</td><td>创建一个 Connector 实例</td><td rowspan="4">1）访问支持 JDBC 协议数据库的 Connector;
generic - jdbc - connector
2）访问 Hadoop HDFS 的 Connector;
hdfs - connector
3）访问分布式消息队列 kafka 的 Connector;
kafka - connector
4）使用 kite SDK 实现，可访问 HDFS/HBase;
/Hive:kite - connector</td></tr>
<tr><td>2</td><td>Job</td><td>完成数据迁移的分布式作业，实现从某个数据源中读取数据（“FROM Link”），导入另一个数据源中（“TO Link”）</td></tr>
<tr><td>3</td><td>start job - - jid <job - id ></td><td>将作业提交给集群</td></tr>
<tr><td>4</td><td>status job - - jid <job - id ></td><td>查看作业运行状态</td></tr>
</table>

在使用命令创建 Link（连接）之前，先使用命令 sqoop：000 > show connector 查看 Sqoop2 提供的所有可用的 Connector，命令如下：sqoop：000 > show connector。

得到可能的查询结果如表 5 -7 所示。

表 5 -7　Sqoop2 提供的所有可用的 Connector

Id	Name	Version	Class	Supported Directions
1	kite-connector	1. 99. 5 - cdh5. 4. 5	Org. apache. sqoop. connector. kite. KiteConnector	FROM/TO
2	kafka-connec-tor	1. 99. 5 - cdh5. 4. 5	Org. apache. sqoop. connector. kafka. KafkaConnector	TO
3	hdfs-connector	1. 99. 5 - cdh5. 4. 5	Org. apache. sqoop. connector. hdfs. HdfsConnector	FROM/TO
4	generic-jdbc-connector	1. 99. 5 - cdh5. 4. 5	Org. apache. sqoop. connector. jdbc. Generic. JdbcConnector	FROM/TO

表 5 -8 列举了若干结构化数据收集工具 Sqoop2 的使用示例，便于使用者参考使用。

表 5 -8　若干结构化数据收集工具 Sqoop2 的使用示例

序号	示例	命令及功能
1	创建 Link	1）命令 create link - c <connector - id> 2）功能 创建一个 link（连接）
2	创建一个 JDBC 类型的 Link	1）命令 sqoop:000 >create link - c 4 creating link for connector with id 4 please fill following values to create new link ob-ject Name:MySQL - Reader Link configuration JDBC Drive Class:com.mysql.jdbc.Driver

续表 5－8

序号	示例	命令及功能
2	创建一个 JDBC 类型的 Link	JDBC Connection String：jdbc：mysql：//localhost：3306/exam Username：lxg Password：****** JDBC Connection Properties： There are currently 0 values in the map： entry# New link was successfully created with validation status OK and persistent id 1 2）功能 创建一个 JDBC 类型的 link（连接）
3	创建一个 HDFS 类型的 Link	1）命令 Sqoop：000 >create link －c 3 creating link for connector with id 3 please fill following values to create new link object Name：HDFS－Loader Link configuration HDFS URI：hdfs：//localhost：9000 New link was successfully created with validation status OK and persistent id 2 2）功能 这个类型的 Link 需要指定两个属性“Name”“HDFS”和“URI”，这里分别设置为：“HDFS－Loader”和“hdfs：//localhost：9000”
4	查看执行序号 2 及序号 3 示例后的结果	1）命令 sqoop：000 >show Link 2）功能 查看执行序号 2 及序号 3 示例后的结果如表 5－8－1 所示

续表5-8

<table>
<tr><th>序号</th><th>示例</th><th>命令及功能</th></tr>
<tr><td colspan="3">表5-8-1　已创建的Link
<table>
<tr><th>Id</th><th>Name</th><th>Connector Id</th><th>Connector Name</th><th>Enabled</th></tr>
<tr><td>1</td><td>MySQL-Reader</td><td>4</td><td>generic-jdbc-connector</td><td>true</td></tr>
<tr><td>2</td><td>HDFS-Loader</td><td>3</td><td>hdfs-connector</td><td>true</td></tr>
</table></td></tr>
<tr><td>5</td><td>创建Job</td><td>1）命令
create job -f <link-id1> -t <link-id2>
2）功能
创建一个从link-id1到link-id2的数据迁移作业</td></tr>
<tr><td>6</td><td>创建一个从link-id1到link-id2的数据迁移作业</td><td>1）命令（为便于解释，命令行前增加了尖括号及数字编号）
<1> sqoop:000 > create job -f 1 -t 2
<2> creating job for links with from id 1 and to id 2
<3> please fill following values to create new job object
<4> Name:mysql-to-hdfs
<5> From database configuration
<6> Schema name:exam
<7> Table name:user
<8> Table SQL statement:
<9> Table column names:
<10> Partition column name:userid
<11> Null value allowed for the partition column:
<12> Boundary query:
<13> ToJob configuration
<14> Override null value
<15> Null value:
<16> Output format:
　0:TEXT_FILE
　1:SEQUENCE_FILE
<17> Choose:0
<18> Compression format:</td></tr>
</table>

续表 5-8

序号	示例	命令及功能
6	创建一个从 link-id1 到 link-id2 的数据迁移作业	0:NONE 1:DEFAULT 2:DEFAULT 3:GZIP 4:BZIP2 5:LZ0 6:LZ4 7:SNAPPY 8:CUSTOM <19> Choose:0 <20> Custom compression format: <21> Output directory:/tem/lxf/user_table <22> Throttling resources <23> Extractors:5 <24> Loaders:2 <25> New job was successfully created with validation status OK and persistent id 1 2）功能 第<4>行指定作业的名称； 第<6>行指定数据库的名称； 第<7>行指定数据库表的名称； 第<10>行采用指定的列对数据分片，每片由一个任务进行处理，一般设置为主键； 第<23>行指定 Map task 的数目为 5（默认为 10）； 第<24>行指定 Reduce Task 的数目为 2。 执行上述程序，用户只需使用 Sqoop2 提供的交互式引导流程完成对应的内容填写即可

续表5-8

序号	示例	命令及功能
7	Job 提交	1）命令 start job - -jid <job - id> sqoop:000 > start job - -jid 1 Submission details Job ID:1 Server URL:http://localhost:12000/sqoop/ Created by:lxf.li Creation date:2020 -06 -01 15:20:30 PDT Lastly updated by:lxg External ID:job_1550967009689_0010 http://localhost:8088/proxy/application_155096 7009689_0010 2）功能 将作业提交到集群中
8	Job 查询	1）命令：status job - -jid <job - id> sqoop:000 > status job - -jid 1 Submission details Job ID:1 Server URL:http://localhost:12000/sqoop/ Created by:lxf.li Creation date:2020 -06 -01 15:20:30 PDT Lastly updated by:lxf External ID:job_1550967009689_0010 http://localhost:8088/proxy/application_155096 7009689_0010/ 2020 -06 -01 15:30:30 PDT:RUNNING -83.35 2）功能 查看作业运行状态
9	一个使用 Sqoop2 较完整的示例，本例实现下述功能： （1）下载并加载 MySQL 样本数据。 （2）为本地机器和集群添加 Sqoop 用户权限。 （3）将数据从 MySQL 导入 HDFS。 （4）将数据从 HDFS 导出到 MySQL	

续表 5 -8

<table>
<tr><th>序号</th><th>示例</th><th>命令及功能</th></tr>
<tr><td>9</td><td colspan="2">为便于讲述本例的功能，假定样本数据库使用站点 http://dev. mysql. com/doc/world – setup/en/index. html 上的世界范例数据库。该世界范例数据库有下述三个表：
第 1 个表国家，存放世界各国的信息；第 2 个表城市，存放世界各国主要城市的信息；第 3 个表国家语言，存放各国使用的官方语言。下面按上述实现功能的顺序，介绍 Sqoop2 工具的使用。
(1) 下载并加载 MySQL 样本数据。
$ wget http://downloads.mysql.comdocsworld.sql.gz
$ gunzip world.sql.gz
$ mysql –u root –p
mysql > CREATE DATABASE world;
mysql > USE world;
mysql > SOURCE world.sql;
mysql > SHOW TABLES;
注释：wget 是一个用于 UNIX/Linux 环境的命令行工具，可直接从有效的 URL 下载文件；如果使用 Windows 环境，则使用 Winget 或浏览器下载；如果使用 Macintosh 环境，则使用 curl – o <url>或浏览器下载。
(2) 为本地机器和集群添加 Sqoop 用户权限。
mysql > GRANT ALL PRIVILEGES ON world. * To 'sqoop'@ 'localhost' IDENTIFIED BY 'sqoop';
mysql > GRANT ALL PRIVILEGES ON world. * To 'sqoop'@ '_HOSTNAME_' IDENTIFIED BY 'sqoop';
mysql > GRANT ALL PRIVILEGES ON world. * To 'sqoop'@ '_SUBNET_' IDENTIFIED BY 'sqoop';
FLUSH PRIVILEGES;
mysql >quit
注意：_HOSTNAME_ 是用户登录的主机名称，_SUBNET_是集群的子网。这里的权限允许集群中的所有节点以 Sqoop 用户执行 MySQL 命令，Sqoop 的密码为“sqoop”。
(3) 将数据从 MySQL 导入 HDFS。
导入数据之前，需要在 HDFS 中创建一个目录：
$hdfs dfs –mkdir sqoop –mysql –import
下面将国家表导入到 HDFS 中：</td></tr>
</table>

续表5-8

<table>
<tr><th>序号</th><th>示例</th><th>命令及功能</th></tr>
<tr><td>9</td><td colspan="2">$ sqoop import --connect jdbc:mysql://_HOSTNAME_:3306/world --username
sqoop --password sqoop --table country -m 1 --target-dir
/user/username/sqoop-mysql-import/country
注释：--table 表示要导入的表，--target-dir 是 HDFS 中刚创建的存放导入数据的目录，-m1 是指定使用一个单一的 map 任务导入数据。
(4) 将数据从 HDFS 导出到 MySQL。
导出数据之前，需要在存放导出数据的目标数据库系统中创建数据表。这个数据表需要两个，第一个表用于保存数据，第二个表用于展示导出的数据。程序段如下：
mysql > USE world;
mysql > CREATE TABLE CityExport(
    ID int(11) NOT NULL AUTO_INCREMENT,
    Name char(35) NOT NULL DEFAULT '',
    CountryCode char(3) NOT NULL DEFAULT '',
    District char(20) NOT NULL DEFAULT '',
    Population int(11) NOT NULL DEFAULT 0,
    PRIMARY KEY(ID));
mysql > CREATE TABLE CityExportStaging(
    ID int(11) NOT NULL AUTO_INCREMENT,
    Name char(35) NOT NULL DEFAULT '',
    CountryCode char(3) NOT NULL DEFAULT '',
    District char(20) NOT NULL DEFAULT '',
    Population int(11) NOT NULL DEFAULT 0,
    PRIMARY KEY(ID));
注释：第一个表 CityExport 用于保存数据，第二个表 CityExportStaging 用于展示导出的数据。下面的程序段将上面导入的城市数据导出到 MySQL 中。
Sqoop --options-file cities-export-options.txt --table CityExport \
--staging-table CityExportStaging --clear-staging-table -m 4 \
--export-dir /user/username/sqoop-mysql-import/city
注释：cities-export-options.txt 是配置文件，它的创建方法类似于上面创建 world-options.txt 的方法</td></tr>
</table>

5. 结构化数据增量收集的方法

几乎所有的“大数据应用”场景都会碰到增量数据的收集问题，捕获增量数据的过程称为CDC（change data capture），目前实现CDC方案的比较如表5-9所示。

表5-9　实现CDC方案的比较

序号	CDC方案	原理	不足与优势
1	定时扫描整表	周期性扫描整表，找出变化数据，发送给数据收集器	性能低，延迟高
2	写双份数据	在业务层修改代码，对数据更新操作，除完成更新任务外，还需把更新数据发送给数据收集器	需要在业务层修改代码，一致性难以保证，不利于系统升级改造
3	触发器机制	通过设计的触发事件（如增、删、改），自动强制执行将更新数据发送给数据收集器的操作	管理烦琐，对数据库性能影响较大
4	阿里巴巴的Canal	基于数据库增量日志解析，提供增量数据订阅和消费，目前支持MySQL数据库	可以在不修改业务层代码的前提下，通过解析数据库更新日志，高效捕获到更新数据

CDC在“大数据应用”中的使用场景广泛，主要应用场景包括下述4个方面：

（1）异地机房数据同步。实现异地机房数据容灾。

（2）数据库实时备份。类似master/slave架构，对数据库进行实时备份。

（3）业务cache刷新。更新数据库的同时，刷新cache中的数据。

（4）数据全库迁移。创建任务队列表，逐步完成全库所有表的迁移。

6. CDC开源实现Canal的实现原理、方法及使用示例

Canal是CDC的开源实现，用于数据增量收集。通过解析数据库的更新日志，获得数据库的更新数据。目前，使用此方案的开源实现有阿里巴巴的Canal和LinkedIn的Databus，下面介绍Canal的使用方法。

Canal基于数据库增量日志解析，提供数据库增量数据的订阅和消费，目前主要支持MySQL关系型数据库。Canal的实现原理、方法及使用示例参见表5-10。

表5-10 Canal 的实现原理、方法及使用示例

序号	内容	说明
1	实现原理	（1）原理图：参见图5-5 （2）方案图：参见图5-6
2	方法步骤	1）Canal 实现 MySQL 主备复制协议，向 MySQL Server 发送 dump 协议； 2）MySQL 收到 dump 请求，开始推送 binlog 给 canal； 3）Canal 解析 binlog 对象，并发送给订阅的消费者

3	使用示例	示例：流式 API 获取数据库变更数据。
		#建立与 canal server 的连接
		canalConnectors connector = CanalConnectors
		.newClusterConnector(“host:2181”,destination,” “,”
		“);
		while(running){
		    Try {
		    connector.connect(); #连接 canal
		connector.subscribe(); #订阅数据
		    while(running){
		#获取指定数量的数据
		        message message = connector.getwithoutAck(5 *
		1024);
		        long batchID =message.getID();
		        int size =message.getEntries().size();
		  if(batchID = = -1 ‖ size = =0){ #无数据,休眠
		        } else {
		      processEntry(message.getEntries()); #数据处理函数
		        }
		        connector.ack(batchID); #提交确认
		  //connector.rollback(batchID); #处理失败,回滚数据
		    }
		……

续表 5－10

序号	内容	说明

注：processEntry 是捕获更新数据的函数，如下是其代码实现：

```
void processEntry (List < entry > entry) {
  for (Entry entry: entrys) {
      if (entry. getEntryType = = EntryType. ROWDATA) {
        RowChange rowChange = null;
        Try {
            rowChange = RowChange. parseFrom (entry. getStoreValue ()); //数据反序
列化
        } catch (Exception e) {
            throw new RuntimeException ( "parse event an error:" + entry. toString (),
e);
        }
        EventType eventType = rowChange. getEventType ();
        for (RowData rowData: rowChange. getRowDatasList ()) {
            if (eventType = = EventType. DELETE) {   //输出操作
                //processcolumn (rowData. getBeforeColumnsList ());
            } else if (eventType = = EventType. INSERT) {   //插入操作
                //processcolumn (rowData. getAfterColumnsList ());
        }
      }
  }
}
}
```

注意：相对于阿里巴巴的 Canal 系统，LinkedIn 的 Databus 功能更强大，包括支持更多数据源，如 Oracle 等。可参考 https://github.com/linkedin/databus

5.5.3 非结构化数据收集工具 Flume

在“大数据应用”中，非结构化数据要远多于结构化数据。非结构化数据的种类包括了网页、视频、图片、用户行为日志以及机器日志等，日志数据具有流式、数据量大等特点。为了解决日志数据的收集问题，Hadoop 生态系统提供了 Flume 工具。Flume 是 Cloudera 公司开源的日志类数据收集工具，它具有分布式、高可靠、高容错、易于定制和扩展等特点，使用 Flume 构建非结构化数据收集流水线，可以对不同数据源的海量日志数据进行高效的收集、聚合、移动，并存储到中心化的数据存储系统中。

1. Flume 的版本及其基本构成

Flume 有两个版本：Flume OG（Original Generation）和 Flume NG（Next/New Generation），Flume OG 对应的是 Apache Flume 0.9.x 及之前的版本，目前已被各大发行商所弃用；Flume NG 对应 Apache Flume1.x 版本，是目前被广泛采用的版本。

虽然 Flume NG 与 Flume OG 完全不兼容，但它沿袭了 Flume OG 中许多概念。Flume 实现收集、传输及存储数据流到 HDFS/HBase 中的功能。数据传输过程中，Flume 代理将一系列机器和位置串联起来，实现非结构化数据的收集功能。

Flume 的数据流是通过一系列称为代理（Agent）的组件构成的，Flume 数据流的基本构成如图 5－5 所示。代理通常由信源、信道和信宿三个组件构成，各组件的功能及实现方法如表 5－11 所示。

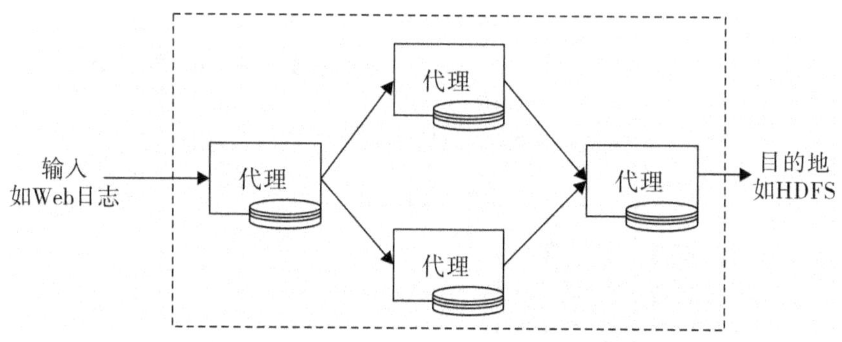

图 5－5　Flume 数据流的基本构成

Flume 数据流水线中传输的数据称为“Event”，Event 由头部和字节数组两部分构成，头部是一系列的 key/value 对，字节数组封装用于传递的数据内容，数据内容使用 Avro、Thrift、Protobuf 等对象序列化而成。

Flume 数据流中的 Event 可由专门的客户端程序产生，客户端程序将要发送的数据封装成 Event 对象，然后调用 Flume 提供的 SDK 发送给 Agent。

表5－11　Agent组件的功能及实现方法

序号	组件名称	功能	实现方法
1	信源	接收数据并发送给一个或多个信道	1）Avro 信源 内置 Avro Server，可接收 Avro 客户端发送的数据，并写入信道 2）Thrift 信源 内置 Thrift Server，可接收 Avro 客户端发送的数据，并写入信道 3）Exec 信源 执行指定的 Shell，从该命令的标准输出中获取数据，并写入信道 4）Spooling Directory 信源 此信源可监控指定目录池下文件的变化，发现新文件即写入信道 5）Kafka 信源 内置 Kafka consumer，可从 Kafka Broker 中读取某个 topic 的数据，并写入信道 6）Syslog 信源 可以分别接收 TCP 和 UDP 协议发来的数据，并写入信道 7）HTTP 信源 可接收 HTTP 协议发来的数据，并写入信道
2	信道	将源数据转发到信宿的数据队列，扮演源和宿之间流量缓冲区的功能角色	1）内存信道 在内存队列中缓存 Event 2）文件信道 在磁盘文件中缓存 Event 3）JDBC 信道 支持 JDBC 驱动，可将 Event 写入数据库中 4）Kafka 信道 在 Kafka 中缓存 Event

续表5－11

序号	组件名称	功能	实现方法
3	信宿	负责从信道中读取数据，并将其传输到HDFS、本地文件或其他的Flume代理	1）HDFS信宿 负责将信道中的数据写入HDFS 2）HBase信宿 支持同步和异步两种方式，将信道中的数据写入HBase 3）Avro/Thrift信宿 内置了Avro/Thrift客户端，可将Event数据通过Avro/Thrift RPC发送给指定的Avro/Thrift Server 4）MorphlineSolr信宿/ElasticSearch信宿 将信道中的Event数据写入Solr/ElasticSearch搜索引擎，也可同时使用HDFS信宿和该信宿将数据同时写入HDFS和搜索引擎 5）Kafka信宿 将信道中的数据写入Kafka中

2．使用Flume NG收集非结构化的流数据

使用Flume NG工具收集非结构化的流数据（日志数据），其操作步骤及方法如表5－12所示。

表5－12　使用Flume NG收集非结构化流数据的操作步骤及方法

序号	操作步骤	操作方法
1	确定方式	Flume提供多种方式收集外部数据源的流数据，常用的方式有如下三种： 1）远程过程调用RPC方式 支持RPC协议，包括Avro和Thrift。 示例：将/usr/logs/ngnix.log 中的流数据发送给指定的本地Avro服务器(41414端口)。 $bin/flume－ng avro－client －H localhost －p 41414 －F /usr/logs/ngnix.log 2）使用TCP或UDP协议方式 Flume提供的Exec信源支持TCP及UDP两种协议，可使用这两种协议将外部流数据写入Flume。 3）执行命令方式 Flume提供的Exec信源，通过执行shell命令可产生流数据

续表 5－12

序号	操作步骤	操作方法
2	规划 Agent	使用 Flume 收集非结构化流数据，需要规划 Agent 的需求规划方案，包括 Agent 的数目及其依赖关系等。目前常用的需求规划方案有两种：多路 Agent 合并的方案和多路 Agent 复用的方案，分别参见图 5－6 及图 5－7

3	设置配置	Flume 采用标准 Java property 文件格式描述 Agent 各个组件的配置，Agent 启动时，读取 Agent 的配置文件，并按照配置文件的描述，启动指定的 Agent。
		示例：在存放目录为 conf 的配置文件 conf/flume-conf. properties 中指定名为 flume_agent_name 的 Agent。
		`$ bin/flume-ng agent -n flume_agent_name -c conf -f conf/ \`
		`flume-conf.properties`
		常用的 Agent 配置项及配置方法参见表 5－13

4	测试	测试使用 Flume 构建的收集非结构化流数据方案
5	部署	在应用环境中部署收集非结构化流数据的方案

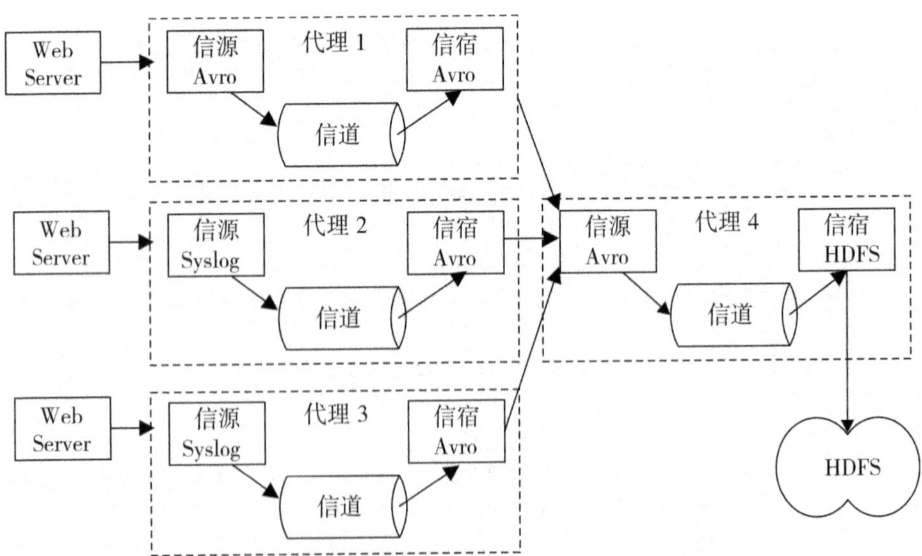

图 5－6　多路 Agent 合并的方案

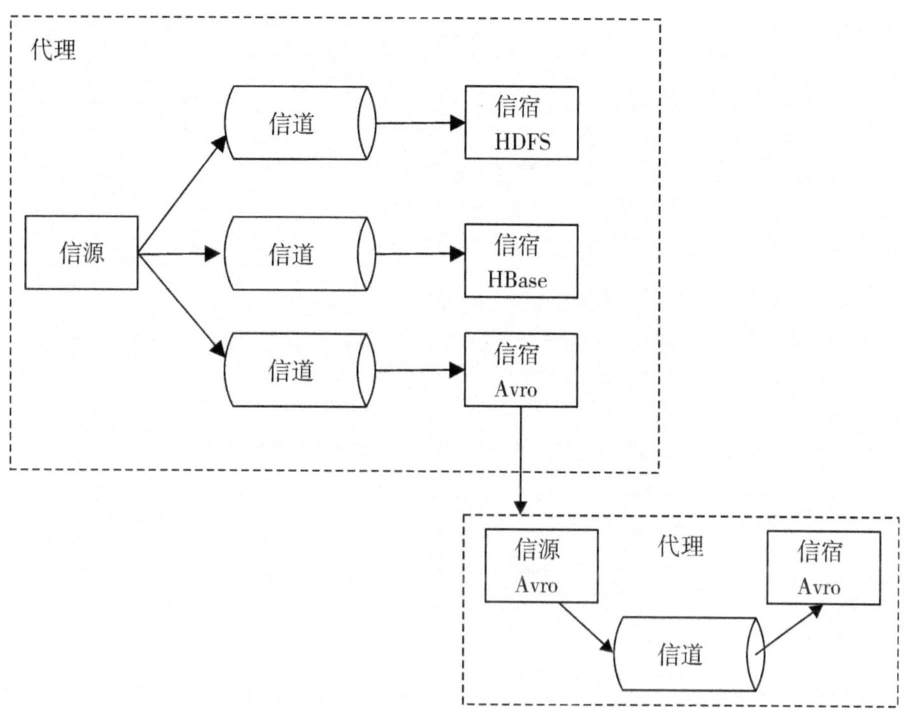

图5-7 多路 Agent 复用的方案

表5-13 常用的 Agent 配置项及配置方法

序号	配置项	配置方法
1	Agent	定义 Agent 格式： #名字可自定义 <agent>.sources = <source> <agent>.channels = <channel1> <channel2> <agent>.sinks = <sink> #为信源设置信道 <agent>.sources.<source>.channels = <channel1>, <channel2>… #为信宿设置信道 <agent>.sinks.<sink>.channel = <channel1> LogAgent 示例：从本地磁盘/tmp/logs 目录下获取数据，写入分布式文件系统 HDFS 中，对应的配置文件 logagent. property 为：

续表 5－13

<table>
<tr><th>序号</th><th>配置项</th><th>配置方法</th></tr>
<tr><td>1</td><td>Agent</td><td>LogAgent.sources = mysource
LogAgent.channels = mychannel
LogAgent.sinks = mysink
LogAgent.sources.mysource.channels = mychannel
LogAgent.sinks.mysink.channel = mychannel</td></tr>
<tr><td>2</td><td>三个组件</td><td>#设置 source 的属性 <someproperty>值为 <someValue>
<agent>.sources.<source>.<someproperty> = <someValue>
#设置 channel 的属性 <someproperty>值为 <someValue>
<agent>.channels .<channel>.<someproperty> = <someValue>
#设置 sink 的属性 <someproperty>值为 <someValue>
<agent>.sinks.<sink>.<somgProperty> = <someValue></td></tr>
<tr><td colspan="3">在配置文件 logagent. property 中为 mysource、mysink、mychannel 设置属性：
#配置名为“mysource”的 source，采用 spooldir 类型，从本地目录/tmp/logs 获取数据
LogAgent.sources.mysource.type = spooldir
LogAgent.sources.mysource.channel = mychannel
LogAgent.sources.mysource.spoolDir = /tmp/logs
#设置名为“mysink”的 sink，将结果写入 HDFS 中，每个文件 10000 行数据
LogAgent.sinks.mysink.type = hdfs
LogAgent.sinks.mysink.hdfs.path = hdfs://master:8020/data/logs/&Y/&m/&d/&H/
LogAgent.sources.mysource.spoolDir = /tmp/logs
LogAgent.sinks.mysink.hdfs.batchSize = 10000
LogAgent.sinks.mysink.hdfs.rollSize = 0
LogAgent.sinks.mysink.hdfs.rollcount = 10000
LogAgent.sinks.mysink.hdfs.useLocalTimeStamp = true
#配置名为“mychannel”的 channel，采用 memory 类型
LogAgent.channels.mychannel.type = memory
LogAgent.channels.mychannel.capacity = 10 000</td></tr>
</table>

续表5－13

序号	配置项	配置方法
注：配置完成后，可以使用下述命令启动LogAgent： bin/flume－ng agent －n LogAgent －c conf －f logagent.properties －Dflume.root.logger= DEBUG,console		

3．两个使用Flume NG收集非结构化流数据的示例

示例一：多路Agent合并的应用场景——假定在某个“大数据应用”中上线一批应用（App），这些应用会实时产生与用户行为相关的流式日志（非结构化数据）。现在需要收集这些日志数据，并按照日志数据类别（如搜索行为日志及点击行为日志等）写入不同的HDFS目录中。

如下是求解上述问题的步骤：

（1）构建如图5－8所示的多路Agent合并的架构。

图5－8设计的数据流水线解释：采用Flume SDK将日志（使用Avro格式）发送到后端的各个Agent上。架构图上设计两层Agent的目的是减少HDFS访问的并发数和生成的小文件数目。第一层Agent使用Avro信源从应用程序端接收Event，并写入File信道，然后由一组Avro信道将数据发送给第二层的Agent。第二层Agent接收到第一层Agent数据后，通过HDFS信道写入后端的HDFS中。

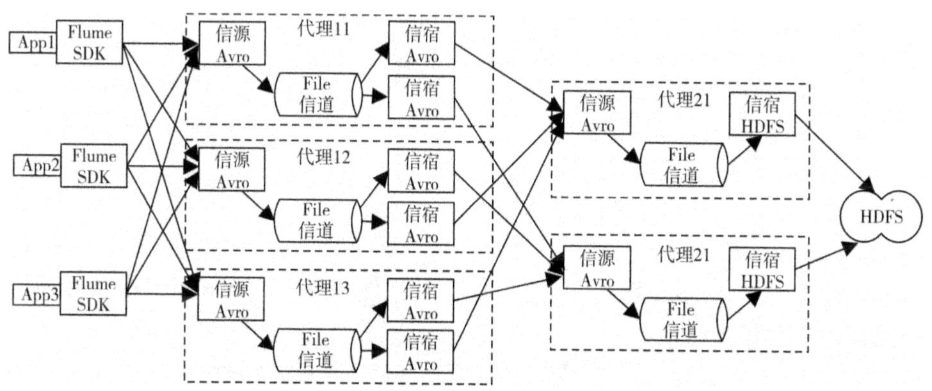

图5－8　多路Agent合并的架构

（2）配置第一层的 Agent11，其他 Agent12 及 Agent13 类似。

①定义 Agent a11，并声明它的信源、信道和信宿。

```
a11.sources = r11
a11.channels = c11
a11.sinks = k11,k12
```

②为两个信宿 k11，k12 构造一个信宿组（Sink Group），并配置该信宿组的属性。

```
a11.sinkgroups = g11
#开启负载均衡
a11.sinkgroups.g11.processor.type = LOAD_BALANCE
#采用轮询方式进行负载均衡
a11.sinkgroups.g11.processor.selector = ROUND_ROBIN
#同时开启负载均衡和容错
a11.sinkgroups.g11.processor.backoff = true
```

③配置 Source 类型为 AVRO，并绑定本地的 IP 和端口号。

```
a11.sources.r11.channels = c11
a11.sources.r11.type = AVRO
a11.sources.r11.bind = 0.0.0.0        #本地 IP
a11.sources.r11.port = 41414
```

④配置 Channel 类型为 FILE。

```
a11.channels.c11.type = FILE
```

⑤配置两个 sink 类型为 AVRO，并设置目标 Agent 的 Avro Server 地址。

```
a11.sinks.k11.channel = c11
a11.sinks.k11.type = AVRO
a11.sinks.k11.hostname = a21.example.org
a11.sinks.k11.port = 41414
a11.sinks.k12.channel = c11
a11.sinks.k12.type = AVRO
a11.sinks.k12.hostname = a22.example.org
a11.sinks.k12.port = 41414
```

⑥以上①至⑤的配置文件信息可保存到文件 agent11. properties 中，并通过下述命令启动该 Agent。

```
bin/flume-ng agent -n a11 -c conf -f agent11.properties
```

（3）配置第二层的 Agent21，Agent22 的配置类似。

①定义 Agent a21，并声明它的信源、信道和信宿。

```
a21.sources = r21
a21.channels = c21
a21.sinks = k21
```

②配置 Source 类型为 AVRO，并绑定本地的 IP 和端口号。

```
a21.sources.r21.channels = c21
a21.sources.r21.type = AVRO
a21.sources.r21.bind = 0.0.0.0        #本地 IP
a21.sources.r21.port = 41414        #端口号
```

③配置 Channel 类型为 FILE。

```
a11.channels.c21.type = FILE
```

④配置 sink 类型为 HDFS。

```
a21.sinks.k21.channel = c21
a21.sinks.k21.type = hdfs
#指定 HDFS 存放路径,以时间作为子目录
a21.sinks.hdfsSink.hdfs.path = hdfs://bigdata/flume/appdata/&Y - &m
- &d/&H&M
a21.sinks.hdfsSink.hdfs.filePrefix = log
a21.sinks.hdfsSink.hdfs.rollInterval = 600
a21.sinks.hdfsSink.hdfs.rollCount = 10000
a21.sinks.hdfsSink.hdfs.rollSize = 0
a21.sinks.hdfsSink.hdfs.round = true
a21.sinks.hdfsSink.hdfs.roundValue = 10
a21.sinks.hdfsSink.hdfs.roundUnit = minute
# fileType 可以是或,分别表示二进制格式、未压缩原始数据格式、经压缩的原始数据
#格式
a21.sinks.k21.hdfs.fileType = dataStream
```

⑤以上①至④的配置文件信息可保存到文件 agent21.properties 中，并通过下述命令启动该 Agent。

```
bin/flume - ng agent - n a21 - c conf - f agent21.properties
```

示例二：多路 Agent 复用的应用场景——假定在某个“大数据应用”中上线一批应用（App），这些应用会实时产生与用户行为相关的流式日志（非结构化数据）。现在需要收集这些日志数据，并按照日志数据类别（如搜索行为日志及点击行为日志等）写入到不同的 HDFS 目录中。

如下是求解上述问题的步骤。

（1）构建如图 5 -9 所示的多路 Agent 复用的架构。

图 5 -9 设计的数据流水线解释：让应用程序（App）通过 TCP 发送日志

到对应的 Agent，然后，由 Agent 将所有数据写入 HDFS。Agent 会根据 Event 头部的 severity 属性值判断数据的重要性（5 个等级：emergency、alert、critical、error、normal），其中重要的数据会往 HBase 额外写入一份。第一层与示例一类似，不再重复。下面以 Agent21 为例，介绍第二层的配置方法。

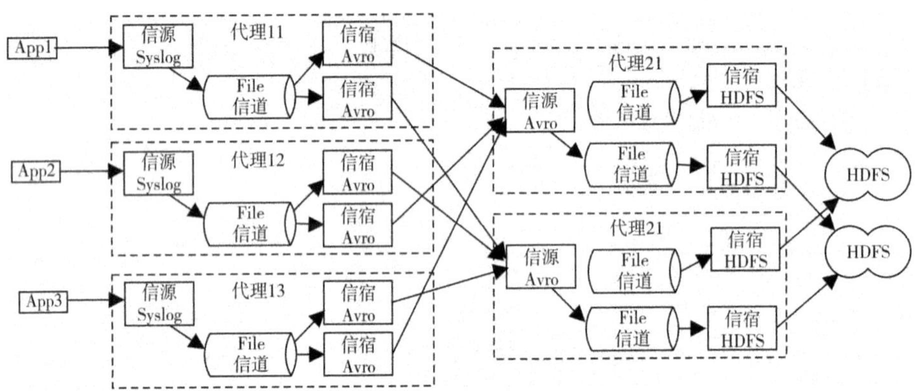

图 5－9　多路 Agent 复用的架构

（2）定义 Agent21 信源，类型为 AVRO，对应两个 Channel，并绑定本地 IP 及端口号。

```
a21.sources.r21.channels = c21 c22
a21.sources.r21.type = AVRO
a21.sources.r21.bind = 0.0.0.0        #本地 IP
a21.sources.r21.port = 41414        #端口号
```

（3）为 Agent21 信源添加信道选择器（Channel Selector），使其能按照 Event 头部的 Severity 属性值定义的数据重要程度（0 ～ 3 为重要），在 HBase 中保留多一份数据。

```
a21.sources.r21.selector.type = MULTIPLEXING
a21.sources.r21.selector.header = Severity
a21.sources.r21.selector.default = c21
#重要数据同时写入 c21 及 c22 中
a21.sources.r21.selector.mapping.0 = c21 c22
a21.sources.r21.selector.mapping.1 = c21 c22
a21.sources.r21.selector.mapping.2 = c21 c22
a21.sources.r21.selector.mapping.3 = c21 c22
```

（4）配置 HDFS Sink。

```
a21.sinks.k21.channel = c21
a21.sinks.k21.type = hdfs
#指定写入 HDFS 的目录,并以时间作为子目录
a21.sinks.k21.hdfs.path = hdfs://bigdata/appdata/&Y - &m - &d/&H&M
#每次生成文件的前缀名
a21.sinks.k21.hdfs.filePrefix = FlumeData - &{host} -
a21.sinks.k21.hdfs.fileType = DataStream
#每隔 10 分钟生成一个新文件
a21.sinks.k21.hdfs.round = true
a21.sinks.k21.hdfs.roundUnit = minute
a21.sinks.k21.hdfs.roundValue = 10
```

（5）配置 HBase Sink。

```
a21.sinks.k22.channel = c22
#异步写入 HBase
a21.sinks.k22.type = asynchbase
#指定 HBase 写入的表名和列簇分别为 appdata 和 log
a21.sinks.k22.table = appdata
a21.sinks.k22.columnFamily = log
```

5.5.4 非结构化数据收集工具 Kafka

1. Kafka 与 Flume 的区别

Kafka 是一个分布式消息队列组件，为“大数据应用”提供了另一类构建非结构化数据收集流水线的工具。Kafka 是为降低数据生产者和数据消费者之间的耦合度以及平衡两者之间处理能力的不对等而设计的。

因此，Kafka 既是一个平衡数据生产者与数据消费者两者之间处理能力的不对等的分布式消息队列组件，也是一个降低数据生产者和数据消费者之间耦合度的中间件。通过中间件方式，避免了数据生产者和数据消费者之间直接的耦合性，两者中任何一方的变化不会影响另一方。通过消息队列，缓存数据生产者产生的数据，平滑了数据生产者产生数据的速度与数据消费者处理数据速度的不对等。

Kafka 与 Flume 同是收集非结构化日志数据的工具，但 Kafka 在架构和应用定位方面均有较大的差别，它们的主要差异如表 5－14 所示。

表 5－14 Kafka 与 Flume 的主要差异

序号	差异项	Flume	Kafka
1	体系架构	管道流方式的体系架构，提供了很多的默认实现，让用户通过参数部署及扩展 API	可持久化的分布式消息队列的体系架构
2	数据收集	Flume 提供了大量的 Source 和 Sink 实现，可以很容易地完成数据收集工作	数据生产者和数据消费者均使用 API 编程，仅提供了少量的与外部系统集成的组件
3	可靠性	Flume 不支持副本事件，Flume Sink 成功发送数据后会立刻删除该数据。如果 Flume 代理的一个节点崩溃了，即使使用了可靠的文件管道方式，也将丢失这些事件直到恢复这些磁盘	Kafka 自带存储，可将数据默认暂存一周时间，提供了类似于“发布订阅模式”的功能，可供数据消费者重复访问。如果需要一个高可靠运行的管道，则 Kafka 是更好的选择
4	通用性	是一个专用工具，被设计为旨在往 HDFS、HBase 发送数据。它对 HDFS 有特殊的优化，并且集成了 Hadoop 的安全特性。如果数据被设计给 Hadoop 使用，建议使用 Flume	是一个非常通用的系统。可以有许多生产者和很多的消费者共享多个主题 Topics。如果数据被多个系统消费的话，建议使用 Kafka
5	拦截过滤	可以使用拦截器实时处理数据，对数据屏蔽或者过滤非常方便	需要外部的流处理系统才能做到数据屏蔽或过滤
6	社区支持	内置很多的 source 和 sink 组件。如果已经存在 Sources 和 Sinks 满足需求，则不需要额外开发任何代码	是一个小的生产消费者生态系统，社区支持不好。需要编写自己的生产者和消费者代码

2. Kafka 的基本架构

Kafka 基本架构由生产者（Producer）、代理者（Broker）以及消费者

（Consumer）三类组件构成，基本架构如图5－10所示。

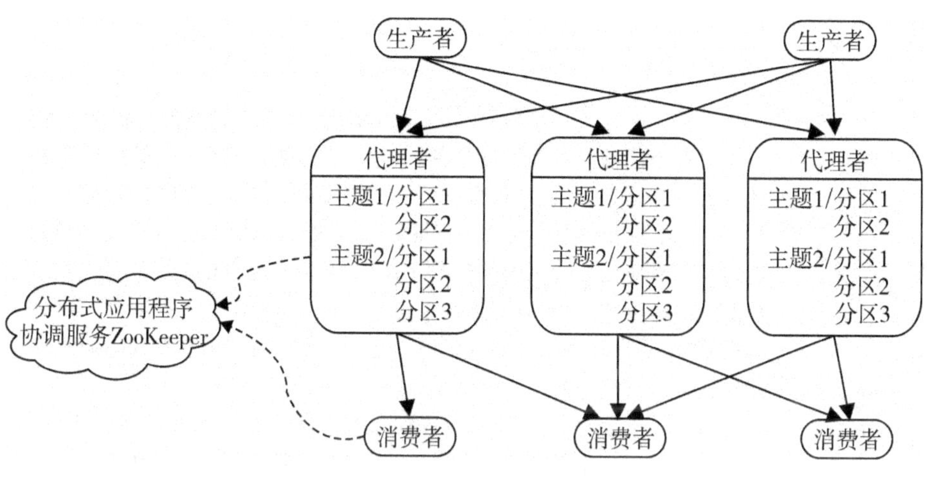

图5－10　Kafka基本架构

3．Kafka各组件说明

Kafka各组件说明如表5－15所示。

表5－15　Kafka各组件说明

序号	组件名称	功能	说明
1	生产者	由用户使用Kafka提供的SDK开发，生产者将数据转化为“消息”，并通过网络发给代理者。每条消息表示为一个三元组：<topic，key，message>	1）topic——表示消息所属的主题。主题是划分消息的逻辑概念，一个主题可以分布到多个不同的代理上； 2）key——表示消息的主键。Kafka会根据主键将通一个主题下的消息划分成不同的分区，默认是基于哈希取模算法，用户可以根据需要设计自己的分区算法； 3）message——表示消息的值。值类型为字节数组，可以是字符串、JSON对象或序列化框架序列化后的对象

续表 5－15

序号	组件名称	功能	说明
2	代理者	一般由多个代理者组成一个分布式高容错的集群。其主要功能是接受生产者和消费者的请求，把消息持久化到本地磁盘	1）代理者以主题为单位将消息分成不同的分区，每个分区可以有多个副本，通过数据冗余的方式实现容错； 2）能够保证同一主题下同一分区内部的消息是有序的，但无法保证分区之间的消息全局有序。合理利用分区内部有序特征，即可完成时序相关的需求； 3）以追加的方式将消息写入磁盘文件中，每个分区中的消息被赋予唯一整数标识，称为偏移量（offset），代理者仅提供基于偏移量的读取方式； 4）代理者中保存的数据是有有效期的（默认 7 天），超过保存期后，对应的数据将被移除以释放磁盘空间
3	消费者	消费者主动从代理者中拉取消息进行处理	1）每个消费者自己维护最后一个已读取消息的偏移量（offset），为下次读取消息提供支持。这种基于 pull 的机制大大降低了代理者的压力，使代理者的吞吐率很高； 2）允许多个消费者构成一个消费群，共同读取同一主题中的数据，提高数据读取效率
4	分布式应用程序协调服务者	担任分布式服务协调的作用，代理者和消费者直接依赖于 ZooKeeper 才能正常工作	1）所有的代理者要向 ZooKeeper 注册，将自己的位置、健康状况、维护的主题、分区等信息写入 ZooKeeper，便于其他的消费者发现和获取这些数据，当一个消费者宕掉后，其他消费者会通过 ZooKeeper 发现这一故障，并自动分摊该消费者的负载，进而触发相应的容错机制； 2）消费群通过 ZooKeeper 保证内部各个消费者的负载均衡，并在某个消费者或代理者出现故障时，重新分摊负载；消费者（仅限于高级 API，对于低级 API，用户需要自己保存和恢复偏移量 offset）会将最近获取消息的偏移量写入 ZooKeeper，以便出现故障重启后，可以接着故障前的断点继续读取数据

4. 开发生产者（Producer）程序

（1）定义 Producer 类，负责将数据写入 Broker。

```
//K:key 的数据类型,V:message 的数据类型
class kafka.javaapi.producer.Producer<K,V>{
  //构造函数,参数为配置对象 ProducerConfig
public Producer(ProducerConfig config);
  /**
   *将数据同步或异步发送到 Broker 上,按照 key 进行分区
   *@param message 封装了 topic,key 和 message 三元组的对象
   */
public voic send(keyedMessage<K,V> message);
//将一批消息发送出去
  public voic send(List<keyedMessage<K,V>> message);
  //关闭所有 Kafka Broker 的连接
  public void close();
}
```

（2）创建配置对象 ProducerConfig。

可为 Producer 设置一些参数，控制 Producer 的行为，常用的配置参数如表 5－16 所示。

表 5－16　Producer 常用的配置参数

序号	参数名称	默认值	参数含义
1	metadata. broker. list		Producer 初始化时，通过此参数指定的 Broker 获取元信息，格式为： broker：port1，broker：port2，… 一般要指定多于一个的 Broker 地址，以防单个 Broker 出现故障
2	serializer. class	kafka. serializer. DefaultEncoder	消息序列化类，默认不做任何处理，即接收 byte［］，返回 byte［］，可通过 key. serializer. class 单独为 key 设置序列化类
3	producer. type	sync	Producer 发送数据方式，可以是同步方式（sync），也可以是异步方式（async）

续表 5－16

序号	参数名称	默认值	参数含义
4	batch. num. messages	200	当采用异步发送方式时，设置每批消息的最大条数，在异步方式下，当消息条数达到指定值或等待时间超过 queue. buffer. max. ms 后，Producer 才会发送数据
5	request. required. acks	0	设置消息应答方式，这个参数是可控的可靠性级别。为 0 表示无需对消息进行确认，向 Broker 发送消息后马上返回，无须等待对方是否写成功；为 1 表示向 Broker 发送消息后，需等待 leader partition 写成功后才返回；为 －1 表示向 Broker 发送消息后，需等待所有 partition 均写入成功后才返回
6	partitioner. class	kafka. producer. DefaultPartitioner	消息分区类，默认是 hash （key）% partition，其中 key 是消息的主键，partitions 为该消息的分区数

一个配置的示例：

```
Properties props =new properties();
props.put("metadata.broker.list","broker1:9092,broker2:9092");
//注意在此使用 StringEncoder,注意,该类必须与 KeyedMessage 中的定义一致
props.put("serializer.class","kafka.serializer.StringEncoder");
//设置自定义分区类 example.producer.SimplePartitioner
props. put (" partitioner. class"," example. producer. SimplePartitioner");
props.put("request.required.acks","1");
producerConfig config =new ProducerConfig(props);
```

（3） 定义分区类 SimplePartitioner。

用户通过实现 kafka. producer. Partitioner 接口实现自己的分区类。如下是前面 SimplePartitioner 示例的程序实现：

```
public class SimplePartitioner implements Partitioner {
public class SimplePartitioner(VerifiableProperties props){ }
//根据 ip 最后一段分区,划分到 partitions 个分区中(用户创建 topic 时指定的)
public int partition(object key,int partitions){
```

```
int partition = 0;
String sKey = (String)key;
int offset = sKey.lastIndexof(".");
if(offset > 0){
partition = Integer.parseInt(sKey.substring(offset + 1)) & partitions;
}
return partition;
}
}
```

（4）创建 Producer 对象并发送数据。

下面的示例要求发送这样构造的消息：消息的 topic 是“page_visits”，key 为 IP，message 为访问时间及被访问的 url。如下是实现上述需求的程序代码：

```
//创建 producer
producer < String,String > producer = new Producer < String,String > (config);
//产生消息并发送
for(long i = 0;i < events;i + +){
long runtime = new Date().getTime();
String ip = "192.168.2." + i;
String msg = runtime + ",www.example.com," + ip;
//如果 topic 不存在,则会自动创建,默认消息的副本数为 1
KeyedMessage < String, String > data = new KeyedMessage < String, String >(
            "page_visits",ip,msg);
producer.send(data);
}
producer.close();
```

5. 开发消费者（Consumer）程序

（1）定义 Consumer 类，负责从 Broker 中读取数据。

```
class Consumer {
//创建一个 Consumer 连接句柄 ConsumerConnector
public static kafka.javaapi.consumer.ConsumerConnector
      createJavaConsumerConnector(ConsumerConfig config);
}
public interface kafka.javaapi.consumer.ConsumerConnector {
```

```
public Map<String,List<kafkaStream<byte[ ],byte[ ]>>>
  createMessageStreams(Map<String,Integer> topicCountMap);
.....           //其中 createMessageStreams 重载函数
//提供当前已读消息的 offset(持久化到 zookeeper)
  public void commitoffsets();
//关闭 connector
  Public void shutdown();
}
```

（2）创建配置对象 ConsumerConfig。

可为 Consumer 设置一些参数，控制 Consumer 的行为，常用的配置参数如表 5－17 所示。

表 5－17　Consumer 常用的配置参数

序号	参数名称	默认值	参数含义
1	group. ip	元	当前 Consumer 所属的 Consumer group 应为全局唯一的字符串标识
2	zookeeper. connect	元	ZooKeeper 集群地址格式为：hostname1：port1，hostname2：port2，hostname3：port3，Consumer 利用 Zookeeper 作服务协调和获取元信息
3	fetch. message. max. bytes	1024 * 1024	设置 Consumer 一次请求从每个 partition 端读取的消息总大小（单位为 byte），由于这些数据全部保存在内存中，因此可通过此参数控制 Consumer 使用的内存量

一个配置的示例：

```
Properties props = new properties();
props.put("zookeeper.connect","zk1:2181,zk2:2181,zk3:2181");
props.put("group.id","kafka - test");
//启动时,从最小 offset 处开始读取消息
props.put("auto.offset.reset","smallest");
```

```
consumerconfig consumerConfig = new ConsumerConfig(props);
```

(3) 创建 Consumer Group 并启动所有 Consumer。

```
Map < String,Integer > topicCountMap = new HashMap < String,Integer >
();
int numThreads = 5;
topicCountMap.put(topic,numThreads);
Map < String,List < kafkaStream < byte[ ],byte[ ] > > > consumerMap =
consumer.createMessagestreams(topicCountMap);
List < kafkaStream < byte[ ],byte[ ] > > streams = consumerMap.get
(topic);
//启动所有 consumer
executor = Executors.newFixedThreadPool(numThreads);
for(final kafkaStream stream:streams){
executor.submit(new ConsumerRunner(stream));
}
```

程序中的 ConsumerRunner 通过 kafkaStream 中的迭代器流式读取 Broker 中的数据，如下是程序实现：

```
public class ConsumerRunner implements Runnable {
private kafkaStream stream;
public ConsumerRunner(kafkastream stream){
this.stream = stream;
}
public void run(){
  //得到消息迭代器
ConsumerIterator < byte[ ],byte[ ] > it = m_stream.iterator();
while(it.hasNext())
  //通过 it.next().message()获取消息并处理
  }
}
```

6. 开源系统对 Kafka Producer 与 Kafka Consumer 的支持

由于 Kafka 在“大数据应用”中越来越广泛，因此，得到了很多大数据开源系统对 Kafka 的支持，表 5 – 18 列出对 Kafka 支持的几个常用组件。

表5－18　对 Kafka 支持的几个常用组件

序号	支持的组件	支持者	支持者组件	支持者功能说明
1	Kafka Producer	Flume	Flume Kafka Sink	Flume 软件包内置支持 Kafka Producer 的组件，可将 Flume Channel 中的数据写入 Kafka
2	Kafka Consumer	Flume	Flume Kafka Source	Flume 软件包内置支持 Kafka Consumer 的组件，可从 Kafka Broker 中读取数据并写入 Flume Channel
		Storm	Kafka－Storm	Storm 软件包内置支持 Kafka Consumer 的组件被封装在 Storm Spout 中，可从 Kafka Broker 中读取数据并并发送给后面的 Storm Bolt
		Spark Streaming	Kafka－Spark Streaming	Spark Streaming 软件包内置支持 Kafka Consumer 的组件，可从 Kafka 读取数据，将其转化为微批处理，并进一步交给 Spark 引擎处理
		LinkedIn	LinkedIn Camus	LinkedIn 开源的 Hadoop-kafka 连接件，可将 Kafka 中的数据导入到 Hadoop 中

7．Kafka 的几个典型应用场景

Kafka 作为一个分布式消息队列组件，在“大数据应用”中越来越得到开发者的青睐，下面是几个重要的典型应用场景。

（1）消息队列应用场景。

与其他消息队列（如 RabbitMQ、ZeroMQ 等）比较，Kafka 具有的高吞吐率、自动分区、多副本以及良好的容错性等特点，在消息队列中脱颖而出，使之更适合大数据的应用场景。

（2）流式计算框架的数据源应用场景。

在流式计算框架中（如 Storm、Spark Streaming 等），为了保证数据不丢失，通常会在数据源中使用高性能的消息队列，组成“分布式消息队列＋分布式流式计算”的实时计算框架，而 Kafka 可以扮演这样的角色。

（3）分布式日志收集中的 Source（源）或 Sink（宿）应用场景。

Kafka 担任 Source（源）或 Sink（宿）的角色，与日志收集的组件 Flume

或Logstash（另一种常用的开源日志收集架构）一起组合使用，Flume或Logstash提供可配置化的Source（源）或Sink（宿），Kafka提供分布式高可用的消息系统，这样可构成一个扩展性强、吞吐率高等方面均十分优秀的分布式系统。

（4）Lambda Architecture中的Source应用场景。

可同时为批处理和流处理两条流水线提供数据源，各种流式数据直接写入Kafka，供Hadoop批处理集群和Storm流式处理集群读取，最后将处理结果合并后提供给用户。

5.5.5 大数据预处理之数据质量把关

1. 大数据预处理的工作框架

完成大数据收集任务后对大数据进行预处理的目的是进行大数据质量的把关，应该从审计、清洗、转换、归约以及标注五个维度开展大数据预处理工作，表5－19是大数据预处理的工作框架。

表5－19 大数据预处理的工作框架

序号	维度	预处理工作内容	预处理方法、技术及工具
1	审计	发现存在于大数据中不符合预定义规则或不符合数据加工者自定义的数据加工规则的“问题数据”	1）人工排查； 2）数据可视化工具
2	清洗	对审计发现的“问题数据”进行清洗处理。“问题数据”表现在：无关的、冗余的、拼写错误的、命名不合规范的、缺失的、异常的（离群的）、不一致的、高维度的等	1）人工处理； 2）算法处理程序； 3）技术支持工具处理
3	转换	对清洗后的大数据进行某种形式的转换，让其更适应于大数据分析、挖掘及应用形式的要求，转换包括数据规范化转换和数据特殊需求转换	1）算法处理程序； 2）技术支持工具处理
4	归约	最大限度地减少数据体量，降低大数据分析、挖掘的计算复杂性（时间和空间）。归约包括维归约和数值归约	1）人工处理； 2）可视化工具； 3）关联分析； 4）聚类分析

续表 5－19

序号	维度	预处理工作内容	预处理方法、技术及工具
5	标注	对大数据赋予人类认识数据的先验知识，为有监督的机器学习模型提供学习样本	1）人工标注； 2）自动标注

2. 大数据清洗处理方法

大数据审计发现的“问题数据”一般表现在下述方面：无关的、冗余的、拼写错误的、命名不合规范的、缺失的、异常的（离群的）、不一致的、高维度的等。大数据的“问题数据”可以分为两类。第一类是可以直接用人工方法清洗处理的“问题数据”，这类“问题数据”包括：无关的、冗余的、拼写错误的、命名不合规范的以及不一致的；第二类是必须使用算法处理程序清理的“问题数据”，这类“问题数据”包括：缺失的以及异常的（离群的）。

对于第一类的“问题数据”，在 Excel 工具的支持下，结合业务规则，使用人工的方法容易清洗处理。下面介绍处理第二类“问题数据”的清洗方法。

（1）处理缺失数据的清洗方法。

一种简单粗暴的方法是直接删除带有缺失值的记录或字段，这种方法是极其危险的。因为，缺失值的模式实际上可能具有系统性，简单地删除带有缺失值的记录或字段可能会导致偏差的数据集。以下是处理缺失值通常的清洗方法：

①使用数据分析专家或业务领域专家确定的值填充缺失值。

②对于数值型的缺失值，使用均值填充；对于分类型的缺失值，使用众数填充。

③从观察到的对于缺失值的随机变量分布中随机产生一个值填充缺失值。

④依据缺失值记录的其他特征推算出的值填充缺失值，如从年龄特征推算出婚姻状况的缺失值。

⑤统计分析的线性回归或多元回归方法。

（2）处理离群值（异常值）的清洗方法。

离群值是偏离了其他值的趋势的极端值。首先是要解决识别离群值的问题，然后才是解决处理方法的问题。离群值可能是数据收集或输入的错误，也可能是有效的数据收集和输入点。但是，无论哪一种情况，离群值可能会也可能不会影响数据分析建模的结果。

①可以使用直方图方法或二维散点图方法辅助识别大数据集的离群点（值）。

②有两种判断大数据集离群点的数值方法。

方法一：一般情况，离群点标准残差的绝对值非常大，使用标准残差可以很好地识别出离群点。标准残差 = 残差/标准误差，一个启发式的经验规则是：残差绝对值超过 2 的观察对象为离群点。一般情况下，如果残差为正，则在给定 X 值的情况下，观察对象的 Y 值高于回归估计结果；如果残差为负，则在给定 X 值的情况下，观察对象的 Y 值低于回归估计结果。

方法二：如果特征变量数据值的 *Z-score* 小于 −3 或大于 3，则此特征变量的值是离群点，*Z-score* 的计算方法参见下文。

识别出离群点（值）后，可以参考缺失值的处理方法处理离群点（值）。

3. 大数据转换处理

大数据转换处理（或称为大数据变换处理）是对数值变量的规范化处理，目的是标准化每个特征变量对大数据挖掘结果的影响程度，表 5－20 介绍了四种特征变量规范化的方法。

表 5－20　四种特征变量规范化方法

序号	名称	说明	方法
1	min-max 规范化	观察字段值 X 比最小值 min（X）大多少，并通过极差缩放这个差异	$X' = [X - \min(X)] / [\max(X) - \min(X)]$
2	Z-score 标准化	这是统计领域普遍使用的方法，其捕获字段值与字段均值间的差异，并通过字段值的标准差 SD 缩放此差异	$Z\text{-}score = [X - \mathrm{mean}(X)] / SD(X)$
3	小数定标规范化	确保每个规范化值落在 −1 到 1 之间	$X' = X / 10^d$，其中 d 是具有最大绝对值的数据的位数
4	变换为正态数据	许多数据挖掘算法要求变量呈正态分布	平方根倒数变换： $X' = 1 / \sqrt{X}$， 注意：变换后挖掘算法的结果必须进行逆变换 $X = 1 / (X')^2$

4. 大数据归约处理

大数据归约处理又称为大数据降维处理。大数据有成千上万甚至上亿条数据记录，往往有成百上千个特征变量。众多的这些特征变量并不都是相互独立的，它们中存在相互关联的特征变量。随着维数的增加，计算量呈指数级增长，带来所谓的维数灾难问题。此外，太多的特征变量参与数据挖掘建模，也存在模型过渡拟合的风险，导致模型的泛化能力很差。

大数据降维的目标是利用特征变量间的相关结构完成下述工作：

（1）减少特征变量的数量。

（2）协助确保特征变量相互独立。

（3）提供一个框架用于解释预测结果。

除了数据可视化技术在降维工作中能起到辅助的作用外，常用的降维方法包括：LASSO 方法、封装法、过滤法、主成分分析法、因子分析法以及用户自定义合成法等。表 5 – 21 简要介绍这些方法的降维算法思想及使用说明。

表 5 – 21　常用的降维方法的算法思想及使用

序号	降维方法	算法思想	使用说明
1	LASSO 方法	LASSO 是 least absolute shrinkage and selection operator 的缩写。算法通过构造一个惩罚函数获得一个精炼的模型，再通过它压缩一些系数，并最终确定一些变量指标的系数为零。基本思想是在回归系数的绝对值之和小于一个常数的约束条件下，使残差平方和最小化，从而产生某些严格等于零的回归系数	近年来被广泛应用于参数估计和特征变量选择，在确定的条件下，已经证明了变量选择的一致性。LASSO 实现了变量指标集合精简的目的，是一种处理具有复共线性数据的有偏估计
2	封装法	将特征变量的选择过程与挖掘模型训练过程融合在一起，以挖掘模型的预测能力作为特征选择的依据	使用逐步回归方法进行特征变量的筛选方法便是一种封装法。封装法可以筛选出高质量的特征变量子集，但计算性能较低

续表5－21

序号	降维方法	算法思想	使用说明
3	过滤法	特征变量的选择过程与挖掘模型训练过程相互独立，通过分析变量内部的关系进行筛选操作。与训练模型的选择并没有关系。例如，通过变量间的相关性，近零方差检验、聚类分析等方法选择出来的特征变量，再用于不同的训练模型的构建、评估等	在性能上较之封装法有更大的优势，但可能会删除非常有实质意义的特征变量
4	主成分分析法	主成分分析（PCA）是将多个变量通过线性组合，选出小部分重要变量集合来描述相关结构的一种统计分析方法，这些线性组合被称为“成分”。 主成分分析主要算法步骤如下： 1. 指标数据标准化； 2. 指标之间的相关性判定； 3. 确定主成分个数m； 4. 主成分 F_i 表达式； 5. 主成分 F_i 命名	主要应用： 1. 主成分分析能降低所研究数据空间的维数； 2. 有时可通过因子负荷 a_{ij} 的结论，弄清 X 变量间的某些关系； 3. 多维数据的一种图形表示方法； 4. 由主成分分析法构造回归模型。即把各主成分作为新自变量代替原来自变量 X 做回归分析； 5. 用主成分分析筛选回归变量
5	因子分析法	假设响应向量 X_1，X_2，…，X_n 能被表示为不能直接观察到的 K 个潜在随机变量 F_1，F_2，…，F_k，即共同因子的线性组合与一个误差项 $\varepsilon=\varepsilon_1$，$\varepsilon_2$，…，$\varepsilon_n$ 的和，则因子分析模型可以表示为： $X_{mx1}-\mu=L_{mxk}F_{mx1}+\varepsilon_{mx1}$ X_{mx1}是响应向量，L_{mxk}是因子负载矩阵，其中 l_{ij} 表示矩阵 L_{mxk} 的元素。第 i 个变量对应于第 j 个因子的系数。F_{mx1} 表示不能直接观察到的共同因子的向量，ε_{mx1} 表示误差向量。在从能直接观察到的变量中寻找不能被直接观察到的变量时，必须做进一步的假设：$E(F)=0$，$Cov(F)=1$，$E(\varepsilon)=0$，并且 Cov（ε）是一个对角矩阵。注意：因子分析提供解并不唯一	因子分析法与主成分分析法有很大的联系，但两者的目的不同。主成分分析是为了描述或寻找一些不相关的成分来替代初始特征变量，目的是确定各个原始特征变量线性组合的正交成分。而因子分析法代表了一个数据模型，更为精巧

续表 5 -21

序号	降维方法	算法思想	使用说明
6	用户自定义合成法	用户自定义合成是将几个变量组合成一个单一合成因子的简单线性组合方法。用户自定义合成采用如下的形式：$W = a' Z = a_1 Z_1 + a_2 Z_2 + \cdots + a_k Z_k$ 其中，$\Sigma_{i=1\cdots k}\ a_i = 1$，$k \leqslant m$，并且 Z_i 是标准化变量。权重 a_i 可以是 $1/k$，$i = 1, 2 \cdots k$，也可以由有经验的专家指定	用户自定义合成方法依赖于专家以前的研究成果或已有的经验知识

5. 大数据标注处理

数据标注是为有监督的机器学习模型准备学习样本的，无监督的机器学习模型无须数据标注。目前，数据标注主要由人工完成，工作量大，效率低。在特征工程领域，应用机器学习方法研究半自动标注及自动标注是主要的研究内容。但是，随着大数据分析、挖掘及人工智能应用从有监督学习向无监督学习或迁移学习的转变，数据标注的需求在逐步减少。

5.6 应用层开发，大数据建模

5.6.1 大数据建模之数据分析

1. 大数据分析与大数定律

大数定律是概率论与数理统计中一种描述当对客观世界某个对象的观察次数很大时所呈现的概率性质的定律。大数定律揭示的是一种自然规律，有严格的数学证明。

有代表性的三个重要的大数定律是：切比雪夫大数定理、伯努利大数定理以及辛钦大数定理。伯努利大数定理以及辛钦大数定理是切比雪夫大数定理的特例。

切比雪夫大数定理：设 x_1，x_2，…，x_n 是一列相互独立的随机变量（两两不相关），它们分别存在期望 $E(x_k)$ 和方差 $D(x_k)$，若存在常数 C 使得：$D(x_k) \leqslant C(k = 1,2,\cdots,n)$，则对任意小的正数 ε，有：

$$\lim_{n\to\infty}P\left\{\left|\frac{1}{n}\sum_{k=1}^{n}x_k-\frac{1}{n}\sum_{k=1}^{n}Ex_k\right|<\varepsilon\right\}=1$$

定理表明：随着分析样本容量 n 的增加，分析样本平均数将接近于总体平均数。大数定理为统计推断中依据分析样本平均数估计总体平均数提供了理论依据。

2. 大数据分析与机器学习

机器学习问题的本质是解目标函数（模型）的优化问题，对事物建模时，用 θ 表示模型的参数。注意，解决问题的本质就是求 θ。在如何求 θ 问题上，目前有两个学派：①频率学派（MLE，Maximum Likelihood Estimation）——最大似然估计；②贝叶斯学派（MAP，Maximum A Posteriori）——最大后验估计。两个学派的差别表现在对 θ 的认识上。

（1）频率学派。

参数 θ 是客观存在的固定值，存在唯一的 θ 值，使用最大似然估计方法对参数 θ 进行估计得到，最大似然估计方法是在已知一些观测结果的情况下，对研究对象性质的参数进行估计的方法。在大数据分析及机器学习建模时，用最大似然估计方法估计参数 θ 后，机器学习模型对客观世界的对象预测未来可能发生的结果。

统计学中，似然函数是一种关于统计模型参数的函数。给定输出 x 时，关于参数 θ 的似然函数 $L(\theta \mid x)$（在数值上）等于给定参数 θ 后变量 X 的概率：$L(\theta \mid x) = P(X = x \mid \theta)$。

（2）贝叶斯学派。

参数 θ 是一个随机变量，满足一定的概率分布。在大数据分析及机器学习建模时，给出参数 θ 的先验概率，机器学习模型在给出参数 θ 先验概率的情况下，对客观世界的对象预测未来可能发生的结果。

在大数据环境下，如果把客观世界对象的观测频率作为客观世界对象的先验概率，则频率学派和贝叶斯学派便殊途同归了。

3. 基于频率的大数据分析

设刻画研究对象的特征向量为：（T_1，T_2，…，T_M），特征 T_i（$i=1$，2，…，M）的取值向量为：（$X_{i,1}$，$X_{i,2}$，…，X_i，i_k），大数据分析的目标为：（G_1，G_2，…，G_N），则可以使用表 5-22 定义基于频率分析的大数据分析方法。

表 5 – 22　基于频率分析的大数据分析方法

频率分析		关联目标 G_1 的频率	关联目标 G_2 的频率	…	关联目标 G_N 的频率
特征	取值				
T_1	$X_{1,1}$	$G_{1,1}^1$	$G_{1,1}^2$	…	$G_{1,1}^N$
	…	…	…	…	…
	$X_{1,1k}$	$G_{1,1k}^1$	$G_{1,1k}^2$	…	$G_{1,1k}^N$
T_2	$X_{2,1}$	$G_{2,1}^1$	$G_{2,1}^2$	…	$G_{2,1}^N$
	…	…	…	…	…
	$X_{2,2k}$	$G_{2,2k}^1$	$G_{2,2k}^2$	…	$G_{2,2k}^N$
…	…	…	…	…	…
T_M	$X_{M,1}$	$G_{M,1}^1$	$G_{M,1}^2$	…	$G_{M,1}^N$
	…	…	…	…	…
	$X_{M,Mk}$	$G_{M,Mk}^1$	$G_{M,Mk}^2$	…	$G_{M,Mk}^N$

4. 大数据分析与信息熵

（1）信息熵最初定义。

信息论之父香农（C. E. Shannon）在 1948 年发表的论文《通信的数学理论》（*A Mathematical Theory of Communication*）中指出：任何信息都存在冗余，冗余大小与信息中每个符号（数字、字母或单词）的出现概率或者说不确定性有关。香农借鉴热力学的概念，把信息中排除了冗余后的平均信息量称为“信息熵”，并给出了计算信息熵的数学表达式。

（2）信息熵现代定义。

逆维纳定义：信息熵是物质、能量、信息及其属性的标示。

逆香农定义：信息熵是确定性的增加。

2002 年定义：信息熵是事物现象及其属性的标识。

（3）信息熵计算公式。

若信源符号有 n 种取值：$U_1 \cdots U_i \cdots U_n$，对应概率为 $P_1 \cdots P_i \cdots P_n$，且各种符号的出现彼此独立，则信源的平均不确定性为单个符号不确定性 $-\log P_i$ 的统计平均值（E），称为信息熵。即：

$$H(U) = E\{-\log p_i\} = -\sum_{i=1}^{n} P_i \log p_i$$

5. 大数据之关联规则分析

关联分析是发现存在于大量数据集中变量组件关联性或相关性的一种简单实用的分析方法，描述一个事物中某些特征变量同时出现的规律和模式。这种规律和模式可以表示为形如“由于某些事件的发生而引起另外一些事件的发生”之类的所谓关联规则。

（1）关联规则分析中的概念。

假设 TID 代表数据集的记录号，Items 代表数据集的一条记录（或称为事务），则对数据集特征变量［Item-X_i］与特征变量［Item-X_j］进行关联分析，就是要找出关联规则［Item-X_i］→［Item-X_j］。代表的意义是：由［Item-X_i］出现导出［Item-X_j］出现的可能性。

①事务：数据集中每一条记录（Item）称为一个事务。

②项：组成记录的变量取值，一条记录由多个变量取值［Item-X_i］组成（$i=1, 2, \cdots$）。

③项集：包含零个或多个项的集合叫作项集。

④k - 项集：包含 k 个项的项集叫作 k - 项集。

⑤支持度计数：一个项集出现在数据集事务中的数量。

⑥支持度：支持度计数除以数据集总的事务数。

⑦频繁项集：支持度大于或等于某个阈值的项集称为频繁项集。

⑧前件和后件：对于规则［Item-X_i］→［Item-X_j］，［Item-X_i］称为前件，［Item-X_j］称为后件。

⑨置信度：对于规则［Item-X_i］→［Item-X_j］，{［Item-X_i］，［Item-X_j}的支持度计数除以{［Item-X_i］}的支持度计数，称为这个规则的置信度。

⑩强关联规则：大于或等于最小支持度阈值和最小置信度阈值的规则称为强关联规则。关联分析的目标就是要找出强关联规则。

（2）关联规则分析方法。

Apriori 算法是最著名的关联分析算法之一。Apriori 算法使用一种称作逐层搜索的迭代方法 k - 项集用于探索（$k+1$）- 项集。首先找出频繁 1 - 项集的集合，记做 L_1，L_1 用于找出频繁 2 - 项集的集合 L_2，再用于找出 L_3，如此迭代下去，直到不能找到频繁 k - 项集为止。注意，算法找每个 L_k 需要扫描一次数据库，算法效率较低。利用 Apriori 算法的重要性质“一个频繁项集的任一子集也是频繁项集”，可以有效缩小频繁项集的搜索空间。

（3）关联规则 Apriori 算法的优化。

①基于划分的算法。该算法先把数据库从逻辑上分成几个互不相交的块，每次单独考虑一个分块并对它生成所有的频繁项集，然后把产生的频繁项集合并，用来生成所有可能的频繁项集，最后计算这些项集的支持度。这里分块的大小选择要使得每个分块可以被放入主存，每个阶段只需被扫描一次。而算法的正确性是由“每一个可能的频繁项集至少在某一个分块中是频繁项集”保证的。此算法可以高度并行执行，做法是把每一分块分别分配给某一个处理器生成频繁项集。产生频繁项集的每一个循环结束后，处理器之间进行通信产生全局的候选频繁项集。

②基于 Hash 的算法。Park 等人提出了一个高效地产生频繁项集的基于杂凑（Hash）的算法。实验发现，寻找频繁项集的主要计算是在生成频繁 2—项集 L_k 上，Park 等人利用这个性质引入杂凑技术来改进产生频繁 2—项集。

③基于采样的算法。基于前一遍扫描得到的信息，进行详细的组合分析，可以得到一个改进的算法，其基本思想是：先使用从数据库中抽取出来的采样得到一些在整个数据库中可能成立的规则，然后对数据库的剩余部分验证这个结果。这个算法相当简单并显著地减少了算力代价，但其一个很大的缺点就是产生的结果不精确，即存在所谓的数据倾斜（dataskew）。分布在同一页面上的数据时常是高度相关的，不能表示整个数据库中模式的分布，由此而导致的是采样 5% 的交易数据所付出的代价与扫描一遍数据库相近。

④减少事务个数的算法。减少用于未来扫描事务集的大小，基本原理就是当一个事务不包含长度为 k 的大项集时，则必然不包含长度为 $k+1$ 的大项集。从而可以将这些事务删除，在下一遍扫描中就可以减少要进行扫描的事务集的个数。这是 AprioriTid 的基本思想。

（4）FP-growth 算法。

由于 Apriori 方法的固有缺陷，即使进行了优化，其效率也仍然不能令人满意。2000 年，Han Jiawei 等人提出了基于频繁模式树（Frequent Pattern Tree，简称为 FP-tree）发现频繁模式的算法 FP-growth。

FP-growth 算法通过两次扫描事务数据库，把每个事务所包含的频繁项目按其支持度降序压缩存储到 FP-tree 中。在后面发现频繁模式的过程中，不需要再扫描事务数据库，而仅在 FP-tree 中进行查找即可，并通过递归调用 FP-growth 的方法来直接产生频繁模式，而不需要产生候选模式。此算法克服了 Apriori 算法存在的问题，在执行效率上明显高于 Apriori 算法。

（5）关联规则的生成。

找到频繁项集后，把频繁项集分成前件和后件两部分，然后求规则前件→后件的置信度，如果大于最小置信度阈值，则它就是一条强关联规则。注意，把频繁项集分成前件和后件的分法有多种，可以对其进行一些优化（关联分析资料来自科普中国·科学百科）。

6. 大数据之探索性分析

大数据的探索性分析一般使用直方图和茎叶图作为分析的工具，是一种将数据可视化的分析方法。探索性分析揭示数据集的分布情况，对时间序列数据和变换数据，利用散列矩阵图可以展示变量之间的关系。探索性分析一般展示数据分布（如散点图等）、汇总统计量、均值、最大值、最小值、上下四分位数值和异常值等。

使用图表工具对大数据进行探索性分析的方法非常灵活，分析人员对数据集的先验知识对指导大数据探索分析十分重要。一般可以参考下述方法对大数据进行探索性分析。

（1）明确探索分析的目标。

分析者必须首先明确探索分析的目标。在二维或三维空间可视化数据，如何选择坐标轴变量（特征变量）？需要揭示哪些可能相关的数据之间的关系？等等。

（2）确定基本的图表类型。

确定哪种图形工具能更好地揭示大数据探索分析的目标，可以是饼图、线图、直方图、散点图、表面图、地图、网络图等。是否使用数据点的大小及颜色表示数据语义？坐标轴变量取值的间隔如何？等等。

（3）确定展示的最大信息量指标。

图上展示的统计量数据，对探索分析数据的作用是不一样的。绝对值、相对值、均值、最大值、最小值、异常值等均与探索分析的目标相关，确定对探索分析目标能够提高最大信息量的统计量数据指标是十分重要的。

（4）确定基本图表的绘图方法。

确定展示大数据探索分析的绘图方法，主要有静态图、动态图、渐变图、缩放图、透视图、雷达图等。

5.6.2 大数据建模之8种基本数据挖掘模型

大数据建模的是构建数据挖掘模型的过程，构建数据挖掘模型并非一蹴而就的事，需要在大数据的支持下，首先选择初始的基本数据挖掘模型，然后，应用机器学习方法在大数据集上不断地对选择的基本数据挖掘模型进行迭代训练学习，直到迭代训练学习后的模型达到符合可接受的应用性能时为止。基本数据挖掘模型的选择有赖于5.6.1节介绍的大数据建模之数据分析的指导，同时还有赖于人们解决同类问题或相似问题时所拥有经验之启发。

可供选择的基本数据挖掘模型有：朴素贝叶斯模型、逻辑回归模型、线性回归模型、K－最近邻模型、决策树模型、支持向量机（SVM）模型、神经网络模型以及聚类模型8种。以上述8种基本数据挖掘模型为基础，又衍生出随机森林模型、梯度提升决策树（GBDT）模型、自适应提升（AdaBoost）模型、深度学习模型、层次聚类模型以及图团体聚类模型等。表5－23简单介绍了8种基本数据挖掘模型。

表5－23　8种基本数据挖掘模型

序号	基本模型	基本模型算法思想、优缺点及应用场景	
1	朴素贝叶斯	算法思想	属于生成式模型。朴素贝叶斯模型是一个关于随机事件 A 和 B 的条件概率的贝叶斯定理： $P(A\mid B)=\dfrac{P(AB)}{P(B)}$
		优点	1）朴素贝叶斯模型发源于古典数学理论，有着坚实的数学基础，以及稳定的分类效率； 2）对小规模的数据表现很好，能够处理多分类任务，适合增量式训练； 3）对缺失数据不太敏感，算法也比较简单，常用于文本分类
		缺点	1）需要计算先验概率； 2）分类决策存在错误率； 3）对输入数据的表达形式很敏感
		应用	有监督学习

续表 5－23

序号	基本模型	基本模型算法思想、优缺点及应用场景	
2	逻辑回归	算法思想	属于判别式模型，有很多正则化模型的方法（L0，L1，L2，etc），而且不必像在用朴素贝叶斯那样担心数据的特征是否相关
		优点	1）实现简单，广泛地应用于工业问题上； 2）分类时计算量非常小，速度很快，存储资源低； 3）便于观测样本概率分布； 4）对逻辑回归而言，多重共线性并不是问题，它可以结合 L2 正则化来解决该问题
		缺点	1）当特征空间很大时，逻辑回归的性能不是很好； 2）容易欠拟合，一般准确度不太高； 3）不能很好地处理大量多类特征变量
		应用	有监督学习
3	线性回归	算法思想	线性回归是用于回归的，而不像逻辑回归是用于分类，其基本思想是用梯度下降法对最小二乘法形式的误差函数进行优化，也可以用正规方程（normal equation）直接求得参数的解，结果为： $\hat{\omega} = (X^TX)^{-1}X_y^T$
		优点	实现简单，计算简单
		缺点	不能拟合非线性数据
		应用	有监督学习
4	K－最近邻	算法思想	1）计算训练样本和测试样本中每个样本点的距离（常见的距离度量有欧式距离、马氏距离等）； 2）对上面所有的距离值进行排序； 3）选前 k 个最小距离的样本； 4）根据这 k 个样本的标签进行投票，得到最后的分类类别
		优点	1）理论成熟，思想简单，既可以用来做分类也可以用来做回归； 2）可用于非线性分类； 3）训练时间复杂度为 $O(n)$； 4）对数据没有假设，准确度高，对离群值（outlier）不敏感
		缺点	1）计算量大； 2）样本不平衡问题的影响； 3）需要大量的内存
		应用	有监督学习

续表 5 – 23

序号	基本模型	基本模型算法思想、优缺点及应用场景	
5	决策树	算法思想	决策树是一种树形结构，其中每个内部节点表示一个特征上的测试，每个分支代表一个测试输出，每个节点代表一种类别
		优点	1）计算简单，易于理解，可解释性强； 2）比较适合处理有缺失属性的样本； 3）能够处理不相关的特征； 4）在相对短的时间内能够对大型数据源做出可行且效果良好的结果
		缺点	1）容易发生过拟合（随机森林可以很大程度上减少过拟合）； 2）忽略了数据之间的相关性； 3）对于那些各类别样本数量不一致的数据，在决策树中，信息增益的结果偏向于那些具有更多数值的特征（只要是使用了信息增益，都会有这个缺点）
		应用	有监督学习
6	支持向量机	算法思想	高准确率，为避免过拟合提供了很好的理论保证，而且即便数据在原特征空间线性不可分，只要给出合适的核函数，它就能运行得很好。在超高维的文本分类问题中特别受欢迎。只是内存消耗大，难以解释，运行和调参比较复杂，随机森林可避开这些缺点，比较实用
		优点	1）可以解决高维问题，即大型特征空间； 2）能够处理非线性特征的相互作用； 3）无须依赖整个数据； 4）可以提高泛化能力
		缺点	1）当观测样本很多时，效率并不是很高； 2）对非线性问题没有通用解决方案，有时很难找到一个合适的核函数； 3）对缺失数据敏感
		应用	有监督学习

续表 5－23

序号	基本模型	基本模型算法思想、优缺点及应用场景	
7	神经网络	算法思想	神经网络是一种计算模型，由大量的节点（神经元）之间相互联结构成。每个节点代表一种特定的输出函数，称为激励函数
		优点	1）分类的准确度高； 2）并行分布处理能力强，分布存储及学习能力强，对噪声神经有较强的鲁棒性和容错能力，能充分逼近复杂的非线性关系； 3）具备联想记忆的功能
		缺点	1）神经网络需要大量的参数，如网络拓扑结构、权值和阈值的初始值； 2）不能观察节点之间的学习过程，输出结果难以解释，会影响到结果的可信度和可接受程度； 3）学习时间过长，甚至可能达不到学习的目的
		应用	有监督学习
8	K－Means聚类及衍生出的聚类模型	算法思想	K－Means聚类是硬聚类方法，是典型的基于原型的目标函数聚类方法的代表，它用数据点到原型的某种距离作为优化的目标函数，利用函数求极值的方法得到迭代运算的调整规则
		优点	1）算法简单，容易实现； 2）对处理大数据集，该算法是相对可伸缩的和高效率的，因为它的复杂度大约是 O（nkt），其中 n 是所有对象的数目，k 是簇的数目，t 是迭代的次数。通常 $k<<n$。这个算法通常局部收敛； 3）算法尝试找出使平方误差函数值最小的 k 个划分。当簇是密集的、球状或团状的，且簇与簇之间区别明显时，聚类效果较好
		缺点	1）对数据类型要求较高，适合数值型数据； 2）可能收敛到局部最小值，在大规模数据上收敛较慢； 3）k 值比较难以选取； 4）对初值的簇心值敏感，对于不同的初始值，可能会导致不同的聚类结果； 5）不适合于发现非凸面形状的簇，或者大小差别很大的簇； 6）对于“噪声”和孤立点数据敏感，少量的该类数据能够对平均值产生极大影响
		应用	无监督学习

5.6.3 由基本数据挖掘模型衍生的其他数据挖掘模型

1. K-Means 聚类模型衍生的 2 种聚类模型

K-Means 聚类模型衍生出的有代表性的聚类模型有：层次聚类模型及图团体聚类模型等。选择聚类模型建模，机器学习训练使用的大数据集无须进行标注，这是一个无监督的机器学习过程。表 5－24 介绍 K-Means 聚类及衍生的聚类模型算法步骤，并对模型算法进行简单的讨论。

表 5－24　K-Means 聚类及衍生的聚类模型算法步骤及讨论

序号	模型名称	模型算法说明	模型算法讨论
1	K-Means 聚类	算法步骤： 1）随机将每个样本数据分配到 k 类中的一类； 2）计算每个类的平均值； 3）将每个样本分配到与其最接近的均值的类别中； 4）计算各类的均值； 5）转步骤 3）直到不再需要新的分配为止	算法讨论： 1）聚类算法的最初聚类（称为种子聚类）可以有 2 种方式完成。一种选择种子聚类的方法是：随机将样本数据分成一组，然后计算各组的均值，这种方法可能会导致最初的均值彼此接近，将增加算法迭代的次数； 2）另一种选择种子聚类的方法是：每类仅一个样本数据，然后将其他样本分配到与其最接近的种类。这种方法返回的聚类是更敏感的初始种子，从而减少了高度变化的数据集中的重复性。这种方法有可能会减少算法迭代次数，使聚类收敛的时间变得更少； 3）K-Means 聚类的一个限制是必须事先提供预期的聚类数量。目前有一些用于评估特定聚类的拟合方法，如使用聚类内平方和（WCSS，within-cluster sum of squares）可以测量每个聚类内的方差。聚类越好，整体 WCSS 就越低
2	层次聚类	算法步骤： 1）计算样本数据 i 和 j 之间距离矩阵； 2）将距离最接近的两个样本数据编为一组（对），并计算它们的平均值	算法讨论： 1）算法从单个样本数据点开始迭代，将数据点聚合到一起，直到成为一个大型的聚类； 2）算法也可以从整个样本集合（聚类）开始，将样本数据分解为更小的聚类，直到分解为独立的样本数据点时为止

续表5-24

序号	模型名称	模型算法说明	模型算法讨论
2	层次聚类	3）将编组的样本合并成一个样本，并生成一个新的样本距离矩阵； 4）转步骤2）直到所有的样本数据获得合并时为止	3）计算距离矩阵的方法可以有多种选择，一般情况下是使用欧几里德距离。但在一些特殊的场景中，定义别的距离公式可能会更加有效； 4）层次聚类方法生成一个树状图，可以通过给定高度切割树状图以返回分割出的聚类（子图）； 5）样本数据连接编组的方法可以灵活定义。一种定义最近距离的方法是：计算每一聚类平均值之间的距离，将其作为最近距离进行聚类配对；另一种定义最近距离的方法可以是：每个聚类有几个离散点组成，可以将两个聚类间的距离定义为任意点间的最小（或最大）距离
3	图团体聚类	算法步骤（快速贪婪模块性最大化算法）： 1）初始分配每个顶点到其自己的团体，要求每个团体对至少被一条单边链接，如果有两个团体融合到了一起，该算法就计算由此造成的模块性改变 ΔM； 2）计算整个网络的模块性 M，取 ΔM 出现了最大增长的团体对进行融合，并为这个融合（聚类）计算并记录新的模块性 M	算法讨论： 1）模块性计算公式括号中的项表示了网络的真实结构和随机组合时的预期结构之间的差，L代表网络中边的数量，A_{ij}代表顶点 i 和 j 之间的边数，Ki，kj 代表顶点的度，可以通过将每一行每一列的项相加得到。当 $A_{ij}=1$ 且（$k_i k_j$）/2L 很小时，其返回的值最高。这意味着，当在定点 i 和 j 之间存在一个“非预期”的边时，得到的值更高； 2）当将括号中的项与 δ 函数相乘时，对于嵌套求和 Σ，当有大量“意外的”连接顶点的边被分配给同一个聚类时，其结果是最高的。因此，模块性是一种用于衡量将图聚类成不同的团体程度的方法； 3）除以 $2L$ 将模块性的上限值设置成了1。模块性接近或小于0表示该网络的当前聚类没有用处。模块性越高，该网络聚类成不同团体的程度就越好。通过将模块性最大化，我们可以找到聚类该网络的最佳方法

续表 5 - 24

序号	模型名称	模型算法说明	模型算法讨论
3	图团体聚类	3）重复算法步骤 1）及算法步步骤 2），每一次都融合团体对，最后可得到 ΔM 的最大增益，记录新的聚类模式及其相应的模块性分数 M； 4）当样本集的所有顶点被分组成一个巨型聚类时，算法停止；算法检查这算法过程中的记录，并找到其中返回最高 M 值的聚类模式（团体结构）。 注意，模块性的计算公式： $M = \frac{1}{2L}\sum_{i,j=1}^{N}(A_{ij} - \frac{k_i k_j}{2L})\delta c_i, c_j$ M：计算的模块性； L：网络中边的数量； Σ：求和； A_{ij}：邻接矩阵中第 i 行、第 j 列的值； k_i 和 k_j：是指每个顶点的度（degree），将每一行和每一列的项相加的和；两者相乘除以 $2L$ 表示当该网络是随机分配的时候顶点 i 和 j	4）使用穷举方法寻找最高模块性分数的聚类方式需要大量计算，即使对一个很小的有限数量的样本也是海量的计算工作量，必须设计有效的启发式规则进行指导。 2 个著名的图团体聚类算法： 1）Larry Page 著名的 PageRank 算法，是一个完全基于图论的算法，该算法使谷歌公司在不到十年之内从创业公司成长为著名的互联网公司； 2）百度基于图算法的搜索引擎

续表5-24

序号	模型名称	模型算法说明	模型算法讨论
3	图团体聚类	之间的预期边数； δ_{ci}，c_j：克罗内克 δ 函数及两个参数，如果顶点 i 和 j 已经被放进了同一个聚类，那么 δ_{ci}，$c_j=1$；否则它们不在同一个聚类，函数返回0	

2. 由基本数据挖掘模型衍生的4种数据挖掘模型

由8种基本数据挖掘模型还可衍生出随机森林模型、梯度提升决策树（GBDT）模型、自适应提升（AdaBoost）模型以及深度学习模型等。表5-25概括了这些衍生模型的算法思想、优缺点以及应用场景。

表5-25　4种衍生的数据挖掘模型

序号	衍生模型	衍生模型算法思想、优缺点及应用场景	
1	随机森林	算法思想	随机森林是一个包含多个决策树的分类器，随机森林可以用于回归也可以用于分类。随机森林中每个决策树都有一个自己的结果，随机森林通过统计每个决策树的结果，选择投票数最多的结果作为其最终结果
		优点	1）表现性能好，与其他算法相比有着很大优势； 2）可以直接处理高维数据，无须做特征选择； 3）模型训练完后，能够给出比较重要的特征信息； 4）创建随机森林时，使用的是无偏估计，模型泛化能力强； 5）可以并行训练随机森林模型，训练速度快； 6）训练过程能够检测到特征间的互相影响； 7）算法实现比较简单； 8）对于不平衡的数据集，可以平衡误差； 9）具有较强的抗干扰能力，即数据集特征缺失较多时，仍可维持较高的准确度

续表 5－25

<table>
<tr><th>序号</th><th>衍生模型</th><th colspan="2">衍生模型算法思想、优缺点及应用场景</th></tr>
<tr><td rowspan="2">1</td><td rowspan="2">随机森林</td><td>缺点</td><td>1）在解决回归问题时，并没有像它在分类中表现得那么好，在某些特定噪声的数据上可能出现过度拟合；
2）无法控制模型内部的运行，只能在不同的参数和随机种子之间进行尝试；
3）可能会有很多相似的决策树，掩盖了真实的结果；
4）对于小数据集或低维数据，模型表现不是很理想；
5）相对于决策树，算法性能较差</td></tr>
<tr><td>应用</td><td>有监督学习</td></tr>
<tr><td rowspan="4">2</td><td rowspan="4">梯度提升决策树</td><td>算法思想</td><td>GBDT（gradient boosting decision tree）又叫 MART（multiple additive regression tree），是一种迭代的决策树算法，该算法由多棵决策树组成，所有树的结论累加起来作为模型的输出</td></tr>
<tr><td>优点</td><td>1）梯度提升决策树是监督学习中最强大也最常用的模型之一；
2）不需要对数据进行缩放就可以表现出模型的性能，也适用于处理二元特征与连续特征同时存在的数据集</td></tr>
<tr><td>缺点</td><td>1）调整优化参数过程比较复杂，训练时间可能比较长；
2）一般不适用于高维稀疏数据集</td></tr>
<tr><td>应用</td><td>有监督学习</td></tr>
<tr><td rowspan="4">3</td><td rowspan="4">自适应提升</td><td>算法思想</td><td>AdaBoost（Adaptive Boosting），自适应模型训练过程：前一个基本分类器（弱分类器）分错的样本得到加强，加权后的全体样本再次被用来训练下一个基本分类器（弱分类器）。算法在每一轮迭代中加入一个新的弱分类器，直到达到某个预定的足够小的错误率或达到预先指定的最大迭代次数时为止</td></tr>
<tr><td>优点</td><td>1）算法简单，容易实现；
2）一般无参数需要调整；
3）无需担心过拟合</td></tr>
<tr><td>缺点</td><td>1）不能保证模型的解是最优解；
2）对噪声很敏感</td></tr>
<tr><td>应用</td><td>有监督学习</td></tr>
</table>

续表5－25

序号	衍生模型	衍生模型算法思想、优缺点及应用场景	
4	深度学习	算法思想	深度神经网络表现在神经网络的层数、每层隐含的节点数、每个隐含节点的激活函数以及层与层之间的连接等方面，构建好深度神经网络后，网络的训练变成是层与层之间权重的学习，权重学习算法有梯度下降算法、共轭梯度法、拟牛顿法L－BMG以及信赖域方法等
		优点	1）具有强大的拟合能力，可以逼近任何复杂的函数； 2）对维度没有限制，可以是无穷维； 3）许多基本的数据挖掘模型，如支持向量机、逻辑回归等均可以在一定程度上看作神经网络的特例，可以由神经网络来完成； 4）可以和概率模型相结合，使得网络具有推理能力，加入随机因素后，可以使网络的推理能力得以提升； 5）表达能力十分强大，与受限玻尔兹曼机、贝叶斯网络结合，可以构建深度玻尔兹曼机、深度贝叶斯网络，使网络的表征能力进一步地提升；并以此为基础，实现自编码，使深度神经网络可以无监督地学习数据特征，为自动特征工程提供支持
		缺点	1）虽然深度神经网络拟合模型的能力越来越强大，但是往往会出现过拟合的情形，导致泛化能力差； 2）要学习的参数越来越多，深度神经网络的自由度越来越大，导致训练深度神经网络模型的复杂性很高；对复杂的深度神经网络的训练，也容易陷入局部极小值而无法跳出
		应用	有监督学习/无监督学习

5.6.4 大数据建模基本模型选择技巧

国外有专家提出了一个简单而实用的数据挖掘基本模型选择的技巧。

（1）首先应该选择逻辑回归模型，如果它的效果理想，则可以将其结果作为参考基准，与此基准跟其他模型进行比较。

（2）其次可以尝试决策树（随机森林）模型，看是否可以大幅度提升模型的性能。即便最终模型不是由这种基本模型构建的，也可以使用这种基本模型消除噪声变量，为数据的特征变量选择提供辅助决策信息。

（3）如果数据特征多以及数据量规模大，在计算资源和时间充足的情况下，使用支持向量机基本模型也不失为明智的一种选择。

在数据挖掘实践中，国内也有专家提出一般的选择思路，即梯度提升决策树 GBDT→支持向量机 SVM→回归→K－均值聚类→自适应提升 AdaBoost→其他模型。

本书的观点是：大数据挖掘实践，初始基本模型选择应该首先考虑被挖掘对象的大数据特点，通过大数据分析，在初步认识挖掘目标的大数据特征基础上，结合同类或相似大数据挖掘目标的启发规则，选择合适的基本数据挖掘模型作为机器学习的训练模型。

借由一个渔翁外出打渔的故事来进一步阐释该观点。故事的大意是，村里有两个渔翁以打渔谋生。渔翁甲在每天外出打渔前，先到附近河沟调查渔情，回来后针对打渔目标织网，然后用织好的网外出打渔，每天都是满载而归，日子过得红红火火。渔翁乙在每天外出打渔前，先在家里精心织渔网，然后用精心织好的网外出到处游逛打渔，经常空手而归，日子过得十分艰难。

在如何选择大数据挖掘初始基本模型的问题上，这个渔翁打渔的故事很有启发。选择大数据挖掘初始基本模型的工作要像渔翁甲那样，外出打渔前，不要忙着织渔网，把外面的渔情调查清楚再织网也不迟。

5.6.5 K 折交叉验证之机器学习选择基本数据挖掘模型的方法

使用交叉验证技术机器学习选择基本数据挖掘模型的做法是：首先对大数据集 D 进行不同的训练集/验证集的划分；然后对候选的基本数据挖掘模型进行多组训练集/验证集的学习训练，在多组训练集/验证集学习训练的基础上，选择具有最小泛化误差的模型作为最后选定的基本数据挖掘模型；最后，对这个选定的基本数据挖掘模型交给机器学习训练算法进行参数调优，得到最终用于建模的基本数据挖掘模型。

K 折交叉验证机器学习选择基本数据挖掘模型的算法如表 5－26 所示。

表 5－26　K 折交叉验证机器学习选择基本数据挖掘模型

算法步骤	任务	说明
1	划分大数据集 D	将 D 划分为：$D_1 \cup D_2 \cup ... \cup D_K$，$D_i \neq D_j$（$i \neq j$）

续表5-26

算法步骤	任务	说明
2	候选基本数据挖掘模型 M_i 的交叉验证	对于候选的每一个基本数据挖掘模型 M_i，在数据集 D_1，D_2，…，D_K 上执行对应的机器学习算法共 k 次，每次选择一个 D_j 作为验证集，而其他作为训练集对模型 M_i 进行训练，把训练得到的模型在 D_j 上进行验证，得到模型 M_i 的误差 E_i，最后对 k 次得到的误差求平均值，得到模型 M_i 对应的泛化误差 E_i
3	确定基本数据挖掘模型	选择第2步中具有最小泛化误差的模型作为最后确定的基本数据挖掘模型，从而完成大数据建模的基本数据挖掘模型选择工作

5.6.6 大数据建模之基本数据挖掘模型选择过程

大数据建模过程分两步进行的，第一步是选择（或设计）大数据建模的基本数据挖掘模型，选择（或设计）方法可以用大数据分析基础上专家经验的选择（或设计）方法，也可以用5.6.5节介绍的机器学习（或设计）方法。第一步工作完成后，大数据建模的第二步工作是对第一步选择（或设计）的基本模型进行机器学习训练，即对基本模型进行机器学习训练的参数调优。大数据建模的过程如图5-11所示。

5.6.7 大数据建模之基本数据挖掘模型训练及评价

在大数据建模过程中，无论是确定大数据建模的基本数据挖掘模型还是对基本数据挖掘模型进行机器学习训练的参数调优等，都需要为机器学习提供训练数据集和对训练效果进行验证的验证数据集以及对训练出来的模型进行测试的测试数据集。

训练数据集D1：用于训练模型参数，即对模型的参数进行调优；

验证数据集D2：用于模型训练过程中的参数调优效果的评价；

测试数据集D3：用于测试模型的泛化能力，不能用于模型训练的参数调优等。

上述三个数据子集D1，D2，D3是从大数据集D中分离出来的，三者的切分比例一般是 6:2:2，也可以依据大数据集以及训练对象的实际，选择其他的切分比例。

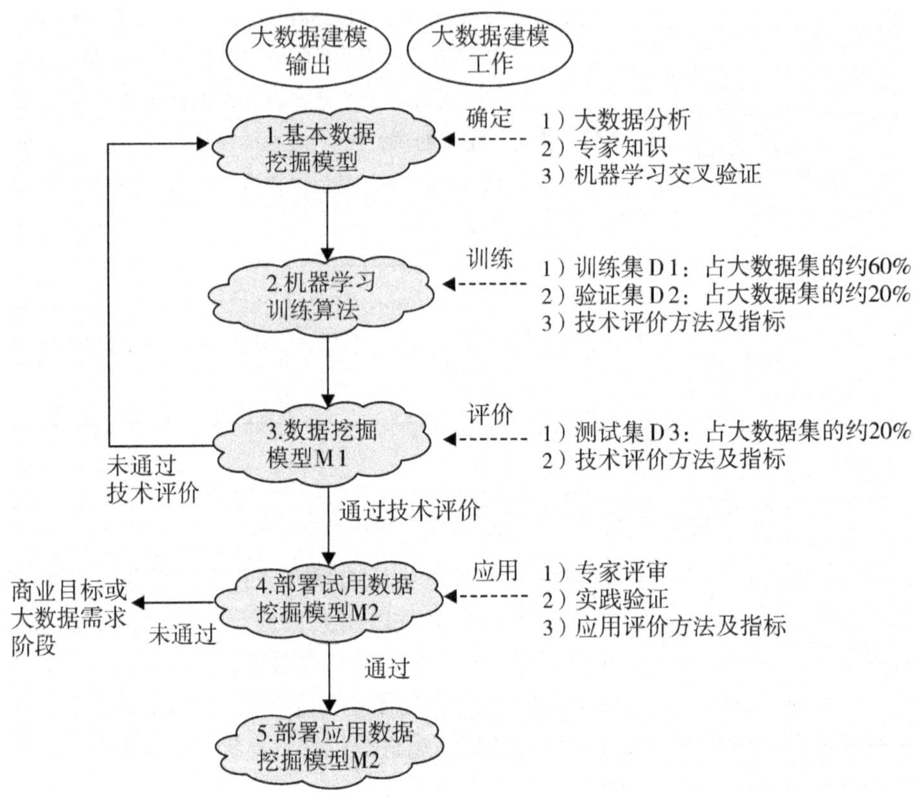

图 5－11　大数据建模过程

机器学习训练基本数据挖掘模型的通用算法框架如图 5－12 所示。

机器学习验证及测试训练好的数据挖掘模型 M1 的通用算法框架如图 5－13所示。

在大数据建模之基本模型的训练过程中，需要对模型的训练结果进行评价，评价方法参见 5.7 节的内容。

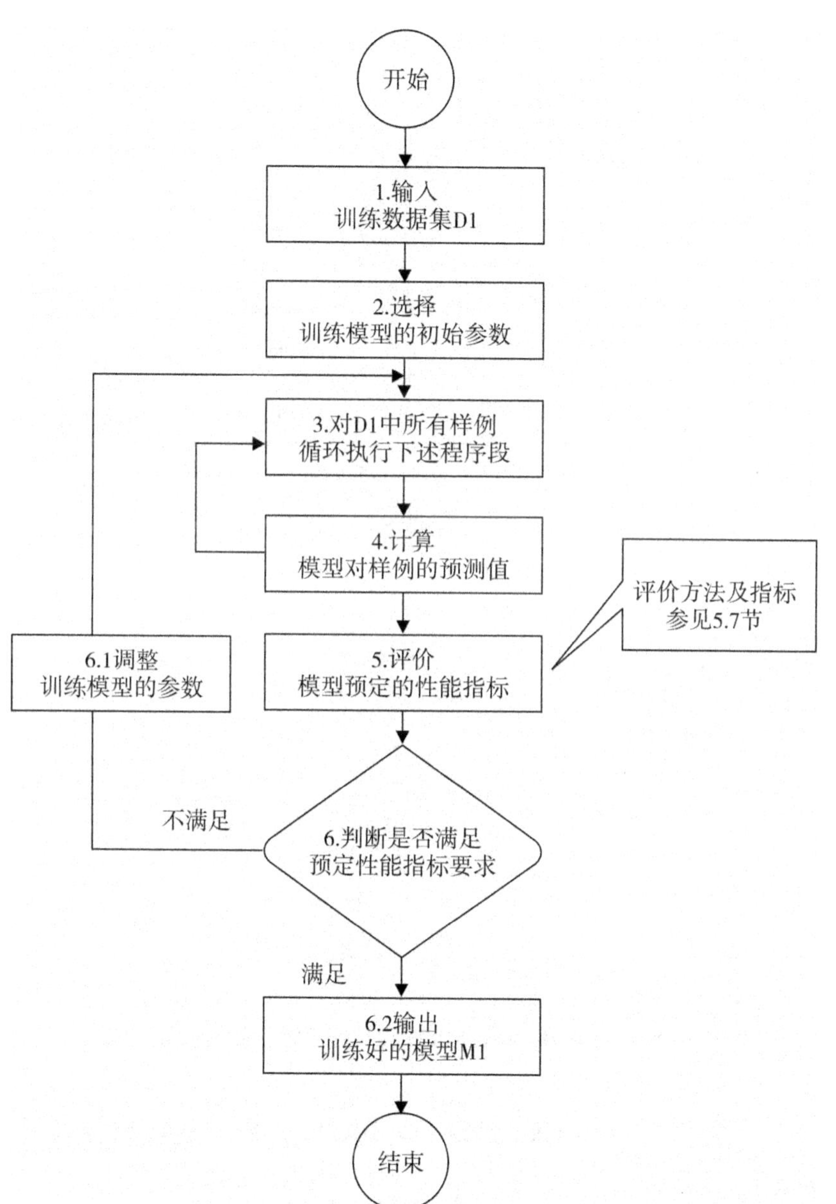

图 5－12　机器学习训练基本数据挖掘模型的通用算法框架

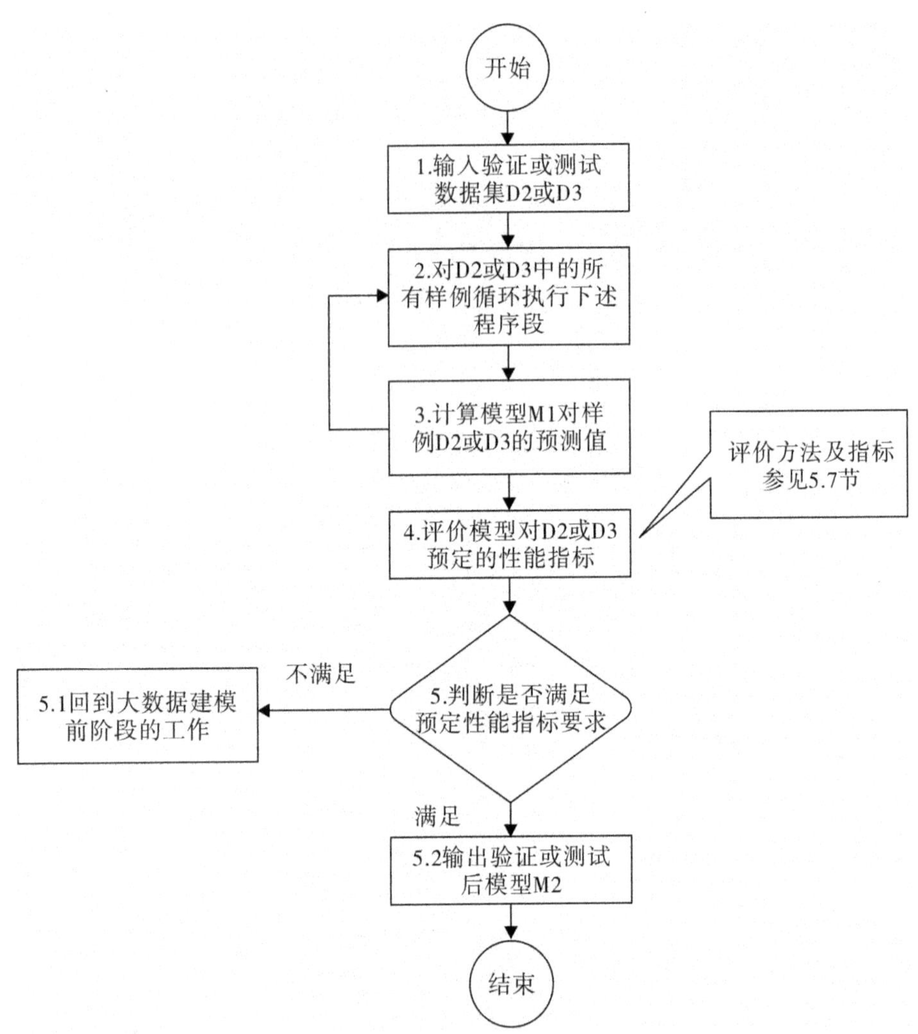

图 5－13　机器学习验证或测试数据挖掘模型的通用算法框架

5.6.8　大数据框架 Spark 计算引擎中支持大数据建模机器学习的算法模型库 MLlib

表 5－27 是 MLlib 库中包含的常用算法模型，包括分类、回归、聚类和协同过滤等机器学习算法模型。

表5－27　MLlib库中包含的常用算法模型

序号	算法模型	说明	所在类或方法（org. apache. spark. ml. classification）
1	逻辑回归	支持二元分类和多元分类	LogisticRegression
2	决策树	经典实现，支持二元分类和多元分类	DecisionTreeClassifier
3	随机森林	是决策树算法的组装，以防过拟合	RandomForestClassifier
4	梯度提升树（GBT）	是决策树算法的组装	GBTClassifier
5	多层感知机（MLPC）	基于前馈人工神经网络（ANN）的分类器	MultilayerPerceptronClassifier
6	贝叶斯分类	基于特征间独立性假设和贝叶斯概率理论实现的分类模型	NaiveBayes
7	线性回归	采用梯度下降算法实现，假设输出服从高斯分布	LinearRegression
8	广义线性回归	线性模型的因变量服从指数分布	GeneralizedLinearRegression
9	决策树回归	分类和回归算法的组装	DecisionTreeRegressor
10	随机森林回归	分类和回归算法的组装	RandomForestRegressor
11	梯度提升树（GBT）回归	决策树算法的组装	GBTRegressor
12	生存回归	参数生存回归模型，实现了加速失效时间（AFT）模型	AFTSurvivalRegression
13	保序回归	一种单调函数的回归，不需要制定目标函数	IsotonicRegression

续表 5 – 27

序号	算法模型	说明	所在类或方法 (org. apache. spark. ml. classification)
14	K-Means	经典聚类算法的实现，采用 K-means ++ 进行优化	K-Means
15	LDA	一种文档主题生成模型	LDA
16	Bisecting K-Means	二分 K-Means 算法实现，一种改进的 K-means 实现	BisectingK-Means
17	Gaussian Mixture Model	混合高斯模型	GaussianMixture

5.6.9 Python 语言中支持大数据建模机器学习的算法模型库

表 5 – 28 是 Python 语言中支持机器学习的算法模型库，包括分类、回归、聚类和神经网络等机器学习算法模型。

表 5 – 28 Python 语言中支持机器学习的算法模型

序号	算法模型	说明	所在库	所在类或方法
1	朴素贝叶斯	基于特征间独立性假设和贝叶斯概率理论实现的分类算法	SciKit-learn	GaussianNB
2	逻辑回归	一种对数几率模型，是离散选择法模型之一，属于多重变量分析范畴	SciKit-learn	LogisticRegression
3	线性回归	利用称为线性回归方程的最小二乘函数对一个或多个自变量和因变量之间关系进行建模的一种回归分析	SciKit-learn	linear_model
4	K-最近邻	一种用于分类和回归的非参数统计方法	SciKit-learn	KNeighborsClassifier

续表 5-28

序号	算法模型	说明	所在库	所在类或方法
5	决策树	由一个决策图和可能的结果组成的预测模型，代表的是对象属性与对象值之间的一种映射关系	SciKit-learn	DecisionTreeClassifier
6	支持向量机	是在分类与回归分析中分析数据的监督式学习模型与相关的学习算法	SciKit-learn	svm
7	神经网络	一种模仿生物神经网络的结构和功能的数学模型或计算模型，用于对函数进行估计或近似	neurolab	nl
8	K-Means 聚类	源于信号处理中的一种向量量化方法的聚类分析方法，倾向于在可比较的空间范围内寻找聚类	SciKit-learn	K-Means
9	层次聚类	通过计算不同类别数据点间的相似度来创建一棵有层次的嵌套聚类树	scipy	hierarchy
10	随机森林	利用多棵树对样本进行训练并预测的一种分类器	SciKit-learn	RandomForestClassifier
11	梯度提升决策树	以迭代方式将弱的“学习器”组合为一个强学习器的机器学习技术	SciKit-learn	GradientBoostingClassifier、GradientBoostingRegressor
12	自适应提升	一种提高任意给定学习算法准确度的方法，针对同一个训练集训练不同的分类器（弱分类器），然后把这些弱分类器集合起来，构成一个更强的最终分类器（强分类器）	SciKit-learn	AdaBoostClassifier、AdaBoostRegressor

续表 5－28

序号	算法模型	说明	所在库	所在类或方法
13	深度学习	一种以人工神经网络为架构，对资料进行表征学习的算法	Theano、TensorFlow、Caffe、Keras	

5.6.10　R 语言中支持大数据建模机器学习的算法模型库

表 5－29 是 R 语言中支持机器学习的算法模型库，包括分类、回归、聚类和神经网络等机器学习算法模型。

表 5－29　R 语言中支持机器学习的算法模型

序号	算法模型	说明	所在库	所在类或方法
1	朴素贝叶斯	基于特征间独立性假设和贝叶斯概率理论实现的分类算法	klaR	NaiveBayes
2	逻辑回归	一种对数几率模型，是离散选择法模型之一，属于多重变量分析范畴	C50	glm
3	线性回归	利用称为线性回归方程的最小二乘函数对一个或多个自变量和因变量之间关系进行建模的一种回归分析	R 语言自带	lm、predict
4	K-最近邻	一种用于分类和回归的非参数统计方法	kknn	Kknn
5	决策树	由一个决策图和可能的结果组成的预测模型，代表的是对象属性与对象值之间的一种映射关系	party	ctree
6	支持向量机	是在分类与回归分析中分析数据的监督式学习模型与相关的学习算法	e1071	svm

续表 5－29

序号	算法模型	说明	所在库	所在类或方法
7	神经网络	一种模仿生物神经网络的结构和功能的数学模型或计算模型，用于对函数进行估计或近似	neuralnet	Neuralnet、plot、Gwplot、confusionMatrix、
8	K-Means 聚类	源于信号处理中的一种向量量化方法的聚类分析方法，倾向于在可比较的空间范围内寻找聚类	R 语言自带	kmeans
9	层次聚类	通过计算不同类别数据点间的相似度来创建一棵有层次的嵌套聚类树	NbClust	NbClust
10	随机森林	利用多棵树对样本进行训练并预测的一种分类器	party randomForest	randomForest
11	梯度提升决策树	以迭代方式将弱的“学习器”组合为一个强学习器的机器学习技术	gbm	gbm
12	自适应提升	一种提高任意给定学习算法准确度的方法，针对同一个训练集训练不同的分类器（弱分类器），然后把这些弱分类器集合起来，构成一个更强的最终分类器（强分类器）	adabag	boosting
13	深度学习	一种以人工神经网络为架构，对资料进行表征学习的算法	keras	

5.7 应用层开发，模型之评价

5.7.1 混淆矩阵评价方法及评价指标

混淆矩阵是一个 $N \times N$ 矩阵，其中 N 是模型预测的类数。对于二分类问题，混淆矩阵是一个 2×2 矩阵。混淆矩阵的评价指标如表 5－30 所示。

表 5－30 混淆矩阵的评价指标

混淆矩阵		样本真实值		合计
		正类	负类合计	
预测模型结果	正类	TP	FP	TP + FP
	负类	FN	TN	FN + TN
合计		TP + FN	FP + TN	

P：表示正类样例；

N：表示负类样例；

TP：表示测试样例是正类，模型的输出也是正类，称为真正类（或称命中）；

FN：表示测试样例是正类，但模型的输出却是负类，称为假负类（或称漏报）；

FP：表示测试样例是负类，但模型的输出却是正类，称为假正类（或称误报）；

TN：表示测试样例是负类，模型的输出也是负类，称为真负类（或称为正类否定）。

5.7.2 由混淆矩阵衍生出来的评价指标

从混淆矩阵的四个评价指标 TP、FN、FP、TN，可以衍生出常用的评价指标，这些衍生出的常用评价指标如表 5－31 所示。

表5－31　由混淆矩阵衍生出的常用评价指标

序号	指标名称	计算公式	用途
1	准确率 ACC	(TP＋TN)/(TP＋FN＋FP＋TN)	评价模型预测的正确性
2	精准率	TP/(TP＋FP)	评价模型预测正类的情况
3	提升率	[TP/(TP＋FP)]/[(TP＋FN)/(TP＋FN＋FP＋TN)]	评价模型预测效果是随机预测效果提升的情况
4	查全率 TPR（召回率）	TP/(TP＋FN)	评价模型预测正类覆盖实际正类的情况
5	特异度	TN/(FP＋TN)	评价模型预测负类覆盖实际负类的情况
6	F－分数	F＝2×（准确率×召回率）/（准确率＋召回率）	使用准确率与召回率的调和平均
7	ROC 曲线	把从验证（或）测试样本集得到的［TPR，FPR］作为一个点描述，不断改变阈值 r 的选定，可以得到一系列的点［TPR，FPR］，把所有可能的阈值 r 都计算一遍，并将验证（或）测试样本集预测结果计算得到的所有［TPR，FPR］点画在坐标上，得到如图5－14所示的 ROC 曲线。r 是分类器的阈值	接受者操作特征曲线（ROC，receiver operating characteristic curve） 1）横坐标 FPR 和纵坐标 TPR 都不是阈值的坐标轴，图中没有显示阈值； 2）大弓形曲线更加靠近左上角，比小弓形曲线的预测效果更好； 3）ROC 曲线上左侧的点的解释：误查率 FPR 越低，查全率 TPR 越高
8	AUC 面积	AUC 是 Area under the Curve 的缩写，ROC 曲线下的面积	ROC 曲线的形状难于进行量化比较，引进 AUC 进行量化比较。如图5－14，大弓形曲线下面的面积最大，即其对应的预测模型最优

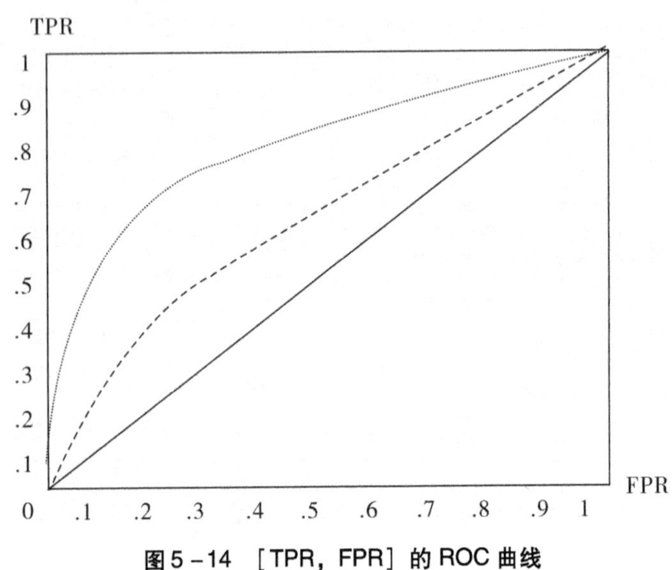

图 5－14 ［TPR，FPR］的 ROC 曲线

注：TPR（查全率）＝TP/（TP＋FN），FPR（误查率）＝FP/（FP＋TN）。

5.7.3 模型部署前的应用评价

作为模型 M 训练样例集的 D1 和作为模型 M 验证集的 D2 以及作为模型 M 测试集的 D3，它们均来自大数据样例集 D，直接参与了机器学习训练模型 M 的过程。在模型 M 部署应用前，有必要在实际应用环境中进一步测试其泛化能力，安排模型试用做进一步的完善工作。输入模型 M 的测试样例集 D4 是生产实际中即将执行的样例，待测试样例集 D4 的样例执行完成后，将模型 M 的预测结果与生产实际中的执行结果进行评价（评价方法与评价指标参见 5.7 节），评价结果可以作为模型 M 是否投入生产应用的决策依据。

5.8 应用层开发，应用之编程

5.8.1 大数据统一编程模型溯源

随着“大数据应用”分布式处理技术的快速发展，新的分布式计算引擎不断涌现，而且这些新的分布式计算引擎功能更丰富、性能更优异。用户从一种分布式计算引擎迁移到另一种新的分布式计算引擎，不但需要花额外的学习时间，还要重写应用的业务逻辑，给“大数据应用”开发带来不小的额外成本。

一个解决上述普遍性问题的思路出现了：研究开发一种高级的 API，专注于大数据处理的编程范式及接口定义，而不涉及具体执行引擎的实现，让用户迁移新的计算引擎时，无须修改业务处理逻辑的代码。这是研发大数据统一编程模型的源头想法。

与人类其他新思想、新技术的推出一样，大数据统一编程模型的推出也不是一蹴而就的。表5－32 回顾了从大数据框架起源到大数据统一编程模型的简单历史。

表5－32　从大数据框架起源到大数据统一编程模型简史

年代	问题、求解问题的思路以及求解问题的成果	
2003	提出问题	Google 的搜索业务面临处理大规模数据的应用场景，如计算网站 url 访问量和计算网页倒排索引等。 一组在分布式环境中开发部署业务逻辑的处理架构在 Google 内部的不同开发组之间展开。由于处理问题的相似性，所以开发出来的逻辑处理体系结构也是相似的，只是在数据处理方面存在一些逻辑上的差异。显然，这是一种大家一起制造相同或相似轮子的局面。 提出代码重用和开发效率问题。
	求解思路	希望有一套简洁的 API 表达数据处理的逻辑，同时，能在这一套 API 底层嵌套一套扩展性很强的容错系统，使得使用者能够专注于业务逻辑处理，而不用操心去设计分布式的容错系统。MapReduce 的架构思想由此产生。
	求解成果	2004 年，Google 发表了一篇具有划时代意义的论文 *MapReduce：Simplified Data Processing on Large Clusters*，总结了求解上述问题的研发成果。
2010	提出问题	MapReduce 很成功，越来越多的用户使用 MapReduce 解决分布式应用的难题。但是，使用 MapReduce 解决问题，往往涉及非常多的步骤，而每次使用 MapReduce 的时候，用户都需要在分布式环境中启动机器来完成 Map 和 Reduce 步骤，并启动 Master 机器来协调这两个步骤的中间结果，不但操作使用不方便，而且还消耗许多硬件的资源。 提出简化用户使用 MapReduce 的问题。

续表 5 – 32

<table>
<tr><th>年代</th><th colspan="2">问题、求解问题的思路以及求解问题的成果</th></tr>
<tr><td rowspan="2">2010</td><td>求解思路</td><td>Google 的工程师们便开始考虑是否能够解决上述这些问题。最好能够让工程师（无论是新手工程师抑或是经验老到的工程师）都能专注于数据逻辑上的处理，而不用花更多时间在测试调优上。FlumeJava 就是在这样的背景下诞生的。</td></tr>
<tr><td>求解成果</td><td>2010 年，Google 公开了一篇关于 FlumeJava 架构思想的论文。FlumeJava 在 MapReduce 框架中 Map 和 Reduce 思想上，抽象出了 4 个原始操作，分别是 parallelDo、groupByKey、combineValues 和 flattern，用户利用这 4 种原始操作来表达任意 Map 或者 Reduce 的逻辑。同时，FlumeJava 的架构运用了一种 Deferred Evaluation 的技术优化用户所写的代码。FlumeJava 框架还可以通过用户的输入数据集规模，来预测输出结果的规模，从而自行决定代码是放在内存中运行还是在分布式环境中运行。</td></tr>
<tr><td rowspan="3">2013</td><td>提出问题</td><td>FlumeJava 虽然非常成功，但是还存在一个弊端。FlumeJava 基本上只支持批处理数据，不支持无边界数据（来自不断更新的实时数据）的处理。
提出研发支持处理无边界数据流处理框架的问题。</td></tr>
<tr><td>求解思路</td><td>Google 执行一个被称为 Millwheel 的支持处理无边界数据流处理框架的研发工作。</td></tr>
<tr><td>求解成果</td><td>2013 年，Google 公开了关于 Millwheel 架构思想的论文。</td></tr>
<tr><td rowspan="3">2015</td><td>提出问题</td><td>既然已经创造出几个优秀的大规模数据处理框架了，能否集成这些框架的优点推出统一的框架？
提出大规模数据处理框架的集成问题。</td></tr>
<tr><td>求解思路</td><td>集成这些框架的优点，推出一个统一的框架。</td></tr>
<tr><td>求解成果</td><td>2015 年，Google 公布了有关 Dataflow Model 的论文，同时推出了基于 Dataflow Model 思想的平台 Cloud Dataflow，使 Google 以外的开发者能够使用推出的 Cloud Dataflow 方便地编写大规模数据处理程序。</td></tr>
</table>

续表5-32

<table>
<tr><td>年代</td><td colspan="2">问题、求解问题的思路以及求解问题的成果</td></tr>
<tr><td rowspan="3">2016</td><td>提出问题</td><td>用户使用 Cloud Dataflow 云平台，程序必须在 Google 的云平台上运行。用户希望在其他别的平台上也能够运行其程序。
提出在构建面向批处理和流处理计算引擎统一编程的基础上，进一步构建流批合一的计算引擎的编程模型问题。</td></tr>
<tr><td>求解思路</td><td>2016 年，Google 联合 Talend、Data Artisans、Cloudera 等大数据公司，基于 Dataflow Model 的思想开发出了一套 SDK，解决了上述问题，并将之贡献给了 Apache Software Foundation。</td></tr>
<tr><td>求解成果</td><td>基于 Dataflow Model 的思想开发出来的一套 SDK，被命名为 Apache Beam。Apache Beam 由 Beam SDK 和 Beam Runner 两部分组成，目前支持开发语言包括 Java、Python、Scala 和 Golang 等。在 ApacheBeam 编程模型中，用户可以使用通用编程语言编写适合自己的应用程序场景的数据处理逻辑，并部署在自己的平台上运行。</td></tr>
</table>

5.8.2 Apache Beam 的体系架构及功能组件

Apache Beam 的体系架构由两个主要的功能组件 Beam SDK 和 Beam Runner 组成。Beam SDK 定义了开发分布式数据处理程序业务逻辑的 API，其描述的分布式数据处理任务 Pipeline 则交由具体的 Beam Runner 执行，而 Beam Runner 统一了目前流行的计算引擎如 Apache Spark、Apache、Flink、Apache Apex、Apache Dataflow 等。Apache Beam 的体系架构如图 5-15 所示，Apache Beam 功能组件的说明如表 5-33 所示。

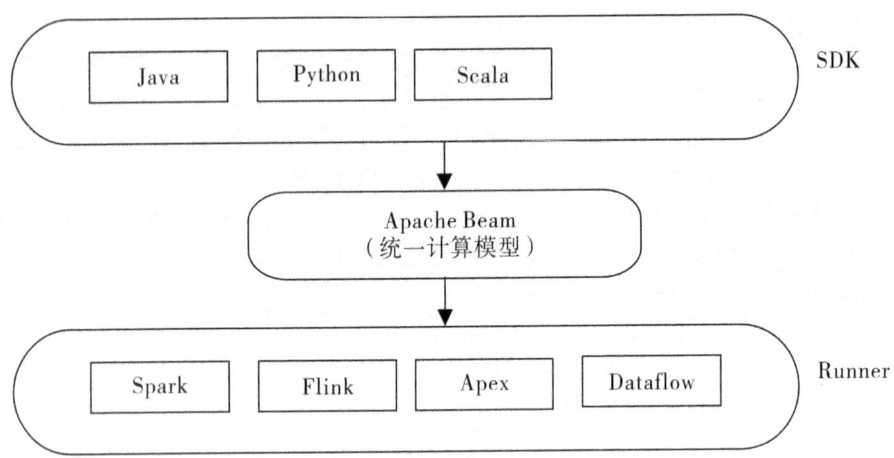

图 5－15　Apache Beam 的体系架构

表 5－33　Apache Beam 功能组件的说明

序号	组件名称	说明
1	Beam SDK	Beam SDK 是一套大数据处理统一编程接口，规范批处理和流处理两种大数据计算范式，提供了四种计算抽象帮助用户构建数据管道 1）Pipeline：封装整个数据处理逻辑的计算过程，包括输入、处理和输出三部分。每个 Beam 应用程序必须创建一个 Pipeline，并定义与其运行相关的配置选项，以便告诉 Pipeline 的运行方式。 2）PCollection：这是分布式数据集的抽象。在 Beam 中数据集可以是有限的，如来自固定数据源的 HDFS 上的文件；也可以是无限的，如来自 Kafka 的消息队列。Pipeline 一般通过读取外部数据源构建一个初始的 PCollection，Pipeline 中每个阶段的输入输出均为 PCollection。 3）Transform：这是 Pipeline 中的一个数据处理操作或步骤。每个 Transform 以一个或多个 PCollection 对象作为输入，依次遍历其中的每个元素并作用在用户定义的函数上，最后产生一个或多个 PCollection 对象。 4）I/O Source 与 Sink：Source 与 Sink 是对数据读取（信源）和结果存储（信宿）逻辑的抽象。Source 封装从外部数据源（如 HDFS 或 Kafka）读取数据到 Pipeline 相关的代码逻辑；Sink 封装将 PCollection 写入外部存储系统相关的代码逻辑

续表5-33

序号	组件名称	说明
2	Beam Runner	Runner 是 Apache Beam 对后端计算引擎的抽象，目前提供了对 Direct、Flink、Spark、Apex 以及 Cloud Dataflow 等计算引擎的 Runner 实现，即 Runner 可以支持由 Direct、Flink、Spark、Apex 以及 Cloud Dataflow 五种计算引擎编写的代码
		1）Direct Runner：Apache Beam 自带的简易 Runner 实现，可将用户逻辑代码运行在本地，一般用于本地调试和测试。 2）Flink Runner：Apache Flink 是一个开源的流式计算引擎，它将批处理转化为流处理，统一了批处理与流处理两种计算场景。 3）Spark Runner：Apache Spark 是一个开源的 DAG 计算引擎，它将流处理转化为批处理，统一了批处理与流处理两种计算场景。 4）Apex runner：是一个构建在 YARN 之上的批处理与流处理统一计算引擎，设计思想与 Apache Flink 类似

5.8.3 Apache Beam 计算引擎与其他计算引擎的比较

上面介绍了 Apache Beam 的体系架构及功能组件，为了进一步加深对 Apache Beam 的认识，表5-34 增加对其他计算引擎在输入输出数据、Data 容器抽象、数据格式化与序列化以及数据转换等方面的对比内容。

表5-34 Apache Beam 与其他计算引擎的对比

对比项	计算引擎			
	Apache Beam	MapReduce	Spark	Fink
输入数据	Source	InputFormat	InputFormat	InputFormat
输出数据	Sink	OutFormat	OutFormat	OutFormat
Data 容器	PCollection	N/A	RDD	DataSet
数据格式化与序列化	Object	Writable	POJO 和 Java/Kroyo 序列化	POJO 和 Java/Kroyo 序列化
数据转换	Transform	MapReduce，Reduce 和 Combiner	Transformation/Action	Transformation

这些计算引擎在数据格式化、数据序列化以及数据转换等方面拥有不同的

抽象，Beam 作为构建在计算引擎之上的高级抽象，借鉴了各个计算引擎的优点，尽可能地做到更强的通用性。

5.8.4 Apache Beam 大数据统一编程模型

Apache Beam 作为一个统一编程模型，提供了一个面向有限数据集合无限数据流的统一编程范式。下面结合一些示例介绍开发 Beam 程序的步骤。

1. 构建 Pipeline

Pipeline 封装整个数据处理逻辑的计算过程，包括输入、处理和输出三部分。一个基本的 Beam Pipeline 的工作流程如图 5－16 所示。

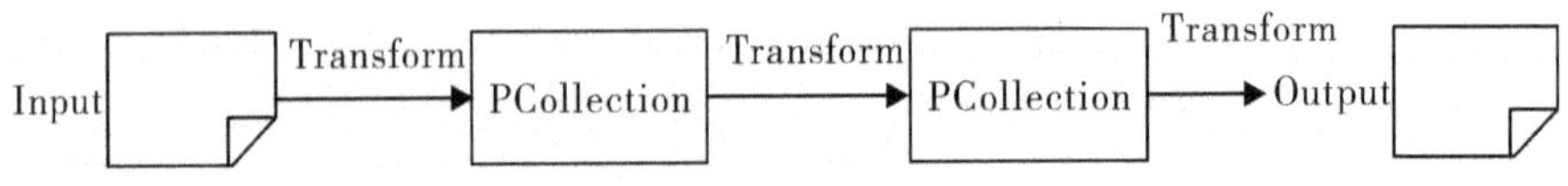

图 5－16　Beam Pipeline 的工作流程

（1）定义配置信息。

创建 Pipeline 对象时，需要定义配置信息。配置信息封装在 PipelineOptions 中。Beam 提供了大量 PipelineOptions 实现，分别封装了不同的 Beam Runner 的相关配置信息，包括 DirectPipelineOptions、SparkPipelineOptions、FlinkPipelineOptions、ApexPipelineOptions 等。以 SparkPipelineOptions 为例，其封装的配置信息如表 5－35 所示。

表 5－35　Spark Runner 部分配置参数

部分配置参数	含义	默认值
runner	采用的 Pipeline Runner，允许用户程序启动 Pipeline 时动态指定	SparkRunner
sparkMaster	SparkMaster，即 Spark 运行模式	Local［4］
storageLevel	RDD 默认存储级别，仅对批处理有效，对于流式处理则统一采用 MEMOREY_ONLY	MEMORY_ONLY
batchIntervalMillis	Streaming 中每一批数据的处理时间（ms）	1000
enableSparkMetrics-Sinks	是否将 metrics 信息汇报给 Spark Metrics Sink	true

（2）构造 pipeline 对象。

一旦 PipelineOptions 对象创建完成后，可将其作为参数传递给函数 Pipeline. create（），进而构造一个 Pipeline 对象。

```
public static void main(String[] args){
  //通过解析传入的参数列表 args 构造 PipelineOptions,例如—runner
=SparkRunner
  //可通过 -help 打印指定 PipelineOptions 对象的所有注册的配置选项,例如
 --help=org.apache.beam.runners.spark.SparkPipelineOptions
  PipelineOptions options =
     PipelineOptionsFactory.fromArgs(args)...create();
     Pipeline pipeline =pipeline.create(options);
     ...
}
```

2. 创建 PCollection

（1）PCollection 的表示方式、数据序列化框架及 Beam IO 详见表 5－36。

表 5－36　PCollection 的表示方式、数据序列化框架及 Beam IO

序号	PCollection	说明
1	表示方式	有限与无限数据集统一的特点： 1）PCollection 既可以表示有限数据集，也可以表示无限数据集。一个 PCollection 是有限还是无限，取决于具体的数据源。 2）有限数据集通过批处理引擎进行分析，一次性获取整个输入数据集的信息（如大小及构成等），经分析后产生结果；无限数据流预先无法预知数据集的总大小，一般以时间窗口为单位切分数据流，每个时间窗口内的数据按照有限数据集处理方式进行处理。 3）PCollection 中每个元素附属一个“时间戳”属性，以便按照时间窗口划分数据进行分析。元素的时间戳是数据源产生数据时赋予的，带有实际的意义，如元素的添加时间或产生时间等。用户可根据其需要，使用 Transform 操作为每个元素增加时间戳

续表 5－36

<table>
<tr><th>序号</th><th>PCollection</th><th>说明</th></tr>
<tr><td>2</td><td>数据序列化框架 Coder</td><td>1）Coder 是 Beam 中的序列化/反序列化框架，用于定义如何将一个 Java 对象转化为字节流，即序列化 Java 对象，由 Code. encode（）方法实现；也用于定义如何将一个字节流还原成 Java 对象，即反序列化字节流，由 Code. decode（）方法实现。
2）Beam 中每个 PCollection 对应一种 Coder，用于序列化或反序列化里面的元素。
3）Beam 中有一个序列化器 CoderRegistry，所有用到的序列化器统一在该类中注册。为便于用户使用，默认情况下，CoderRegistry 预先帮用户注册了下述多种基本数据类型的序列化器：
<table><tr><td>Java 类型</td><td>默认的 Coder 实现</td></tr><tr><td>Double/Instant</td><td>DoubleCoder/InstantCoder</td></tr><tr><td>Integer/Iteratable</td><td>VarIntCoder/IteratableCoder</td></tr><tr><td>KV/List/Map</td><td>KvCoder/ListCoder/MapCoder</td></tr><tr><td>Long/String</td><td>VarLongCoder/StringUtf8Coder</td></tr><tr><td>TableRow/Void</td><td>TableRowJsonCoder/VoidCoder</td></tr><tr><td>Byte［］</td><td>ByteArrayCoder</td></tr><tr><td>TimestampedValue</td><td>TimestampedValueCoder</td></tr></table>
4）除了上述基本数据类型的序列化器外，还提供了 Protobuf、Avro、Writable 等高级数据类型的序列化器。
5）用户还可以依据需要自己设置数据类型的 Coder。下面的示例将 Integer 类型默认的 Coder 设置为 BigEndianIntegerCoder：
pipelineOptions options = pipelingOptionsFactory.create();
pipeline p = pipeline.create(options);
coderRegistry cr = p.getCoderRegistry();//获取序列化器注册对象
cr.registerCoder(Integer.class, BigEndianInteger-Coder.class);</td></tr>
</table>

续表 5－36

<table>
<tr><th>序号</th><th>PCollection</th><th>说明</th></tr>
<tr><td>3</td><td>Beam IO</td><td>Beam 提供了与多种外部数据源集成的 IO SDK，目前支持的数据源包括 HDFS、Kafka、JDBC、ElasticSearch、MongoDB 等。Beam 内置支持的数据源如下所示：
<table>
<tr><th>基于文件</th><th>消息队列</th><th>数据库</th></tr>
<tr><td>AvroIO</td><td>JMS</td><td>MongoDB</td></tr>
<tr><td>HDFS</td><td>Kafka</td><td>JDBC</td></tr>
<tr><td>TextIO</td><td>Kinesis</td><td>Google BigQuery</td></tr>
<tr><td>XML</td><td>Google Cloud PubSub</td><td>Google Cloud Bigtable
Google Cloud Datastore</td></tr>
</table>
</td></tr>
</table>

（2）将 HDFS 和 Kafka 中的数据集合转化为 PCollection 的示例详见表 5－37。

表 5－37　从不同数据源转化为 PCollection 的示例

<table>
<tr><th>序号</th><th>数据源</th><th>转换程序</th></tr>
<tr><td>1</td><td>HDFS</td><td>Beam 提供 API，实现将文本转换为 PCollection，或将 PCollection 存储为文本格式，它们封装在类 org. apache. beam. sdk. io. TextIO 中，
1）将目录/data/input 中文件数据转换为 PCollection 的示例
import org.apache.beam.sdk.io.TextIO;
…
pipelineOptions options =
pipelineOptionsFactory.fromArgs(args).create();
pipeline pipeline =pipeline.create(options);
//将目录/data/input 文件数据转换为 PCollection
PCollection < string > pcol = pipeline. apply (TextIO.
Read.from
("/data/input"));
//将 PCollection 保存到目录/data/output 中
pcol.apply(TextIO.write.to("/data/output"));</td></tr>
</table>

续表 5－37

<table>
<tr><th>序号</th><th>数据源</th><th>转换程序</th></tr>
<tr><td>1</td><td>HDFS</td><td>2）使用更通用的 IO 抽象 HDFSFileSource 和 HDFSFileSink，重用 Hadoop IO 组件 InputFormat 和 OutputFormat 读写指定格式的数据示例；
import org.apache.beam.sdk.io.hdfs.HDFSFileSink;
import org.apache.beam.sdk.io.hdfs.HDFSFileSource;
import org.apache.beam.sdk.coders.CoderRegistry;
…
pipeline pipeline = pipeline.create(options);
//注册 LongWritable 和 Text 两种数据类型的序列化/反序列化器，默认情况//下，Beam IO SDK 仅自动注册了部分数据类型的实现，具体参见：//org.apache.beam.sdk.coders.CoderRegistry

CoderRegistry coderRegistry = new coderRegistry();
CoderRegistry.registerStandardCoders();
CoderRegistry.registercoder(LongWritable.class,
    WritableCoder.of(LongWritable.class);
CoderRegustry.registerCoder(Text.class,WritableCoder.of
(Text.class));
p.setCoderRegistry(coderRegistry);
//将文本格式的数据转换成 PCollection
PCollection < string > pcol = pipeline.apply(HDFSFileSource.readFrom(
    "/data/input", TextInputFormat.class, LongWritable.class,
    Text.class));
//将 PCollection 保存到目录/data/output 中
pcol.apply(Write.to(new HDFSFileSink("/data/output",
  sequenceFileOutputFormat.class)));</td></tr>
</table>

续表 5－37

序号	数据源	转换程序

2	Kafka	1）Kafka 是一个分布式消息队列，经常与流式计算框架组合使用。Beam 提供了读写 Kafka 数据的 API，可直接与 Kafka 无缝集成，如下是示例代码：
		import org.apache.beam.sdk.io.kafka.kafkaIO
		…
		pipeline pipeline =pipeline.create(options);
		//待读取 kafka topic 列表
		List <string > topics = ImmutableList.of("topic_a","topic_b");
		//Kafka broker 地址列表
		String bootstrapServers =" kafka1. serner. com, kafka2. server.com";
		//构造 Kafka reader
		KafkaIO.Typedread(byte[],byte[] > readr =KafkaIO.read()
		.withBootstrapServers(bootstrapServers)
		.withTopics(topics)
		.withKeyCoder(ByteArrayCoder.of())
		.withValueCoder(ByteArrayCoder.of())
		PCollection <byte[],byte[] >input =pipeline.apply(reader.withoutMetadata())
		
		2）写操作与读操作类似，下面是示例代码：
		import org.apache.beam.sdk.io.kafka.kafkaIO
		…
		//将数据写入 Kafka
		pipeline.
		.apply(…)
		.apply(kafkaIO.write()
		.withBootstrapServers(bootstrapServers)
		.withTopic(topics)
		.withKeyCoder(ByteArrayCoder.of())
		.withValueCoder(ByteArrayCoder.of())
		.values ())

3. 使用 Transform

Transform 是 Pipeline 的数据操作，Transform 以 PCollection 作为输入，按照定义规则或函数，将其转换为一个或多个 PCollection。每个 Transform 操作包含一个 apply 方法，一个 Transform 将输入 PCollection 作为参数传递给 apply 方法，并输出一个新的 PCollection。Transform 的使用方式、方法及示例如表 5-38 所示。

表 5-38 Transform 的使用方式、方法及示例

<table>
<tr><td>序号</td><td>使用方式</td><td colspan="2">使用方法</td></tr>
<tr><td>1</td><td>一般方式</td><td colspan="2"><code>[Output pcollection] = [Input PCollection].apply([Transform])</code></td></tr>
<tr><td>2</td><td>级联方式</td><td colspan="2"><code>[Final Output PCollection] = [Initial Input PCollection]</code>
<code>.apply([First Transform])</code>
<code>.apply([Second Transform])</code>
<code>.apply([Third Transform])</code></td></tr>
<tr><td>序号</td><td>Transform 通用函数</td><td colspan="2">Transform 提供的通用函数、应用场景及使用示例（简化用户的程序设计工作）</td></tr>
<tr><td rowspan="3">1</td><td rowspan="2">ParDo</td><td>功能</td><td>ParDo 是 Beam 提供的一个通用数据处理函数，其主要功能是针对 PCollection 中的每个元素，依次调用作用在单个元素的逻辑代码，并产生 0 个、1 个或多个元素，由这些元素构成新的 PCollection</td></tr>
<tr><td>应用场景</td><td>1）过滤数据集
2）格式化或类型转换
3）数据投影</td></tr>
<tr><td colspan="3">示例：计算输入 PCollection 中每个单词的长度，并产生一个新的 PCollection。
<code>//创建 String 类型的 PCollection</code>
<code>PCollection<String> words = …;</code>
<code>//通过继承基类 DoFn,对 PCollection 中每个元素进行处理,DoFn 是模板类</code>
<code>//模板的两个参数分别为输入和输出 PCollection 中的元素类型</code>
<code>static class ComputeWordLengthFn extends DoFn<String,Integer></code>
<code>{…}</code></td></tr>
</table>

续表5-38

<table>
<tr><td>1</td><td colspan="3">//将一个 ParDo 作用在 PCollection 上,计算每个词的长度
PCollection < Integer > wordLengths = word.apply(ParDo
.of(new ComputeWordLengthFn()));
注意1：ParDo 是 Transform 函数类，需要继承基类 DoFn < Input，Output >。
注意2：为了方便用户表达 ParDo Transform 函数中包含的业务逻辑，ParDo 暴露了若干待实现的函数接口，包括：Setup、StartBundle、ProcessElement、FinishBundle 和 Teardown 等。当 ParDo 执行时，输入的 PCollection 将被分解成若干个 bundle，它们被多台机器并行处理。
注意3：ParDo 暴露的若干待实现的函数接口，可进一步参考其他资料</td></tr>
<tr><td rowspan="3">2</td><td rowspan="2">Group-
ByKey</td><td>功能</td><td>是针对 key/value PCollection 的 Transform，其功能是将 key 相同的 value 聚集在一起，产生一个新的 key/value PCollection</td></tr>
<tr><td>应用场景</td><td>非结构化数据聚集，如网页数据的聚集等</td></tr>
<tr><td colspan="3">示例：网页数据聚集。
//待处理的数据集是网页数据,key 是网页 url,value 是网页内容,包括标题、正文等
PCollection < KV < String,Doc > > urlToDocs = …;
//使用 GroupByKey Transform 返回按照 url 聚集后的 PCollection
PCollection < KV < String,Iterable < Doc > > > urlToDocs =
urlDocPairs.apply(GroupByKey. < String,Doc >create());
//对聚集后的 PCollection 作进一步的分析
PCollection < R > results =
urlToDocs.apply(ParDo.of(new DoFn < KV < String,Iterable < Doc > >,R >(){
@ ProcessElement
public void process Element(ProcessContext c){
String url = c.element().getkey();
Iterable < Doc > docsWithThaturl = c.element().getValue();
//…process all docs having that url …
}}));
注意：聚集过程中，GroupByKey 是比较两个 key 的 Coder 是否相同</td></tr>
</table>

续表 5 -38

<table>
<tr><td rowspan="3">3</td><td rowspan="2">Combine</td><td>功能</td><td>Combine Transform 的功能是合并 PCollection 中的元素，可以计算得到统计信息，如最小值、最大值、平均值等，也可按照 key 进行分组聚集</td></tr>
<tr><td>应用场景</td><td>1）简单数据合并
2）复杂数据合并</td></tr>
<tr><td colspan="3">示例：对 PCollection 元素进行简单合并的求和操作，可实现接口 serializable - Function 的 apply 方法。
//输入:PCollection,输出:所有元素的和
public static class SumInts implements SerializableFunction <
Iterable <
Integer >,Integer >{
@ override
Public Integer apply(Iterable < Integer > input){
int sum = 0;
for(int item:input){
sum + = item;
}
return sum;
}
}
注意：如果要对 PCollection 进行复杂的合并，则需要实现一个 CombineFn 子类，定义若干需要实现的函数接口，包括初始化、合并及输出等</td></tr>
<tr><td rowspan="3">4</td><td rowspan="2">Partition
与
Flatten</td><td>功能</td><td>Partition 与 Flatten 的功能是互逆的，Partition 的功能是将一个 PCollection 按照既定的规则分解成多个小的 PCollection，而 Flatten 的功能是将多个小的 PCollection 合并成一个大的 PCollection。Partition 要求实现一个 PartitionFn 对象函数，用以产生每个元素分配到的新 PCollection 的编号</td></tr>
<tr><td>应用场景</td><td>分类统计</td></tr>
<tr><td colspan="3">示例一：将一个 PCollection 按照既定的规则分解成多个小的 PCollection。
PCollection < student > students = …;
//
PCollectionList < Student > studentsByPercentile =</td></tr>
</table>

续表 5 -38

<table>
<tr><td>4</td><td colspan="3">students.apply(Partition.of(10,new PartitionFn < Student >(){
public int partitionFor(Student student,int numPartitions){
  return student.getPercentitle() * numPartitions/100;
for(int i =0;i <10;i + +){
PCollection < Student > partition = studentsByPercentile.get(i);
…
}
示例二；将一组小的 PCollection 合并成一个大的 PCollection，要求待合并的 PCollection 以 PCollectionList 列表形式提供。
//合并 pc1、pc2 和 pc3 三个 PCollection
PCollection < String > pc1 =…;
PCollection < String > pc2 =…;
PCollection < String > pc3 =…;
PCollectionList.of(pc1).and(pc2).and(pc3);
示例三：Flatten 进一步将 PCollectionList 对象合并成一个更大的 PCollection。
PcollectionList < string > merged = collections.apply(Flatten.
< String > pcollections());</td></tr>
<tr><td rowspan="3">5</td><td rowspan="2">Join</td><td>功能</td><td>主要功能是将多个数据集按照一个或多个关键字连接在一起</td></tr>
<tr><td>应用场景</td><td>分布式计算的应用场景</td></tr>
<tr><td colspan="3">示例：连接数据集 PCollection < KV < K，V1 > > 和数据集 PCollection < KV < K，V2 > >。
//输入两个 key/value 数据集
PCollection < KV < K,V1 > > pt1 =…;
PCollection < KV < K,V1 > > pt2 =…;
//创建两个标注上面数据集的标签
final TupleTag < v1 > t1 =new TupleTag < >();
final TupleTag < v2 > t2 =new TupleTag < >();
//通过 CoGroupByKey 连接两个数据集
PCollection < KV < K,CoGbkResult > > coGbkResultCollection =
KeyedPCollectionTuple.of(t1,pt1)
                .and(t2,pt2)</td></tr>
</table>

续表 5－38

<table>
<tr><td>5</td><td>

```
                    .apply(CoGroupByKey.<K>create());
//格式化结果
PCollection<T> finalResultCollection =
coGbkResultCollection.apply(ParDo.of(
  new DoFn<KV<K,CoGbkResult>,T>(){
      @ProcessElement
  Public void processElement(ProcessContext c){
      KV<K,CoGbkResult> e=c.element();
      Iterable<V1> ptlvals=e.getValue().getALL(t1);
      V2 pt2Val=e.getValue().getOnly(t2);
//…其他逻辑…
       c.output(…);
}
}));
```

</td></tr>
</table>

4．Beam 的多路输入/输出 side input / side output

side input / side output 为 Pipeline 提供了除 PCollection 外另一种输入/输出方法，可以为 Beam 构建多路输入的机制。在这种机制下，DoFn 在处理 input PCollection 的元素时可以同时访问它们。表 5－39 介绍 side input / side output 的使用方法及示例。

表 5－39　side input / side output 的使用方法及示例

<table>
<tr><th>序号</th><th>多路输入/输出</th><th>使用方法与使用实例</th></tr>
<tr><td>1</td><td>side input</td><td>1）使用方法
Beam 提供了一个 API，将一个 PCollection 转化为 PCollectionView，这是一个只读视图，使 DoFn 在处理 input PCollection 的元素时可以同时访问它。View 中提供多个函数如 View.AsIterable、View.AsList、View.AsMap、View.AsMultimap 和 View.AsSingleton 等，用户使用它们可以将 PCollection 转化为最合适的数据结构，示例如下：
<code>PCollection<page> pages=…//pages 小数据集,可放入内容</code>
<code>final PCollectionView<Map<URL,Page>> =urlTopage</code></td></tr>
</table>

续表 5－39

<table>
<tr><th>序号</th><th>多路输入/输出</th><th>使用方法与使用实例</th></tr>
<tr><td>1</td><td>side input</td><td><pre>
    .apply(withKeys.of(…)) //从 page 中提取 URL
    .apply(View.<URL,Page>asMap);
</pre>
2）使用示例
<pre>
PCollection<UrlVisit> urlvisits =… //大的数据集
PCollection PageVisits = urlVisits
//将上面的 urlToPage 传入 ParDo.withSideInputs
.apply(ParDo.withSideInputs(urlToPage)
    .of(new DoFn<UrlVisit,PageVisit>(){
@ Override
    Void processElement(ProcessContext context){
        urlVisit urlVisit = context.element();
Page page = urlToPage.get(urlVisit.getUrl());
            c.output(new PageVisit(page,urlVisit.getVis-
itData()));
    }
  }));
</pre></td></tr>
<tr><td>2</td><td>side output</td><td>1）使用方法
DataStream API 的算子的输出一般是单一数据类型流的输出。split 可以将一条流分成多条流，但这些流的数据类型也都是相同的。side outputs 可以产生多条流，而且这些流的数据类型可以不一样。一个 side output 可以定义为 OutputTag［X］对象，X 是输出流的数据类型。可以通过 Context 对象发送一个事件到一个或者多个 side outputs。
使用 side output 时，先要定义一个 OutputTag，用于来标识一个 side output 输出流：
<pre>
OutputTag<String> outputTag = new OutputTag<String>("
side-output"){};
</pre>
2）使用示例
定义一个方法，判断温度是否大于等于 30 度，小于 30 度输出到 side output 输出流，大于 30 输出到 PCollection 输出</td></tr>
</table>

续表 5－39

序号	多路输入/输出	使用方法与使用实例

2	side output	/**
		　@param tpr
		**/
		class SideOutputTest(tpr:Double) extends ProcessFunction[SensorReading,SensorReading]{
		　override def processElement(value: SensorReading, ctx: ProcessFunction[SensorReading, SensorReading]#Context, out:Collector[SensorReading]):Unit = {
		　　if(value.temperature > =tpr){
		　　　out.collect(value)
		　　}else{
		　　　ctx.output(new OutputTag[SensorReading]("low-temp"),value)
		　　}
		　}
		}

5.8.5　一个 Apache Beam 大数据统一编程示例

示例功能：统计输入数据集的单词出现的频率。

（1）程序流程如图 5－17 所示。

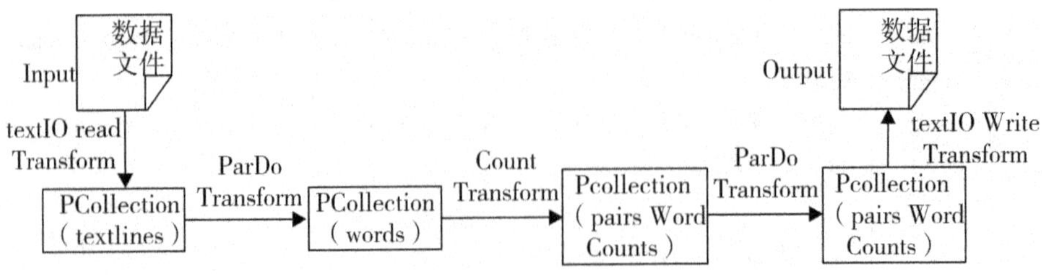

图 5－17　统计输入数据集单词出现的频率

（2）程序代码见表5－40。

表5－40　统计输入数据集单词出现频率的程序代码

<table>
<tr><th>序号</th><th>程序步骤</th><th>程序功能及代码</th></tr>
<tr><td>1</td><td>创建
Pipeline</td><td>（1）程序功能
指定 Pipeline 相关的配置信息，Beam Runner 默认为 DirectRunner
（2）程序代码
PipelineOptions = PipelineOptionsFactory.creat();
//可设置具体的 Runner,例如 SparkRunner:
//SparkpipelineOptions sparkOptions = options.as
//(SparkpipelineOptions.class);
//sparkOptions.setRunner(SparkRunner.class);
//sparkOptions.setSparkMaster("yarn - client");
pipeline p = Pipeline.create(options);
实际应用中，一般不在源程序中直接设置配置信息，而是在提交程序时，以命令行方式传入。
${SPARK_HOME}/bin/spark - submit \
- - runner = SparkRunner \
- - sparkMaster = yarn - client \
- - class com.example.beam.Wordcount</td></tr>
<tr><td>2</td><td>应用
Transform</td><td>程序功能及代码：
1）读取数据，并转换成 PCollection
p.apply(TextIO.Read.from("hdfs://data/input"))
2）对字符串分词。使用 ParDo Transform 调用自定义 DoFn 处理输入的 PCollection 字符串，并解析生成词，进而生成新的 PCollection
.apply ("ExtractWords", ParDo.of (new DoFn < String, String >(){
  @ ProcessElement
  public void processElement(ProcessContext c){
      for(String word:c.element().split("[^a - Za - z] +")){
          if(! word.isEmpty()){
            c.output(word);
            }
        }</td></tr>
</table>

续表 5 -40

<table>
<tr><th>序号</th><th>程序步骤</th><th>程序功能及代码</th></tr>
<tr><td>2</td><td>应用 Transform</td><td>}
}))
3）统计词频。使用 Beam SDK Count Transform 实现词频统计。Count Transform 的输入是任意类型的 PCollection，输出则是新的 key/value 类型的 PCollection
.apply(count.<String>perElement())
4）格式化结果
.apply("FormatResults",MapElements.via(new Simple-Function<KV<
String,Long>,String>(){
@ Override
public String apply(KV<String,Long> input.getValue();
return input.getKey() +":" + input.getValue();
}
}))
5）输出结果。将结果以文本格式写入指定的目录
.apply(Text.Write.to("/data/output/wordcounts"));</td></tr>
<tr><td>3</td><td>运行 Pipeline</td><td>1）调用 Pipeling 中的 run 方法运行程序
2）程序代码
p.run().waitUntilFinish();
注意：命令行提交方式是由 Beam Runner 方式决定的，如果是 Spark Runner，则使用 ${SPARK_HOME}/bin/spark-submit，如果是 Flink Runner，则使用 ${SPARK_HOME}/bin/flink</td></tr>
</table>

5.8.6 大数据应用的可视化

实际上，可视化可以贯穿“大数据应用”各个阶段的开发工作，由于“大数据应用”最后阶段的开发工作面向使用者用户，所以显得尤为重要。人的识图能力是从婴幼儿开始的，一图胜千言，人们从图中获取信息的能力超乎我们的想象。

在大数据分析阶段，可视化可以揭露大数据集深层次的数据特性，获得对大数据集更深层次的理解和认识，从而为特征变量的选择提供更多的辅助决策信息。

在大数据建模阶段，可视化可以对基本模型的选择、验证和测试提供直观形象的理解和认识，为大数据建模提供辅助决策支持。

在大数据应用部署应用阶段，可视化交互可以为用户提供理解“大数据应用”输出数据的目的。

“可视化通常有两个目标：可解释性和探索性。旨在引导用户沿着一条既定路径的可视化在本质上是可解释的。……探索性可视化为用户呈现数据集的诸多维度，或者将多个数据集相互比较。……探索性分析没有精确的终点，可以是周期性的。用户可以从单一可视化结果中发现许多见解，并与其交互，达到获得数据理解的目的，而不是做出具体决定。”[3]

常用的可视化工具如表5-41所示。

表5-41　常用的可视化工具

序号	类型	工具名称	可视化功能
1	纯视觉图表插件	Echarts	Echarts 是一个 JavaScript 数据可视化库，一般用于网页的软件开发或统计图表模块
		AntV	AntV 是一个使用图语法理论的可视化库，附带了一系列数据处理 API，可以处理和分析简单数据
		Highcharts	Highcharts 是一个可视化库，是一个需要付费的产品。具有详细的文档、示例和详细的 JavaScript，容易学习和使用
		Processing	Processing 是一个开发环境（Processing Development Environment，PDE），包含一个简单的文本编辑器、一个消息区、一个文本控制台、管理文件的标签、工具栏按钮和菜单。在 Processing，程序设计默认采用 Java 模式，也可以采用 Android、p5. js、Python、REPL 等其他模式。Processing 不仅可以绘制二维图形，还可以绘制三维图形

续表 5－41

序号	类型	工具名称	可视化功能
2	可视化报告	FineReport	FineReport 是一个用于做报告的软件和企业级应用程序，用于开发业务报告和数据分析报告。可以与 OA、ERP、CRM 或其他应用程序系统集成，以构建数据报告模块
3	商业智能分析	Tableau	Tableau 是新一代商业智能工具软件，具有通用的内置分析图表及一些数据分析模型。可以快速进行数据分析，探索价值并生成数据分析报告。Tableau 产品包括 Tableau Desktop、Tableau Server、Tableau Public、Tableau Online、Tableau Reader 等，其中，使用最多的是 Tableau Desktop、Tableau Server 和 Tableau Reader
		FineBI	FineBI 是一种用于数据分析的免费工具，具有丰富的内置图表，可以无须编程，直接以拖放的方式制作图表，还可以与大数据平台和各种多维数据库集成
		PowerBI	PowerBI 是 Microsoft 继 Excel 之后推出的 BI 产品。Power BI 可以无缝连接到 Excel 以创建个性化数据仪表板
		大数据魔镜	是一个大数据可视化系统，拥有庞大的可视化效果库和数据挖掘算法库，可以为企业提供定制化的大数据可视化解决方案
4	数据地图	Excel Power Map	Power Map 2016 是一个数据地图工具。可视化工具如 ECharts、FineReport、Tableau 等也有数据地图功能
		Excel NodeXL	NodeXL 是一款开源的网络分析可视化工具，是在微软 Excel（2007/2010 版本）的基础上进行数据分析和可视化表达的工具

续表5－41

序号	类型	工具名称	可视化功能
5	大屏幕可视化	DataV	DataV是一个可以通过简单的拖放操作便可生成可视化大屏幕或仪表板的工具
		FineReport	FineReport是一个用于做报告的软件和企业级应用程序，还具有进行大屏幕可视化功能
		Digital Hail	Digital Hail是一个专注于数据图像、3D处理、数据分析和其他相关服务的工具

5.9 应用层开发，安全与隐患

国家标准《信息技术　大数据　技术参考模型》（GB/T 35589—2017）对应用层开发的安全与隐患处理的要求是："在安全与隐患管理模块，通过不同的技术手段和安全措施，构建大数据平台安全防护体系，实现覆盖硬件、软件和上层应用的安全保护，从网络安全、主机安全、应用安全、数据安全四个方面来保证大数据平台的安全性……"

在"大数据应用"中，应用层的安全与隐患核心是数据安全，其他的安全保护是围绕着数据安全而展开的。应该从大数据的"体量大""种类多"以及"变化快"等特点出发，解决应用层的安全与隐患问题。表5－42针对应用层数据安全的隐患问题，提出对应解决问题的方案。

表5－42　应用层数据安全与隐患对应解决问题的方案

序号	安全与隐患	对应解决问题的方案
1	数据来源广、种类多，结构化数据与非结构化数据并重。使用分布式NoSQL数据库高效处理海量数据时，由于NoSQL数据库有本身可扩展性的缺陷，给数据安全带来隐患	数据统一管理平台： 需要解决平衡成本与可扩展性之间的关系问题，满足数据库能准实时地写入数据以及能支持安全数据的实时分析；另一个需要解决的问题是内外部数据资源的整合问题

续表 5－42

序号	安全与隐患	对应解决问题的方案
2	数据安全事件的多样性，给数据安全分析带来问题。例如，网络包是层级较低、细粒度的数据，与修改服务器管理员密码的日志的颗粒度不同，即安全事件数据的语义因种类不同而不同，这就存在如何整合安全事件数据进行关联分析的问题	数据安全分析平台： 数据安全分析及 SIEM（security information and event management）工具，需要支持理解不同安全事件类型的语义信息，以便于整合和关联分析
3	安全分析平台的安全事件数据提取组件无法支撑不断涌入的安全事件数据，造成安全事件数据的丢失，影响数据安全分析平台的效力	可扩展的数据事件提取组件： 维持消息队列中的安全事件数据的高写入量，支持不断增加的安全事件数据的提取，并可以使用追加写入的方式支持海量写入
4	Hadoop 和 Spark 大数据平台支持开发安全工具的开发，但它们本身并不是安全分析工具，无法解释不同安全事件数据类型的关系	可视化的安全分析工具： 应能从安全角度抽取和查询安全事件数据，并能分析查询用户、服务器和应用之间的关系；需要可视化的安全分析工具的支持
5	内部监督制度缺失	规范报告制度： 制度性的规范报告，可以用于安全事件的内部监督

本章参考文献

［1］赵志升．大数据挖掘［M］．北京：清华大学出版社，2019．

［2］董西成．大数据技术体系详解：原理、架构与实践［M］．北京：机械工业出版社，2018．

［3］奥弗·曼德勒维奇，凯西·斯特拉，道格拉斯·伊德理恩．数据科学与大数据技术导论［M］．唐金川，译．北京：机械工业出版社，2018．

[4] 朝乐门. 数据科学理论与实践 [M]. 2版. 北京：清华大学出版社，2019.

[5] 赵东方. 数学模型与计算 [M]. 北京：科学出版社，2007.

[6] EMC Education Services. Data science & big data analytics: discovering, analyzing, visualizing and presenting data [M]. Hoboken: John Wiley & Sons, Inc., 2015.

[7] 刘化君，吴海涛，毛其林，等. 大数据技术 [M]. 北京：电子工业出版社，2019.

[8] Canal 官方文档：https://github.com/alibaba/canal.

[9] 阿卡拉卡，萨加. 大数据分析与算法 [M]. 毕冉，译. 北京：机械工业出版社，2018.

[10] GB/T 35589—2017，中华人民共和国国家标准《信息技术　大数据技术参考模型》.

[11] [美] Daniel T. Larose, Chantal D. Larose 著，数据挖掘与预测分析 [M]. 王念滨，宋敏，裴大茗，译. 2版. 北京：清华大学出版社，2017.

第6章　大数据分析、挖掘、应用之管理层开发

咬定青山不放松，立根原在破岩中。
千磨万击还坚韧，任尔东西南北风。
——（清）郑燮

这首《竹石》通过歌咏竹石，塑造了一个百折不挠、顶天立地的强者的光辉形象。全诗清新流畅，感情真挚，语言虽然通俗但意义深刻而意味深长。

6.1　管理层开发，功能与工具

国家标准《信息技术　大数据　技术参考模型》（GB/T 35589—2017）对管理层开发从管理功能及管理工具两个维度进行定义。

管理功能定义为："提供大规模集群统一的运维管理系统，能够对包括数据中心、基础硬件、平台软件和应用软件进行集中运维、统一管理，实现安装部署、参数配置、监控、告警、用户管理、权限管理、审计、服务管理、健康检查、问题定位、升级和补丁等功能。"

管理工具要求："具有自动化运维的能力，通过对多个数据中心的资源进行统一管理，合理地分配和调度业务所需的资源，做到自动化按需分配。同时提供对多个数据中心的信息技术基础设施进行集中运维的能力，自动化监控数据中心内各种信息技术设备的事件、告警、性能，实现从业务维度来进行运维的能力。对主管理系统节点及所有业务组件中心管理节点实现高可靠性的双机机制，采用主备或负荷分组配置，避免单点故障场景对系统可靠性的影响。"

无论是"大数据应用"还是早期的"小数据应用"，均对应用支持平台有全面的认识，并掌握了丰富的经验，已经开发出许多支持各类应用平台的智能化运维管理技术和工具。对"大数据应用"管理层的开发，电力系统应该在上述国家标准定义的基础上，针对"大数据应用"的特点，进行不断地扩充和完善。

6.2 管理层开发，大数据治理

6.2.1 大数据治理模型

1. 大数据治理 DMM 模型

2014 年，CMMI 协会发布了企业数据管理能力成熟度（DMM，data management maturity）模型。该模型的基本原则、结构和证明方法沿用了能力成熟度集成（CMMI，capability maturity model integration）模型的重要内容。其主要思路是提供标准化、结构化的实践框架，让组织建立自己的数据管理成熟度路线图，并使用这个路线图来评估企业或组织的数据管理整体水平，提升数据管理关键环节的能力，帮助企业或组织架起业务与 IT 之间的桥梁，有效地组织和管理其关键数据资产，从而强化企业数据治理能力，促进企业数据管理水平的提升。DMM 模型体系结构内容参见表 6－1。

表 6－1 DMM 模型体系结构内容

序号	类型	内容
1	数据管理战略	结合企业自身特点，建立企业专门的数据战略相关数据架构，从而指导企业数据管理工作，主要管理工作内容为： 1）沟通——以解决数据传输过程中出现的问题为目的，建立问题调解机制，其中包括沟通的方式、沟通的时间和沟通后决策的办法等 2）数据管理职责——企业或组织内部对业务问题，进行整理并形成案例，用以指导数据管理工作 3）业务案例——企业内对业务情况进行梳理形成案例指导数据管理工作 4）提供资金——为数据管理各种类型的项目提供资金支持

续表 6－1

序号	类型	内容
2	数据治理	数据治理是对广义数据质量问题进行发现、分析和控制。治理管理指对数据治理工作进行相关管理，主要管理工作内容为： 1）业务术语表——企业数据治理相关业务的专业名词解释表，帮助各部门正确传递信息，保持口径的一致性 2）元数据管理——是对描述数据的数据进行管理。元数据是最基本的数据，元数据不区分数据来源，能够将不同来源的数据建立起链接，并对其基本描述数据进行集中化管理。因此，元数据的管理对于整个企业数据管理来说，具有维护数据和解释数据的重要作用。业务元数据及技术元数据相结合，能够更加有效地解释数据的含义，从而使数据价值更直观地被反映出来
3	数据质量战略	具有指导数据质量管理工作的作用和意义，是开展数据治理工作必须坚持的原则，能够从更高级的层面，指导解决数据质量存在的问题，主要管理工作内容为： 1）数据轮廓——对数据概括的、简要的分析。在数据质量概要分析的基础上，进行详细的数据质量评估，形成数据质量评估报告 2）数据质量评估——在对数据的质量进行系统性的分析之后，进一步进行详细的评估，最终形成专门针对数据质量的评估性报告 3）数据清洗——对噪音数据、无意义的数据，以及其他存在问题的数据进行筛选、剥离、剔除等清洗处理，以提高数据的可用性和可信性
4	数据操作	主要管理工作内容为： 1）数据需求定义——对系统开发所要做和必须做的事项进行描述，识别并表明设计应该提供的功能和受到的制约。需求管理过程，从需求获取开始贯穿于整个项目或产品生命周期，是实现想法，落地成为产品的必要步骤 2）数据生命周期管理——指企业为数据生命周期管理制定的政策，及相应的管理策略 3）数据提供管理——数据提供相关的权限管控，保障数据在安全的前提下高效提供给数据需求方 4）历史数据归档和保留——对历史数据进行分类归档，保管期满无须继续保管的数据及无保管价值的数据进行销毁，有价值的数据继续保留

续表6－1

序号	类型	内容
5	平台及架构	主要管理工作内容为： 1）架构方法——数据管理架构设计的方法论，旨在为设计出科学合理的数据架构 2）架构标准——设计数据架构所遵循的标准、规范或制约 3）数据管理平台——对数据管理有关操作的支撑平台，可以满足一般的数据管理要求 4）数据集成——对数据进行集中化处理，以保证数据的高效可用
6	支持流程	主要管理工作内容为： 1）流程管理——对数据支持流程的优化和完善，保障数据支持流程的合理有效 2）流程质量保证——数据支持流程的质量保障体系，应建立一套有效的质保及考核系统，保障数据支持流程的高质量高可用 3）风险管理——评估和管理数据支持流程中的各类风险，制定应对策略和补救措施 4）配置管理——数据支持流程的落地实施，应满足数据支持流程的各种配置要求 5）量度与分析——对业务流程进行评估度量，确保支持流程与业务相匹配，并且描述准确

2．大数据治理IBM模型

IBM公司把大数据治理作为企业的一类重要资产，与其他固定资产或流动资产具有同样甚至更为重要的地位，进而对数据以资产的形式，进行梳理、诊断、优化、保护，并加以利用和完善。IBM公司的大数据治理统一流程有14个主要步骤，其中10个是必需的步骤，4个可选步骤（打星号“*”），整个大数据治理统一流程形成闭环，以循环的形式持续推进，如表6－2所示。

表6－2　IBM大数据治理的14个主要步骤及工作内容

序号	步骤	内容
1	定义业务问题	对实际业务问题的错误识别是大多数数据治理计划失败的主要原因。因此，组织有必要首先明确核心业务问题，以此为研究核心，从而确定大数据治理计划的原始边界和范围
2	获取高层支持	保障数据治理计划有效执行和顺畅推进的重要前提之一是获取高层的支持，其中既包括业务高层，又包括技术高层。为了保证数据治理计划能够被有效地执行和顺畅地推动，数据治理计划有必要任命统一管理者，负责数据治理整体统筹安排工作
3	执行成熟度评估	在数据治理计划开展之前以及开展之后的一年至一年半的时间里，要对组织的数据治理成熟度进行评估
4	创建路线图	以数据治理成熟度状态为主要内容，创建数据治理线路图，帮助组织记录当前状态和未来想要达到的状态
5	建立组织架构	数据治理组织有必要形成一种有针对性的组织架构。这种架构包括上中下三层，其中上层是数据治理委员会，由重要业务领导组成，这些业务领导必须具有支持数据资产治理工作和掌握组织内关键职能这两大特征。中间层是数据治理工作组，由中层经理组成。最下面一层由数据执行组组成，他们是数据治理的一线工作人员，负责具体的数据质量相关工作
6	创建数据字典	为了使组织内部，特别是IT部门和业务部门对常用的业务词汇具有一致性的理解，数据字典的建立是必不可少的工作，数据字典能够对工作中常用关键词进行统一编制、维护和更新，确保整个组织内使用相同的语言，减少甚至消除理解偏差。数据字典实质上就是业务术语库，是关键词汇定义的集合。行之有效的数据字典，能够被普遍推广到企业各个部门，使业务语言与技术语言相关联，便于形成共同的理解
7	理解数据	理解数据不仅包括理解数据是什么，还包括理解数据之间的关系，理解所有一切是如何关联的。既有应用程序，又有接口、表单、字段等，它们分布在系统的各个节点

续表6-2

序号	步骤	内容
8	创建元数据存储库	元数据是关于数据的数据，它是描述数据的文字。它包含了数据特征信息，例如技术名称、业务名称、位置、归属等。在查询阶段，数据治理计划将从数据字典生成大量业务元数据和大量技术元数据。这些元数据能够被众多项目共享和利用，应该被存放在专门的数据库中，称为元数据库
9	定义度量指标	寻找并定义能够度量数据治理的指标，这些指标必须可靠、可跟踪和可记录
10	*主数据治理	主数据是企业或组织内最具有价值的信息，通常包括用户、产品、原材料、供应商和账户等关键业务数据。在实践中，主数据并不是集中在一起的，很多情况下是分散的。它可能存在于不同的业务流程、多个系统或各类型的应用程序中。针对主数据的治理工作，一定是长期的、持续被执行的
11	*治理分析	分析并设置更为优化的、能够协调业务用户对基础架构投资的方法和策略
12	*管理安全和隐私	对企业重要数据进行敏感级别划定，并根据不同级别采用多样化的手段和防范措施进行管理
13	*信息生命周期管理	创建数据是信息生命周期的开始，从生产环境删除数据则是信息生命周期的结束。数据治理的过程应该从数据的创建、处理、应用，直到删除进行系统化管理
14	度量结果	步骤9中设置了度量指标，在此步骤中，数据治理团队应该整理并分析度量指标，将效果及进度信息及时地上报至相关业务部门、技术部门的利益相关者，特别是相关部门的高层，从而实现对度量指标的不断监控，确保数据质量持续改进，以及数据治理工作的有效性

3. 桑尼尔·索雷斯大数据治理模型

美国大数据治理专家桑尼尔·索雷斯（Sunil Soares）提出的大数据治理框架包括产业功能场景、大数据类型和信息治理准则三个维度的内容，如表6-3所示。

表6－3　桑尼尔·索雷斯大数据治理模型的三个维度及其工作内容

序号	维度	内容及示例	
1	大数据类型	Web 和社交媒体数据	点击流数据； Twitter Feeds； Facebook 帖子； 网络内容
		机器对机器的数据	公用事业智能仪器读数； RFID 读数； 石油钻探设备传感器读数； GPS 信号
		大体量交易数据	保健索赔； 电信通话详单； 公共事业计费记录
		生物计量学数据	人脸识别； 遗传学
		人工生成的数据	呼叫中心语音记录； 电子邮件； 电子病历
2	信息治理	组织	信息治理组织需要考虑将大数据纳入其总体框架，包括宪章、组织结构、角色和责任中
		元数据	大数据治理计划需要将企业的数据与元数据库进行整合，目的在于从源头进行关联。当元数据发生变化时，与之相关的数据也同步发生变化，应避免由于同步不及时造成的信息误差。同时，从源头上将数据关系建立起来，更有利于数据治理过程中数据问题的发现和定位
		隐私	隐私是指敏感数据，这些数据必须被识别且被严格保护。因此，大数据治理工作需要制订相关保护方法和策略，并使用技术和工具对其进行保护

续表6－3

序号	维度	内容及示例	
2	信息治理	数据质量	数据质量管理，概括地理解，包括对数据的度量或检测、对数据的优化和提升，以及对数据质量管理方法、流程的沉淀和总结
		业务流程整合	识别大数据核心业务流程和关键策略是大数据治理的重要内容和关键环节
		主数据整合	大数据治理与主数据管理密不可分，需要制订业务策略或者规则，将有关大数据整合到主数据管理环境
		信息生命周期管理	企业或组织需要创建指针，对数据进行记录保存和电子取证等活动。大数据治理计划需要对压缩和存档政策、工具及最佳实践进行平衡，降低存储成本，提高应用绩效。最后，组织需要合理摒弃基于规则和业务需求考量不再需要的大数据
3	产业和功能场景	实际应用用例驱动大数据分析，用例的具体情况则因行业的不同和场景或功能的不同而存在差异。某一行业的大数据分析即使不受本行业影响，也会受到其他产业和功能的影响，包括市场营销、风险管理、客户服务、信息安全、信息技术和人力资源等	

6.2.2 DAMA 数据管理知识体系理论

数据管理协会（DAMA 国际）是全球首个数据管理专业人士组织的国际非营利性会员组织，在全球拥有40多个分支机构和近8000名会员。该组织于1988年成立，一直研究企业信息和数据管理，整理相关知识体系，并进行实践探索，因而在数据管理方面有颇为深厚的知识沉淀和丰富的经验。DAMA 国际先后出版了《DAMA 数据管理字典》（第一版）［*DAMA Dictionary of Data Management*（1st ed.）］和《DAMA 数据管理的知识体系和指南》（DAMA-DMBOK）。该指南中收录了业界数百位专家的经验总结，被认为是数据管理最佳实践范本，是数据管理研究的重要指南和不可或缺的参考内容。

《DAMA 数据管理的知识体系和指南》相对其他知识体系更全面、更完善，是权威的、国际化的数据管理理论体系。该体系和指南旨在通过明确 10 项数据管理职能的含义，在数据管理应用方面建立统一认识，使该领域应用及研究人员能够达成共识，从而形成完整的标准定义，包括数据管理职能的定义、交付结果的定义、角色和其他术语的定义等。表6－4 为 DAMA 10 项数据管理职能及管理内容的定义。企业不必全部执行以下 10 项职能，可以根据自身情况，在特定的环境和条件下，选择符合自身需要的若干项。因此，企业应根据自身发展规模、阶段、需求等，制订适合企业自身的实施方案。

表6－4　DAMA 10 项数据管理职能及管理内容

序号	管理职能	管理内容
1	数据治理	数据治理不能等同于数据管理，它比数据管理的层级更高，是以数据管理为基础，在该基础之上对数据进行设计、执行、监督和控制。其中，最重要的两部分是计划和控制。 数据管理的计划包含下述内容： 1）对企业的数据战略需求进行深入调研、理解和分析； 2）在理解需求的基础上，形成数据战略，指导数据管理工作； 3）针对数据管理，划分组织内部相关角色，明确各角色负责的工作内容和承担的责任； 4）选定数据管理专职人员，对数据管理工作予以重视； 5）制定数据治理相关制度和流程，并保障其符合企业自身状况； 6）发布数据政策、制定数据标准和实施程序，为数据治理的开展创造良好条件； 7）对数据架构进行审阅，掌握企业数据整体情况； 8 制订数据管理项目，并发布相关任务，使数据管理项目真正具有可行性； 9）对数据资产的价值以及成本进行评估，尽可能量化数据的投入与产出。 数据管理的控制包括下述内容： 1）对数据相关组织和工作人员进行常态化的监督，建立有效的绩效考核制度； 2）在数据治理活动中，协调并整合资源，解决该过程中遇到的各类问题

续表6－4

序号	管理职能	管理内容
1	数据治理	3）理解数据相关问题，并对问题进行管理，建立发现问题、解决问题和归档问题的完整机制，并形成问题解决方案库，以指导其后相同或相似的问题； 4）对数据管理工作进行监控，使其符合法律法规； 5）对数据政策、标准和架构进行监控，使数据管理工作能够依照政策、标准和架构，有序、有效地执行； 6）对数据管理项目和服务进行监督和控制，确保项目和服务顺利推进； 7）向数据管理部门之前的其他相关部门宣传数据资产的价值，使整个企业内部形成统一的认识，将数据作为资产重视并协同一致进行管理和应用
2	数据架构管理	明确整个企业的数据需求，对其含义进行全面的理解和界定，并通过架构的设计来满足企业的数据需求。数据架构管理有三大核心内容，分别是建立数据架构，并完成日常运维任务，建立和维护应用系统解决方案与数据架构的关系，以及建立并维护各类项目之间的关系
3	数据开发	数据开发的前提是理解企业的业务需求，并基于业务需求，找到能够满足该业务需求的数据，进而实施提取数据、处理数据和维护数据等一系列操作，最终形成能够满足业务需求的数据方案。或者可以理解为：以数据为操作对象，对其进行理解、设计、分析和处理。这个过程包含分析数据、建立数据模型、进行数据计算，以及维护数据库
4	数据操作管理	在从数据的生产、获取、存档到删除等过程的整个数据生命周期内，进行规划、管控和支持
5	数据安全计划	数据安全计划包括划定需要保障安全的数据范围、数据安全的级别以及数据安全实施的方法和策略。保障数据安全的方法多种多样，既有字段级别的密文加密，又包括身份授权访问等账号管理方面的策略

续表 6－4

序号	管理职能	管理内容
6	参考数据和主数据管理	主数据是数据管理的核心，分别在企业各系统和各流程中，指主体数据。参考数据是辅助性的数据。对参考数据和主数据的管理包括对其进行设计、控制和优化，从而保证参考数据及主数据的准确性、可靠性
7	数据仓库和商务智能管理	数据仓库的管理是面向数据仓库的数据，对其进行新建、删除、变更、查询等操作，并对数据间的关系进行维护。商务智能管理，则是面向业务人员，特别是企业内部关心数据指标的人员，对数据进行加工、计算，形成具有意义的指标，并提供应用软件或者工具，使其能够查询和分析数据
8	文档和内容管理	对企业的文本数据，以及图片、声音、视频等非结构化数据进行统一管理，主要包括数据的存储和归档
9	元数据管理	元数据管理对元数据进行规划、实施与控制的活动。其中，规划元数据包括但不限于对元数据的名称、存储路径进行标准化描述和设计。实施活动包括新建、变更、删除等。在元数据操作中，严格遵循元数据标准定义和约束。控制活动是对元数据实施活动的监督和管理，保证实施过程按要求执行
10	数据质量管理	数据质量管理活动是围绕数据准确性、完整性、一致性开展的数据管理活动。对数据的生产、加工和使用全过程进行全面的稽核和监控，发现并定位数据质量问题，及时解决数据质量问题，并沉淀和传递数据质量管理知识

6.2.3 大数据生命周期 POSMAD 理论

1999 年，Larry P. English 在其著作《提高数据仓库和业务信息质量》（*Improving Data Warehouse and Business Information Quality*）中讨论了一种通用资源生命周期，包括管理任何资源（人员、资金、设施和设备、材料和产品，以及信息）所需要的流程。2010 年，McGilvray 在《数据质量工程实践　获取高质量数据和可信信息的十大步骤》一书中将 Larry P. English 提出的流程称为阶段，并定义了数据生命周期各个阶段，明确了相应的数据行动示例，使用各阶段的首写字母作为信息生命周期的缩略语，即 POSMAD。

数据生命周期、信息生命周期以及大数据生命周期的内涵一致，这里不做区分。注意，大数据生命周期并不是线性过程，它是反复迭代的过程。大数据生命周期各个阶段的定义及行动参见表6－5。

表6－5　大数据生命周期阶段定义及行动示例

序号	阶段	定义	数据行动示例
1	规划（plan）	准备资源	确定目标、规划信息结构、制定标准和定义；建模、设计和开发应用软件、数据库、流程、组织等被视作信息规划阶段的必要部分
2	获取（obtain）	获取资源	创建记录、购置数据、加载外部文件等
3	存储和共享（store and share）	以电子形式或硬盘占有资源，并能够共享信息	数据以电子形式或纸质形式存储在数据库或存储在硬盘中；通过互联网、企业服务总线或电子邮件或其他方式共享与资源有关的信息
4	维护（maintain）	对数据进行维护，保证资源正常生产，持续正常工作	更新、变更、操作、解析、标准化、验证，或核实数据；提高或增强数据的质量；清洗、擦洗或转换数据；消除重复、链接，或匹配记录；合并记录；等等
5	应用（apply）	使用资源到达目标	检索数据、使用信息。包括所有信息用途：完成交易、撰写报告、通过报告中的信息做出管理决定、运行自动化流程等
6	报废（dispose）	丢弃不再有用的资源	归档信息，删除数据或记录

6.2.4　基于大数据治理模型 DMM 的评估指标体系及基于 CMMI 的评估方法

大数据治理模型既是指导企业大数据治理的工作框架，也是评估企业大数据治理成效的工作框架。因此，大数据治理评估指标体系是基于大数据治理模型而设计的。评估指标有定量指标和定性指标两类，定量指标属于客观指标，一般基于某种确定的计算方法得出；而定性指标属于主观指标，一般基于某种分类打分的统计方法得出，常用的是专家分类打分的统计均值方法。

基于目前流行的大数据治理模型设计的评估指标多数属于定性指标，需要有一个科学统一的方法指导评估过程，国内外一般采用 CMMI 模型作为科学统一的方法指导这类评估过程。CMMI 将成熟度从低到高依次分为初始级、基本管理级、主动管理级、量化管理级以及优化级 5 个等级，并从低到高依次对定性的评估指标打分为 1 分、2 分、3 分、4 分和 5 分。评估专家依据 CMMI 评估模型对评估指标使用统一的打分方法，体现了评估过程和评估方法的相对公平、公正性。

表 6－6 是对 CMMI 成熟度模型等级分类和使用方法的概括，而表6－7是基于大数据治理模型 DMM 的评估指标体系及基于 CMMI 的评估方法。

表 6－6　CMMI 成熟度模型等级分类和使用方法概括

等级	名称	定义	特征	分值
1	初始级	临时的流程，不稳定的环境。成功反映组织内个人的能力，而不是成熟流程的使用。这个级别的组织常常会生成有效的产品和服务，但它们常常会超出预算和项目时间表。因此，初始级被认为是成熟度流程的工作尚未开展	工作尚未开展	1
2	基本管理级	成功的案例能够被再次实践，但是其流程却不能被企业内数据管理相关项目完全复用。基本的项目管理有助于跟踪成本和时间表，而流程学科有助于确保保留现有的实践。当这些实践就绪之后，项目就会依据它们所备案的计划执行和管理。但是，仍然存在超出成本和预算时间的风险	具有基本能力，能开展相关工作	2
3	主动管理级	组织的标准流程只用于在整个组织中建立一致性。对组织的标准流程集中的项目标准、流程描述和规程进行调整，以适合特定的项目或组织部门。此阶段是主动管理阶段，组织有了一定经验的积累，也形成了部分标准流程，但尚未完善，在标准、流程等方面仍需要调整	积累并重用了相关的知识及经验	3

续表6－6

等级	名称	定义	特征	分值
4	量化管理级	能力体现在企业能够协调各方资源、设计和建立相关流程、维护数据质量的目标。所选的子流程对整体流程性能具有重大贡献，使用统计技术和其他量化技术来控制。此阶段的关键是“量化”，组织能够使用工具或技术量化效果	能取得持续的效果，采用了先进的技术和工具	4
5	优化级	组织建立了可量化、可持续修订的流程改进目标，从而反映不断变化的业务目标，并用作管理流程改进的条件。因此，此阶段又称为优化阶段。但这种优化并非一次性的，而是不断迭代的，持续进行的	有创新能力，成为行业的标杆	5

表6－7　基于大数据治理模型DMM的评估指标体系及基于CMMI的评估方法

基于DMM的评估指标体系			基于CMMI等级的评估分值				
序号	一级指标	二级指标	1级	2级	3级	4级	5级
1	数据管理战略	1）沟通	1	2	3	4	5
		2）数据管理职责	1	2	3	4	5
		3）业务案例	1	2	3	4	5
		4）提供资金	1	2	3	4	5
2	数据治理	1）业务术语表	1	2	3	4	5
		2）元数据管理	1	2	3	4	5
3	数据质量战略	1）数据轮廓	1	2	3	4	5
		2）数据质量评估	1	2	3	4	5
		3）数据清洗	1	2	3	4	5
4	数据操作	1）数据需求定义	1	2	3	4	5
		2）数据生命周期管理	1	2	3	4	5
		3）数据提供管理	1	2	3	4	5
		4）历史数据归档和保留	1	2	3	4	5

续表 6－7

基于 DMM 的评估指标体系			基于 CMMI 等级的评估分值				
序号	一级指标	二级指标	1 级	2 级	3 级	4 级	5 级
5	平台及架构	1）架构方法	1	2	3	4	5
		2）架构标准	1	2	3	4	5
		3）数据管理平台	1	2	3	4	5
		4）数据集成	1	2	3	4	5
6	支持流程	1）流程管理	1	2	3	4	5
		2）流程质量保证	1	2	3	4	5
		3）风险管理	1	2	3	4	5
		4）配置管理	1	2	3	4	5
		5）量度与分析	1	2	3	4	5

注：实际评估过程操作，一般采用多个专家打分取均值。

本章参考文献

［1］刘洁丽．H 电力公司大数据治理体系构建及实施研究［D］．成都：电子科技大学，2017.

［2］英蒙，林斯泰特．数据架构：大数据、数据仓库以及 Data Vault［M］．唐富年，译．北京：人民邮电出版社，2017.

［3］程广明．大数据治理模型与治理成熟度评估研究［J］．科技与创新．2016（9）：6－7.

［4］Sunil Soares．IBM 数据治理统一流程［M］．Blaine：MC Press Online，LLC，2010.

［5］曾凯．大数据治理框架体系研究［J］．信息系统工程，2016（11）：130－131.

［6］索雷斯．大数据治理［M］．匡斌，译．北京：清华大学出版社，2014.

［7］麦吉利夫雷．数据质量工程实践：获取高质量数据和可信信息™的

十大步骤［M］. 刁兴春，曹建军，张健美，等，译. 北京：电子工业出版社，2010.

［8］李伟绵. 基于生命周期理论的研究数据管理服务评估研究［D］. 北京：北京理工大学，2016.

第二部分

应用案例篇

——电力事故事件与违章大数据分析及预控模型研究和应用

道生一，一生二，二生三，三生万物。

——老子《道德经》

老子的这句话与古代的《易经》思想“太极生两仪，两仪生四象，四象生八卦……”一脉相承，这是中华传统文化哲学思想的精髓之一，用于“大数据应用”，就是“假传万卷书，真传一案例”。

第7章　项目可行性研究要点

7.1　项目可行性，项目之概述

7.1.1　电力人身事故事件与违章面临的挑战

由于电力行业不间断供电的特性和要求，加上在安全管控方面管理手段落后、人性化管理缺失等弊端，员工必须长期倒班，而且安全要求严格，大多数员工都不同程度地处于长期疲劳与高度精神压力状态。电力操作人员既要面对繁杂多样的人机界面，又要遵守严密的操作规程和操作票或人员的口令（指令），同时，还要应对环境中的振动、噪声、高温、辐射以及户外工作遇见的恶劣天气影响，这对操作人员的生理、心理、认知过程、技能、知识等综合素质都有较高的要求。

从电力企业近年来安全生产的数据来看，事故逐年递减。电力生产中人身事故、特大和重大设备事故等恶性事故已经鲜有发生。2006年，全国发生电力人身伤亡事故48起、死亡106人，其中电力生产人身伤亡事故13起、死亡17人；全国电网事故48起、发生设备事故238起，其中重大电网事故1起、重大设备事故2起。2007年，全国发生电力人身伤亡责任事故39起，死亡79人，其中电力生产人身伤亡责任事故16起，死亡17人；全国发生电网事故37起，发生设备事故170起，其中重大设备事故2起。2008年，全国发生电力人身伤亡责任事故29起，死亡49人，其中电力生产人身伤亡责任事故17起，死亡22人；全国共发生电网事故31起，发生设备事故172起，其中重大设备事故3起。2009年，全国发生电力人身伤亡责任事故31起，死亡57人，其中电力生产人身伤亡责任事故17起，死亡23人；全国共发生电网事故18起，发生设备事故163起，其中重大设备事故1起。2010年，全国发生电力人身伤亡责任事故32起，死亡54人，其中电力生产人身伤亡责任事故25起，死亡33人；全国共发生电网事故19起，发生设备事故145起，其中重大设备事故1起。

虽然电网和设备事故发生数量从2006年至2010年呈现下降态势，但是

2010 年死亡人数增长率达 43.5%，人身伤亡事故数增长率 47.1%，人身伤亡事故数和死亡人数呈显著逐年的上升趋势。根据统计数据，2006 年至 2010 年，所有通报的重大安全事故 61 起。其中，意外事故 19 起，占 31%，人因事故 31 起，占 51%，物因事故 17 起，占 28%，人因事故占到了半数以上。应该指出，大部分的物因是被认定为责任事故，是管理不到位导致的，其深层次的根源仍是人因事故。从历史数据来看，发电和供电企业的事故致因里，人因为主事故比例则更高，约占 77%，物因事故占 21%，偶然事故占 2%。可见，近年来虽然我国电力企业安全生产情况逐年好转，事故数呈下降趋势，但是在人因安全方面却形势严峻，甚至有恶化的趋势。

7.1.2 电力人身事故事件与违章分析技术发展现状和趋势

电力的安全是指在电力生产的过程中不发生计划外停电、设备破坏和人员伤亡等事件。20 世纪 50 年代以来，随着电力行业的快速发展和一系列新技术的出现，电力的安全管理也不断取得进步。在 20 世纪 60 年代，事故致因理论、事故预防理论等风险管理理论传入我国，电力从业人员与研究者接受了现代安全生产管理的思想并开始了工业风险管理的相关研究。到了 20 世纪八九十年代，研究人员开始了安全生产风险评估与风险源识别等研究。进入 21 世纪，我国电力工业的系统化安全生产管理体系已基本成型。

近年来，全球恶劣极端天气频发，导致国内外电网事故不断增多。雷电、暴雨、大风、浓雾、高温、低温、冻雨等气象因素均有可能导致设备和线路损坏。2008 年 1 月，我国南方地区低温雨雪冰冻灾害造成大范围电网瘫痪，直接经济损失达 1516 亿元。2009 年 8 月 27 日，受局地大风灾害影响，石家庄栾城县发生多处倒杆、断杆、断线，有 6 条线路和 4 座变电站全部停电。2009 年 11 月 10 日，由于闪电暴雨引发电力线路故障，巴西最大的 2 个城市里约热内卢和圣保罗以及周边地区发生大停电，超过 1/4 的巴西人突然遭遇黑暗；2012 年 7 月 30 日，由于高温湿热天气，印度国家电力设施因为负荷过重、设备过热而崩溃，导致印度 14 个州出现停电状况，6 亿居民的生活受到严重影响。由此看出，分析气象条件对电力系统的影响以便日后采取针对性措施来抵御和减轻事故损失是十分必要的。

目前，国内已有学者对气象条件与电网安全的影响进行过相关的研究，主要考虑极端自然灾害的影响、干旱、大气湿度和雾以及季节变化对电网负荷变化的影响。研究表明，夏季、冬季极端温度的变化引起电网负荷的剧烈变化。

虽然外部因素是导致电力安全事故事件的主要原因，但是现代安全管理科学提出，人的不安全行为是造成事故的主要原因。例如，作业者作为一个随机系统，其行为、动作失误具有随机性；作业者的心理活动难以掌握；人机不匹配；忽视对事故原因的分析和控制；对人的行为的评价项目及依据欠缺；缺少安全培训；部分员工存在技术技能偏弱、安全意识差、违章作业多、心理不健康等因素。对人的行为模型及影响人行为的因素分析、事故发生原因分析、人因失误分析、人的不安全行为分析等方面的研究，可以找出电力生产事故的深层次原因，值班人员的疲劳问题对事故产生的影响不容忽视。

违章问题一直是电力企业生产安全管理的一个重难点。相关研究表明，违章行为可导致人身伤害的主观感觉的作用、违章行为会受到法规惩处的作用、违章行为与遵章行为满足生理心理需要作用的差值等；侥幸心理、从众心理、草率心理、省能心理、逆反心理、散漫心理等也是产生违章作业的原因。

电气误操作问题一直受到高度重视。运行值班人员误操作行为的原因包括人为因素、自然环境因素、设备因素、人因失误以及认知和技能因素、环境因素、生理/心理/性格因素等。

电力安全生产系统里有着大量的人机界面，人要与不同机器进行信息的交换，人机界面是否友好，是否能够准确清晰地显示信息会影响人的判断与操作。监控显示屏对各种报警参数的提醒复杂多样，极易造成监盘人员的注意力分散，干扰其对重要信息的注意，显示控制系统的尺寸和空间位置不当等原因也是重要的影响因素。当设备的设计不是尽善尽美时，人对信息纠偏或者误判断促使人在与机器设备进行的信息交换呈现复杂性。人在不同的工作环境中，不同的温度、照度、噪声环境影响着人的判断、操作，长时间的电磁环境可使人出现烦躁、头晕、疲劳、失眠、记忆力衰退、植物性神经功能紊乱，倒班或者长时间的高负荷工作则会进一步造成作业人员的情绪紊乱和工作效率低下。可见，人与系统因素之间的相互作用呈现复杂的关系。人作为系统中的一个部分，本身存在复杂性。电力企业人员规模庞大，从管理员工到基层班组成员有不同层级的员工，从变电、检修、运行、调度发电企业电网企业有不同工种的员工。而复杂的操作规程和所使用的仪器、工器具的多样性，对人员能力的要求也更具复杂性。在管理过程中，人与人之间的相处、经济利益和职权责任使得人的社会属性本身带有复杂的社会人的特征，人的性格、生理变化、心理变化更是难以把握而且更加复杂。

作为个体的人，在电力企业中以群体的形式存在，按照社会规范和行业规则各尽其责、相互协调，形成了一个有序的结构。因此，人事组织又具有系统的自组织性。而组织行为学认为，群体内既存在着正式群体，又存在着非正式群体。按照这个理论，企业文化中存在主流文化与潜流文化。非正式群体与潜流文化，使得个人在组织中同时受到两种截然相反的组织影响，这是由自组织带来的人因动态性。

作为个体人，其生理变化和心理变化也会随着环境的动态变化而变化。例如，突发事件导致的精神紧张、压力增大、情绪波动等。人的生物特性决定了人处于环境之中，既具有应激性，同时也具有自适应性。自适应性是指人能够随着时间的推移，将系统的规模和结构或者规则、功能向着有利于自身存在方向进行调整。而这种有利于自身存在的演变，是有机物所特有的一种属性。在电力企业安全生产系统中，只有人才有这种特性，能够具有特殊的学习和推理能力，根据环境迅速改变自己的行为法则，增强自身的能力，使得自己更适应环境。但是，并不都是有利于安全生产的，走捷径、省工作步骤同样也是自适应的一部分。这样的适应结果则会带来事故隐患。可见，自适应的本身是一个不断变迁的动态过程。

20 世纪 70 年代，美国数学家 Saaty 提出了层次分析法，其原理就是将各目标因素按照重要性的大小，由高到低排列，形成相互关联的几个层次，同时量化每一个层次因素之间的相对重要性，从而建立要素的重要性排序判断矩阵，并以此作为决策的依据。Saaty 的层次分析法能够将复杂的系统问题简单化，但是其中存在一致性和计算量大等问题。一些学者提出的基于模糊函数的层次分析法能够有效解决上述问题，即用三角模糊数表示比较判断的方法，并运用三角模糊数的运算和最小二乘法，求得元素的排序。

在对人因影响因素进行分析研究的过程中，引入了基于三角模糊函数的层次分析法，改进了以往单纯使用层次分析法的不足，构建了人因安全影响因素层次结构模型，并采用三角模糊数的打分法构建三角模糊函数。确定了最重要的七项工作因素，即压力因素、人文关怀因素、注意力、思维力、记忆力、知识技能、情绪体验。通过权重选择和因素重要性的排序，揭示电力人因事故事件的发生机理。

当前，针对电力系统人因可靠性的研究成果主要还是针对误操作、不安全行为等，其研究成果大多相近，缺乏基础数据，尚未建立起电力系统人因可靠性评估的理论体系。而且，大多以定性分析为主，现有方法的可操作性亦不强，电网操作人因可靠性的量化分析评估研究尚不多见。进一步探索电网人因可靠性与事故预控对丰富电网安全评估与风险管理有重大意义。

7.1.3 电力系统大数据应用的发展现状和趋势

智能电网具备高度信息化和数字化的特点，具备双向流动的能量流和信息流，产生较以往数量庞大、类型多样、结构复杂、分布广泛、速度极快的大数据。例如，智能电表获取终端用户用电信息的数据，电网设备监控系统从发、输、变、配等多个环节实时的监控数据，以及包括电力信息预测所需的社会经济发展和气象数据等；电力数据在规模上从 GB/TB 上升至 PB/EB/ZB，在类型上包含了结构化、半结构化及空间矢量数据，在速率上以“流”的形式存在，数据处理同时要求实时性。传统的基于串行处理和结构化数据处理的方法捉襟见肘。智能电网的建设为大数据提供了极佳的应用发展平台，大数据理论和技术上的进步也将有助于电网的智能化。但目前大数据在电力系统中的应用尚处于起步阶段，其价值并未被充分挖掘和利用。

在国外，IBM 公司连续发布智能电网大数据白皮书，美国电科院（EPRI）启动了智能电网大数据研究项目，开展了以用户用电数据为主要数据源的大数据应用研究。在国内，适应新能源发展和电动汽车接入的智能电网、物联网和云计算、海量数据处理的信息服务被列入“十二五”国家战略性新兴产业发展规划，将获国家资金、政策和人才支持。国家科技部下达的“863 计划”项目指南中，智能配用电大数据应用关键技术、智能用电与综合能源利用技术、基于大数据分析的输变电设备状态评估系统开发 3 项有关智能电网电力大数据的研究在列。电力行业也充分意识到大数据研究的意义，在科学研究和实际应用等方面开始了积极探索。2013 年 3 月，中国电机工程学会电力信息化专委会编制并发布了《中国电力大数据发展白皮书》，白皮书对电力大数据的内涵、特征、价值分析、应用前景和发展挑战等进行了分析。2015 年 1 月起，《中国电机工程学报》连续三期刊出《大数据与电力系统——理论、方法、技术与应用》专题文章，从方法、技术与应用展望等方面，多角度深入讨论大数据在电力系统中的应用问题。国家电网启动了多项智能电网大数据研究项目，并在多地获得推广应用。大数据正成为电力企业生产、运行和管理的第一手材料，信息流与能量流共同为电力行业创造巨大价值。IBM 公司通过对电网大数据的处理与分析，提出了智能电网大数据解决方案，实现了数据资源管理、电力网络合理规划、发电效率提升、配电网实时监控、机组出力优化和负荷预测等具体应用。大数据技术融合物联网、地理软件平台、云计算等在智能电网中的应用，将有力促进电力系统安全生产运行和电力企业高效经营管理，对更好地服务节能减排绿色事业、服务经济社会发展、服务资源节约型和环境友好型能源建设而言意义重大。大数据与电力系统的深度交叉融合，电力大数据将有力地推进电力系统信息化建设，提高电力系统规划、建设、运行和管理水平。大数据技术在智能电网负荷预测、故障诊断、优化运行、分布式能源与电动汽车接入、资产与业务管理等多个方面获得应用。

7.1.4 国内外研究机构与本项目相关的研究情况

国内研究者基本都是从人的行为规律、外部因素等方面对电力事故的人因失误因素进行分析研究，探索事故人因失误产生的原因，并且提出一些相对应的措施，其关注视角基本相同。而且，国内研究者分析电力事故人因失误原因多是从员工的培训、个体的心理等方面进行分析，缺乏从组织因素等更深层次的实证分析和有针对性的个体和组织人因失误关联性的研究；提出的一些措施只是强化安全意识、加强员工培训等，虽然这些措施也是从组织管理的角度提出的，但是这些措施很多企业已经在做了，显得泛泛而谈，很少有研究提出一些系统性强、操作性强、有针对性的管理措施。对违章问题的研究对象基本都是电力企业生产实践的一线工作人员，对电力企业生产中的违章行为分析视角基本是从一线员工的生理和心理进行分析，分析角度大致差不多，缺乏从组织管理等更深层次的分析，其分析问题和讨论的深度都有待加强。

在国内，电力系统故障研究成果很多，而在电力人身事故事件大数据分析与预控方面，相关研究很少，采用大数据分析方法对电力人身事故事件研究的更少。

国外学者侧重于电力系统故障的分析研究，而在电力人身事故事件大数据分析与预控方面，相关研究很少，采用大数据分析方法对电力人身事故事件研究的更少。

7.1.5 项目研究开发意义及价值

广东电网有限责任公司中山供电局安监部承担暨广州德永计算机科技有限公司实施的“电力事故事件与违章大数据分析及预控模型研究和应用”（以下简称“项目”），旨在探讨一条应用大数据分析方法的数据挖掘技术以及机器学习方法求解降低人因违章事故事件问题的途径，通过揭示人的不安全行为与电力事故事件的内在关系及规律，研究电力违章事故事件风险的预控模型，进而开发出一套“电力事故事件与违章大数据分析及预控模型应用平台系统”，用于电力安全生产的辅助管理，为提高电力企业安全生产管理水平服务。

项目研究从科学性、系统性、可行性、适用性及有效性等方面入手，力求全面把握电力人身事故事件的内在规律和共性特征，并应用人工智能技术开发人因违章事故事件的管控平台，为电网安全建设和电网安全运行提供信息化、智能化技术手段支持，项目求解的问题具有研究开发的重大意义和应用价值。

7.2 项目可行性：目标与指标

7.2.1 明确项目研发的问题

在电力生产及运行维护的安全监督管理工作中，可以将电力事故事件分为设备事故事件、人因违章事故事件和偶然事故事件，这些事故事件都可能导致人身伤亡。人因违章事故事件简称为违章事故事件，设备事故事件和偶然事故事件不在本项目的研究范围内。

日常的电力生产或运行维护需要制订生产计划，并按生产计划制定工作票和操作票，本项目将按生产计划制定工作票和操作票所形成的作业任务统称为作业工单（也称“工单”）。对这类作业工单，项目研究作业工单执行的事前、事中以及事后全生命周期如何预控以及管理人因违章的事故事件问题。

有些电力生产或运行维护作业是无法事先制订生产计划的，如急抢修作业以及一些临时性的作业安排等，对这类作业任务，项目研究作业工单执行的事中以及事后如何预控以及管理人因违章的事故事件问题。

7.2.2 项目研发的总体目标

基于历史违章及事故事件大数据案例，应用大数据分析方法和数据挖掘（聚类和分类）技术，研究人的不安全行为的内在规律，揭示电力人因违章及事故事件的发生机理，研发违章及事故事件预控模型；确定导致电力人身事故事件的高风险行为，推演事故事件在不同作业场景下的薄弱环节，制订安全管控的管理手段，实现降低电力作业事故事件风险以及预防重复性事故事件发生的总体目标。

7.2.3 项目研发的应用目标

基于技术目标的研究成果（包括内在规律、发生机理以及预控模型），开发电力人身事故事件与违章大数据分析及预控应用软件平台，应用于电网调度、设备运行维护及检修、电力建设等领域，通过科学、系统分析电力人身事故事件的规律和特征，推演事故事件在不同作业场景下的薄弱环节，为用户推送相同或相似的历史电力人身事故事件案例的警示信息以及对应的管控措施。

7.2.4 项目研发的落地目标

（1）项目落地要求。能够科学、有效地预测电力作业的风险等级（高风险、中风险及低风险），实际电力作业工单验证的风险预测准确率不低于落地应用可接受的要求。

（2）成果落地支持。在风险等级预测评估的基础上，能够依据作业工单的风险等级以及作业场景，匹配出大数据案例库中的历史违章事故事件案例，通过历史违章事故事件的案例场景分析，为电力作业全生命周期风险管控提供事前风险评估、事中风险警示以及事后隐患分析的大数据应用支持。

（3）项目示范应用。选择合适的项目示范应用单位，试用项目研发的电力事故事件与违章大数据分析及预控平台系统，验证项目研发核心应用功能的有效性以及实际应用操作的信息安全与操作便利。

7.3 项目可行性：内容及创新

7.3.1 项目研发的内容

（1）电力人身事故事件与违章的大数据分析方法及预控技术研究。利用历史数据，研究电力人身事故事件与违章数据特征，采用数值模拟方法确定其发生概率及数据特征模糊表示方法以及其他数学表示方法；研究人身事故事件与“人、机、料、法、环”等特征要素关联性和灵敏性的大数据分析方法，揭示电力人身事故事件发生规律，明确人身事故事件与违章大数据分析所需关键信息，确定导致人身事故事件的高风险因素，制订电力人身事故事件预控措施。

（2）电力人身事故事件与违章大数据分析及预控平台开发技术研究。研究电力人身事故事件与违章大数据分析方法及预控策略，建立基于人工智能机器学习的电力人身事故事件预控模型，开发电力人身事故事件与违章大数据分析及预控平台软件，应用于设备运行维护及检修、电力建设等领域，通过科学、系统地分析电力人身事故事件的规律和特征，推演事故事件发生的薄弱环节，制订针对性的预防措施，预防重复性事故事件的发生。

7.3.2 项目研发的创新点

创新点1：提出基于核K-Means聚类的电力人身事故事件与违章大数据挖掘方法，揭示事故事件的规律和特征，推演事故事件的薄弱环节，建立违章事故事件管控机器学习模型。

创新点2：建立基于人工智能机器学习的电力人身事故事件的大数据管控平台，针对不同工作条件特征及人员特征，提出电力人身事故事件的安全警示、预控措施及作业指导。

7.4 项目可行性：技术之路线

7.4.1 项目研发技术路线

项目研发技术路线如图7-1所示。

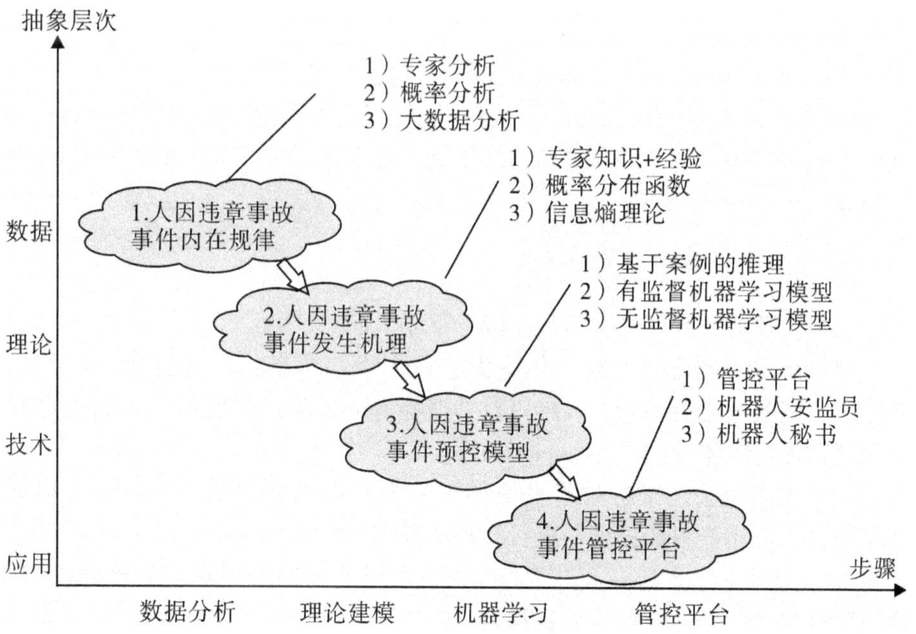

图7-1 项目研发技术路线

7.4.2　项目求解问题的方法

人因违章事故事件问题具有随机不确定性的特征，因此，本项目研究的问题是一个非结构化或半结构化问题，一般难以找到确定性的算法模型进行求解。

项目采用基于大数据关联分析的机器学习方法（核 K－Means 聚类方法和基于案例推理方法）设计人因违章事故事件的预控模型，求解问题的方法过程如下：

（1）应用全面质量管理理论中“人、机、料、法、环”的五个主要因素，从不同的维度（作业维、人员维、环境维、气象维、现场维以及分析维）分析、概括和抽取人因违章事故事件工单的特征，并据此收集和整理国内人因违章事故事件的案例工单数据，建立人因违章事故事件大数据集数据库。

（2）应用基于大数据集的人因违章事故事件特征关联分析方法和案例工单数据挖掘方法（统计分析方法、概率分析方法以及分类和聚类方法等），获得人因违章事故事件的一些隐含的规律和知识，进而开发人因违章事故事件的预控模型。

（3）应用项目开发的人因违章事故事件预控模型，开发电力人因违章事故事件预控及应用平台软件，并应用于电力生产的实际作业场景中，检验人因违章事故事件预控模型的有效性，并不断优化项目开发的人因违章事故事件预控模型。

7.4.3　项目主要的研发工作

项目主要的研发工作包括但不限于下述方面：

（1）收集、整理以及电子化电力企业人因违章事故事件原始资料数据，对原始资料数据进行剔除、改错以及补遗等清洗处理，确保用于项目研究的原始资料数据的完整性、准确性和一致性。

（2）开发电力违章事故事件原始资料大数据库管理系统，对非结构化、半结构化的原始资料数据统一进行结构化管理。

（3）应用统计分析技术，筛选出项目用于建设电力违章事故事件预控模型的数据特征，并进行统计分析和检验。

（4）电力违章事故事件人身伤亡原始资料数据是一个不平衡数据集，在数据集中属于人身伤亡的数据相对规模很小，需要研究大数据环境下，在不平衡数据集上研究合适的数据挖掘的方法和相关的挖掘技术。

（5）应用数据挖掘方法和技术，在电力违章事故事件数据集上进行数据挖掘实验，发现有利于揭示电力违章事故事件发生的机理或内在规律，训练出具有应用价值精度的机器学习分类模型，用于建设电力违章事故事件人身伤亡预控平台系统。

（6）应用基于案例推理的方法开发电力违章事故事件人身伤亡预控模型，为项目寻求新的求解问题的途径。

（7）基于项目理论和实验研究的成果，开发电力违章事故事件人身伤亡预控平台系统。

（8）项目成果在中山供电局应用现场的验证工作。

7.5 项目可行性：投资及预算

略。

7.6 项目可行性：计划与进度

略。

7.7 项目可行性：组织与管理

略。

7.8 项目可行性：效益之分析

略。

7.9 项目可行性：研究之结论

项目求解问题及研发目标明确，研发技术路线可行，研发成果产生的经济和社会效益体现在下述方面：

（1）能够科学有效地降低或避免电力安全重复事故事件的发生概率，预防重复性事故事件发生，保障电网安全稳定可靠经济运行，预期的经济效益及社会效益巨大。

（2）项目研发成果的应用，对于减少停电事故事件，对于保障社会生产和生活的正常运行有积极的促进作用。

（3）推广应用电力人身和误操作事故事件大数据分析与预控技术，并建设电力人身事故事件与违章大数据分析及预控平台，符合智能电网建设的要求，在保障电网和设备的安全运行、提高运行人员工作效率、减轻运行人员的劳动强度、降低工资成本、普遍提高运行人员的技术业务素质等多方面都将发挥显著的积极作用。

项目研究从科学性、系统性、可行性、适用性及有效性等方面入手，力求全面把握电力违章人身事故事件的内在规律和共性特征，并应用人工智能技术开发人因违章事故事件的预控平台，为电网安全建设和电网安全运行提供信息化、智能化技术手段支持，项目研发具有重大意义和应用价值，建议立项实施。

第 8 章　项目大数据框架平台之搭建

8.1　大数据框架，集群之规划

8.1.1　集群规划方案

在部署大数据应用平台之前，需要对集群的规模以及集群中各节点的角色进行规划设计。根据案例项目的需求，服务器集群至少应具有"Hadoop + HBase + Spark"的框架结构，案例项目对应的集群规划方案如表 8－1 中所示。

表 8－1　服务器集群规划方案

主机名	IP	系统版本	Hadoop node	进程
hadoop1	192. 168. 0. 186	CentOS Linux release　7. 6. 1810 (Core)	Master	HRegionServer ResourceManager HMaster HQuorumPeer SecondaryNameNode ThriftServer Master Worker NameNode NodeManager
hadoop2	192. 168. 0. 187	CentOS Linux release　7. 6. 1810 (Core)	Slave	HRegionServer Worker DataNode HQuorumPeer NodeManager

续表 8－1

主机名	IP	系统版本	Hadoop node	进程
hadoop3	192.168.0.186	CentOS Linux release 7.6.1810 (Core)	Slave	HRegionServer Worker DataNode HQuorumPeer NodeManager

8.1.2 修改主机名称

为了后面的步骤中服务器能更好地互相寻址，需要我们为每台主机配置主机名称，根据集群规划中的内容，需要将 192.168.0.186 的主机改为 hadoop1，将 192.168.0.187 的主机改名 hadoop2，将 192.168.0.188 的主机改为 hadoop3，修改主机名的命令如下所示：

```
[root@ hadoop1 bin]#hostnamectl set -hostname xxx
```

8.1.3 修改 host 文件

主机之间互相访问最好采用主机名称的方式来寻址而不是使用 IP，所以需要在各个节点的 hosts 文件中配置其他节点的主机名称。

在 hadoop1 中的 hosts 文件配置如下：

```
127.0.0.1    hadoop1
192.168.0.187    hadoop2
192.168.0.188    hadoop3
```

在 hadoop2 中的 hosts 文件配置如下：

```
127.0.0.1    hadoop2
192.168.0.186    hadoop1
192.168.0.188    hadoop3
```

在 hadoop3 中的 hosts 文件配置如下：

```
127.0.0.1    hadoop3
192.168.0.187    hadoop2
192.168.0.186    hadoop1
```

8.1.4 创建 hadoop 用户

在集群中所有的主机下均建立一个账号 hadoop 用来运行 hadoop，并将其添加至 sudoers 中以获得 root 权限，如下所示：

```
[root@ hadoop1 bin]#useradd hadoop
[root@ hadoop1 bin]#passwd hadoop
[root@ hadoop1 bin]#visudo
root     ALL = (ALL)     ALL
hadoop   ALL = (ALL)     ALL
```

8.1.5 配置 SSH 免密码

Master 作为客户端，要实现无密码公钥认证，连接到服务器 Salve 上时，需要在 Master 上生成一个密钥对，包括一个公钥和一个私钥，而后将公钥复制到所有的 Slave 上。当 Master 通过 SSH 连接 Salve 时，Salve 就会生成一个随机数并用 Master 的公钥对随机数进行加密，并发送给 Master。Master 收到加密数之后再用私钥解密，并将解密数回传给 Slave，Slave 确认解密数无误之后就允许 Master 进行连接了。这就是一个公钥认证过程，其间不需要用户手工输入密码。

由于后面 Slave 的节点的进程需要由 Master 来启动，所以需要在节点之间配置 SSH 免密登录，具体操作如下所示：

```
#在每台主机中安装 SSH 服务
[root@ hadoop1 bin]#yum install openssh - server
#配置 hadoop1 免密登录 hadoop2 和 hadoop3
[hadoop@ hadoop1 bin] $cd ~
[hadoop@ hadoop1 ~] $ssh - keygen - t rsa
#连续回车 3 下后可在目录下生成.ssh 文件夹
[hadoop@ hadoop1 ~] $cd .ssh/
[hadoop@ hadoop1 .ssh] $cp id_rsa.pub authorized_keys
#把 hadoop1 上面的 authorized_keys 文件复制到 hadoop2 和 hadoop3 的/home/hadoop/.ssh/文件下面
[hadoop@ hadoop1 .ssh] $scp authorized_keys hadoop@ 192.168.0.187:homehadoop/.ssh
[hadoop@ hadoop1 .ssh] $scp authorized_keys hadoop@ 192.168.0.188:homehadoop/.ssh
#修改 hadoop2 下的.ssh 目录的权限以及 authorized_keys 的权限
```

```
[hadoop@ hadoop2 .ssh] $ sudo chmod 644 ~/.ssh/authorized_keys
[hadoop@ hadoop2 .ssh] $ sudo chmod 700 ~/.ssh
#修改 hadoop2 下的.ssh 目录的权限以及 authorized_keys 的权限
[hadoop@ hadoop3 .ssh] $ sudo chmod 644 ~/.ssh/authorized_keys
[hadoop@ hadoop3 .ssh] $ sudo chmod 700 ~/.ssh
```

这样 hadoop1 就能免密登录 hadoop2 和 hadoop3，要互相免密登录还需要配置 hadoop2 免密登录 hadoop1 和 hadoop3，还有 hadoop3 免密登录 hadoop1 和 hadoop2。

8.1.6 Java 环境安装

所有的节点上都要安装 JDK，可以先在 Master 服务器安装，然后其他服务器按照步骤重复进行即可。安装 JDK 以及配置环境变量，需要以“root”的身份进行。

```
[root@ hadoop1 usr]#tar -zxvf  jdk-8u201-linux-x64.tar.gz
#在 profile 中的末尾加入以下内容
[root@ hadoop1 usr]#vim /etc/profile
   #java
   JAVA_HOME = /usr/jdk1.8.0_201
   JRE_HOME = $JAVA_HOME/jre
   CLASS_PATH = .: $JAVA_HOME/lib/dt.jar: $JAVA_HOME/lib/tools.jar:
$JRE_HOME/lib
   PATH = $PATH: $JAVA_HOME/bin: $JRE_HOME/bin
   export JAVA_HOME JRE_HOME CLASS_PATH PATH
#保存并退出,执行下面命令使其配置立即生效
[root@ hadoop1 usr]#source /etc/profile
#检验 java 是否安装成功
[root@ hadoop1 usr]#java -version
   java version "1.8.0_201"
   Java(TM)SE Runtime Environment(build 1.8.0_201-b09)
   Java HotSpot(TM)Server VM(build 25.201-b09,mixed mode)
```

8.2 大数据框架，Hadoop 之部署

8.2.1 安装 Hadoop

参见 4.3.3 节第 3 点内容（表 4-8 中的步骤 2 和步骤 3）。

8.2.2 配置 Hadoop

参见4.3.3节第3点内容（表4－8中的步骤2和步骤4）。

8.2.3 格式化 HDFS 文件系统

参见4.3.3节第3点内容（表4－8中的步骤5）。

8.2.4 启动 Hadoop

参见4.3.3节第3点内容（表4－8中的步骤5）。

8.3 大数据框架，HBase 之部署

HBase 是 Hadoop 生态圈中的一个分布式列存储数据库，在本项目中用以存储结构化数据。在安装 HBase 之前需要选择 Hadoop 版本支持的 HBase 版本，并且依赖 JDK 和 ZooKeeper（可以使用 HBase 自带的 ZooKeeper，也可以选择自行安装），以下是 HBase1.2.7 版本的安装过程。

8.3.1 安装 HBase

参见4.3.4节第5点内容（表4－14中的步骤2）。

8.3.2 配置 HBase

参见4.3.4节第5点内容（表4－14中的步骤2和步骤3）。

8.3.3 启动 HBase

参见4.3.4节第5点内容（表4－14中的步骤4）。

8.4 大数据框架，Spark 之部署

Spark 是基于内存计算的大数据并行计算框架，在本项目中用以模型计算实现。在安装 Spark 之前需要选择 Hadoop 版本支持的 Spark 版本，并且依赖 Scala 环境，以下是 Spark2.4.6 版本的安装过程。

8.4.1 安装 Scala

在安装 Scala 之前，需要确定 Spark 需要的 Scala 版本是什么，在本项目中使用的 Spark 的版本是 2.4.6，对应的 Scala 版本是 2.11.12。

在各个节点上解压 HBase 压缩包，并添加至 profile 文件中

```
[root@ hadoop1 usr]#tar -zxvf scala -2.11.12.tgz
[root@ hadoop1 usr]#mv scala -2.11.12 scala
```

#在 profile 中的末尾加入以下内容

```
[root@ hadoop1 usr]#vim /etc/profile
#scala
export SCALA_HOME = /usr/scala
export PATH = $PATH: $SCALA_HOME/bin
```

#保存并退出，执行下面命令使其配置立即生效

```
[root@ hadoop1 usr]#source /etc/profile
[root@ hadoop1 scala]# scala -version
Scala code runner version 2.11.12 - -Copyright 2002 -2017,LAMP/EPFL
```

8.4.2 安装 Spark

参见 4.4.4 节第 1 点内容（表 4－22 中的步骤 6）。

8.4.3 配置 Spark

参见 4.4.4 节第 1 点内容（表 4－22 中的步骤 7）。

8.4.4 启动 Spark

参见 4.4.4 节第 1 点内容（表 4－22 中的步骤 8 和步骤 9）。

第9章　项目大数据资源收集及预处理

9.1　大数据资源，内外要收集

9.1.1　项目大数据应用需求

项目研发的事故事件与违章大数据分析及预控平台应直接或间接支持如表9－1所示的管理业务需求。

表9－1　项目应用对安全监察部门日常管理业务工作支持的需求

序号	业务工作类型	业务工作内容	对项目应用的需求
1	安全生产委员会议	召开安全生产委员会议，研究解决安全重大问题，决策部署安全重大事项	有相应大数据应用功能支持
2	安全例会	定期召开各类安全例会，包括：年度安全工作会、月/周/日安全生产例会以及安全监督例会	国内电力系统典型违章事故事件场景分析
3	班前会和班后会	班前会结合当班运行方式、工作任务，开展安全风险分析，布置风险预控措施，组织交代工作任务、作业风险和安全措施，检查个人安全工器具、个人劳动防护用品和人员精神状况。班后会总结讲评当班工作和安全情况，表扬遵章守纪，批评忽视安全、违章作业等不良现象，布置下一个工作日任务	班前安全风险预警，班后安全隐患分析
4	安全活动	定期组织开展各项安全活动，包括：年度安全活动、安全生产月活动以及安全日活动	相应大数据应用功能支持
5	安全检查	定期和不定期进行安全检查，组织进行春季、秋季等季节性安全检查，组织开展各类专项安全检查	电力作业事中安全风险实时预警

续表 9－1

序号	业务工作类型	业务工作内容	对项目应用的需求
6	“两票”管理	建立“两票”管理制度，分层次对操作票和工作票进行分析、评价和考核以及“两票”知识调考	分层次的操作票和工作票专家知识库支持
7	违反工作	建立预防违章和查处违章的工作机制，开展违章自查、互查和稽查，采用违章曝光和违章记分等手段，加大反违章力度。定期通报反违章情况，对违章现象进行点评和分析	有相应大数据应用功能支持
8	安全通报	编写安全通报、快报，综合安全情况，分析事故规律，吸取事故教训	有相应大数据应用功能支持
9	安全培训	安全警示、历史案例、安全培训	有相应大数据应用功能支持

9.1.2　项目大数据数据需求

电力作业违章事故事件的发生是具有客观规律性的。通过人们长期的研究和分析，安全专业人员已总结出很多事故理论，如事故致因理论、事故模型、事故统计学规律等。违章事故事件的最基本特性就是因果性、随机性、潜伏性和可预防性。

（1）因果性。违章事故事件的因果性是指违章事故事件由相互联系的多种因素共同作用的结果，引起违章事故事件的原因是多方面的，在违章事故调查分析过程中，应弄清违章事故发生的因果关系，找到违章事故发生的主要原因，才能对症下药。

（2）随机性。违章事故事件的随机性是指违章事故发生的时间、地点以及违章事故事件后果的严重性是偶然发生的。这说明违章事故事件的预防具有一定的难度。但是，违章事故事件这种随机性在一定范畴内也遵循某些统计规律。从违章事故事件的统计资料中可以找到违章事故事件发生的规律性。因此，违章事故事件的统计分析对制订正确的安全风险预防措施具有指导意义。

（3）潜伏性。表面上违章事故事件是一种突发事件，但是违章事故事件发生之前应有一段潜伏期。在违章事故事件发生前，“人、机、料、法、环”系统所处的状态具有不稳定性，即系统存在着违章事故事件隐患，具有潜伏性。如果满足某些触发因素，就会导致违章事故事件的发生。在电力作业生产活动中，较长时间内未发生违章事故事件，如果此刻麻痹大意，就是忽视了违章事故事件的潜伏性，这种电力作业生产中的思想隐患，比较难以克服。

（4）可预防性。电力作业生产系统是“人、机、料、法、环”系统，这种客观实际的电力作业生产系统给预防违章事故事件提供了基本的前提。因此，任何违章事故事件从理论和客观上都是可预防的。认识到这一特性，对坚定防止违章事故事件发生的信念具有积极的作用。应用大数据分析、挖掘技术，研发事故事件与违章大数据分析及预控平台，并配合各种有力的管理措施，可以降低和消除违章事故事件发生的隐患。

基于上述电力作业违章事故事件的基本特性以及项目应用对安全监察部门日常管理业务工作支持的需求，设计出项目大数据应用的数据需求如表9-2所示。

表9-2　项目大数据应用的数据需求

序号	数据维度	数据需求
1	作业维（34个）	专业，专业细分，工作票类型，工作负责人（监护人），单位和班组名称，单位和班组类型，站/线路，工作班人员总人数，工作班人员，小组负责人，计划开始工作时间，计划结束工作时间，计划工作时长（小时），计划工作时间类型，许可工作时间，工作终结时间，实际工作时长（小时），实际工作时间类型，是否办理分组，工作任务或抢修任务，工作地点（段），电压等级，工作类型，作业对象，作业类型，作业基准风险等级，作业新增风险等级，作业工器具，安全工器具，绝缘安全工器具，登高安全工器具，个人防护用品，安全网、安全标示牌、安全围栏，案例作业工单执行结果
2	人员维（18个）	单位和班组人员年龄情况，团队人员婚姻情况，团队人员子女情况，团队人员学历情况，团队人员吸烟情况，团队人员喝酒情况（白酒、啤酒、红酒等），团队人员用工形式，团队人员职业禁忌情况，团队人员从事目前工种工作时间情况，团队人员曾任班组长情况，团队人员历史违章责任人情况，团队人员注意力测验分数情况，团队人员安规培训情况，团队人员无安全考试合格证情况，团队人员无资格证书情况，团队人员爱好体育运动情况，团队人员爱好外出旅游情况，团队人员爱好休闲活动情况

续表 9-2

序号	数据维度	数据需求
3	环境维（11 个）	环境所处单位名称，单位编码，设备名称，电压等级，设备起点经纬度，设备终点经纬度，作业距离，作业地点，作业点类型，作业高度，地理条件
4	气象维（9 个）	时间，天气，风力，风向，最高气温，最低气温，日平均气温，空气质量指数，相对湿度
5	分析维（38 个）	电力违章及人身事故类别，电力人身伤害事件（人员伤害），事故事件类别误操作，个人因素之精神或心理能力不足，个人因素之缺乏知识，个人因素之缺乏技能，个人因素之精神压力或身体不适，个人因素之不当的动机，个人因素之滥用或误用设备设施，不安全行为之违规操作（未经授权的操作或误操作），不安全行为之忽视警示（冒险作业、走错间隔等），不安全行为之违章作业（不按标准作业），不安全行为之使用不安全或不符合标准的设备，不安全行为之不正确使用或穿戴不符标准的个人防护用品，不安全行为之不按规定采取安全措施或安全措施不完善，不安全行为之使用失效的防护装置、报警系统或其他安全设施，不安全行为之不按规定移动、拆除防护装置、安全设施，不安全行为之随意解除防误装置（随意解锁），不安全工作状态之冒险进入危险场所，不安全工作状态之物品堆放不当，不安全工作状态之设备制造人员因素，不安全工作状态之失效或有缺陷的报警系统或保护装置，不安全工作状态之设备、设施、工器具及附件等缺乏或有缺陷，不安全工作状态之保护、保险、信号灯装置缺乏或有缺陷，不安全工作状态之危险的环境（有辐射、危险化学品、极高或极低温度等），不安全工作状态之生产（施工）场地环境不良（施工场地受限等），管理因素之不当的运行工况，管理因素之违章指挥（不当的领导和监督），人员因素之能力不足，违章及事故事件简述，违章及事故事件经过，直接原因，主要（重要）原因，间接原因，管理原因，暴露问题，整改防范措施，违章事故事件分析日期

续表 9-2

序号	数据维度	数据需求
6	现场维（16个）	作业现场日期，现场天气，现场风力，现场气温，现场相对湿度，团队人员现场注意力测验最高分数，团队人员现场注意力测验最低分数，团队人员现场注意力测验平均分数，作业安全工器具现场检测数量，个人防护用品现场检测数量，绝缘安全工器具现场检测数量，登高安全工器具现场检测数量，安全网，安全标示牌，安全围栏，作业现场采集的语音视频

9.1.3 项目大数据内部资源

1. 收集整理中山供电局安监部门提供的违章数据资料（1511宗）

（1）督查发现问题数据库（2016年）。

（2）督查发现问题数据库（2017年）。

（3）督查发现问题数据库（2018年）。

（4）督查发现问题数据库（2019年）。

（5）现场作业违章扣分清单月度报表（中山供电局2016年）。

（6）现场作业违章扣分清单月度报表（中山供电局2017年）。

（7）现场作业违章扣分清单月度报表（中山供电局2018年）。

（8）2015年因工受伤意外事件。

（9）2016年因工受伤意外事件。

（10）2017年因工受伤意外事件。

（11）中山供电局2017年度作业风险分析报告及评估结果。

2. 正常作业工单案例数据资料（28，073宗）

从中山供电局安监部提供的2016年到2018年的工作票数据8万多宗中，筛选并整理出正常作业工单案例数据28，073宗。

3. 地理环境数据

中山供电局安监部提供的各线路设备地理环境Excel表数据。

4. 作业人员数据

项目开发的机器人安监员通过技能测试协助收集整理的2253个第一线作业人员资料数据，这些人员包括中山供电局直属管理的作业人员和中山供电局第三产业的作业人员。

9.1.4 项目大数据外部资源

1. 2003—2016 年国内公开出版发行的事故事件资料及中山供电局补充的 2017—2019 年事故事件资料（361 宗）

收集整理了国内自 2003 年至 2016 年公开发行的 31 本电力事故事件汇编书本资料，并完成事故事件原始数据资料的电子化工作，使用 Excel 电子表格存储。如下是 31 本电力事故事件汇编资料的名称：

（1）《全国电力建设人身伤亡典型事故汇编（2005—2012 年）》。
（2）《全国电网企业电力生产人身伤亡典型事故汇编（2005—2014）》。
（3）《2003 年度人身事故及误操作事故汇编》（中国南方电网公司）。
（4）《2005 年度事故汇编》（广东电网公司）。
（5）《2005 年度典型事故汇编》（中国南方电网公司）。
（6）《2006 年度事故汇编》（广东电网公司）。
（7）《2007 年度典型事故汇编》（中国南方电网公司）。
（8）《2007 年度事故汇编》（广东电网公司）。
（9）《2008 年度事故汇编》（广东电网公司）。
（10）《2009 年度事故汇编》（广东电网公司）。
（11）《2008 年度典型生产安全事故汇编》（中国南方电网公司）。
（12）《2009 年度典型生产安全事故汇编》（中国南方电网公司）。
（13）《2010 年度典型生产安全事故汇编》（中国南方电网公司）。
（14）《2010 年度事故汇编》（广东电网公司）。
（15）《2011 年度事故汇编》（广东电网公司）。
（16）《2012 年度电力安全事件汇编》（广东电网公司）。
（17）《2013 年度电力安全事件汇编》（广东电网公司）。
（18）《2014 年度电力事件汇编》（广东电网公司）。
（19）《2011 年度典型生产安全事故汇编》（中国南方电网公司）。
（20）《2012 年度典型生产安全事故汇编》（中国南方电网公司）。
（21）《2013 年度典型生产安全事故汇编》（中国南方电网公司）。
（22）《2014 年度典型生产安全事故汇编》（中国南方电网公司）。
（23）《2015 年度典型生产安全事故汇编》（中国南方电网公司）。
（24）《2016 年度典型生产安全事故汇编》（中国南方电网公司）。
（25）《全国电力事故和电力安全事件汇编 2012》。
（26）《全国电力事故和电力安全事件汇编 2013》。

（27）《全国电力事故和电力安全事件汇编2014》。

（28）《全国电力事故和电力安全事件汇编2015》。

（29）《全国电力事故和电力安全事件汇编2016》。

（30）《南网公司系统2003—2007年恶性和一般电气误操作事故汇编》。

（31）《电气事故案例分析与防范》。

2. 气象资料数据

2016年至2017年中山市的气象资料数据由中山市气象局提供；2018年以后的数据由项目开发的网络爬虫实时爬取。

9.1.5 项目大数据数据收集

项目大数据内外部数据资源有结构化数据资源和非结构化数据资源两类，收集这些数据，应用了本书第4章及第5章介绍的方法和技术工具。收集回来的项目大数据内外部数据资源，存储在项目搭建的大数据框架平台的HDFS及HBase数据库中。

（1）对于31本电力事故事件汇编书本资料这种非结构化数据，可以直接使用HDFS Shell将数据上传至HDFS，如下：

```
[root@ client bin]#hdfs dfs -put /xxxx.docx /data
```

（2）对于天气和工作票这种结构化文件数据，可以通过编写脚本程序的方式，将特征信息提取出来后，再通过thrift服务，将提取出的特征信息存入HBase分布式数据库中，如下：

```
import csv
import time
import happybase

host = '192.168.0.186'
connection = happybase.Connection(host)
shenzhen = happybase.Table(b'gdzhongshan',connection)
with open('data.csv','r')as f:
reader = csv.reader(f)
next(f,None)
for row in reader:
  shenzhen.put(row[1],{
      'electric:date':row[2],
```

```
        'electric:weather':row[3],
        'electric:power':row[4],
    },timestamp = int(time.time()),wal = True)
    print(row[1] + '插入数据成功')
```

（3）对于人员这种已存在mysql表的结构化数据，通过Sqoop等工具将数据导入HBase分布式数据库中，如下所示：

```
bin/sqoop import \
 --connect jdbc:mysql://mysql.zhongshan.com:3306/weather  \
 --username root \
 --password 123456 \
 --table weather_data  \
 --hbase-table weather_data \
 --column-family info  \
 --hbase-create-table \
 --hbase-row-key id
```

9.1.6　项目作业工单之统计

（1）正常作业工单案例按专业统计分布，见图9-1。

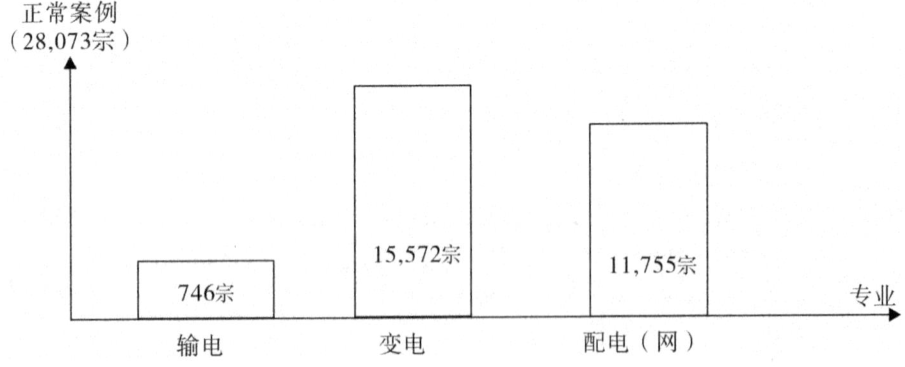

图9-1　正常作业工单案例专业分布

（2）违章作业工单案例按专业统计分布，见图9－2。

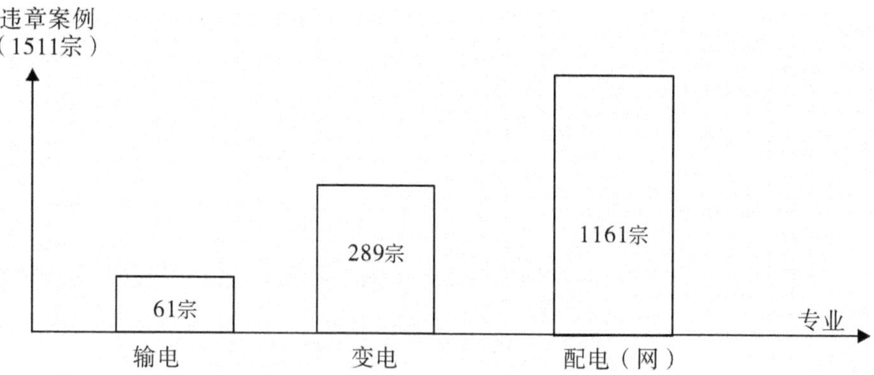

图9－2　违章作业工单案例按专业分布

（3）事故事件作业工单案例按专业统计分布，见图9－3。

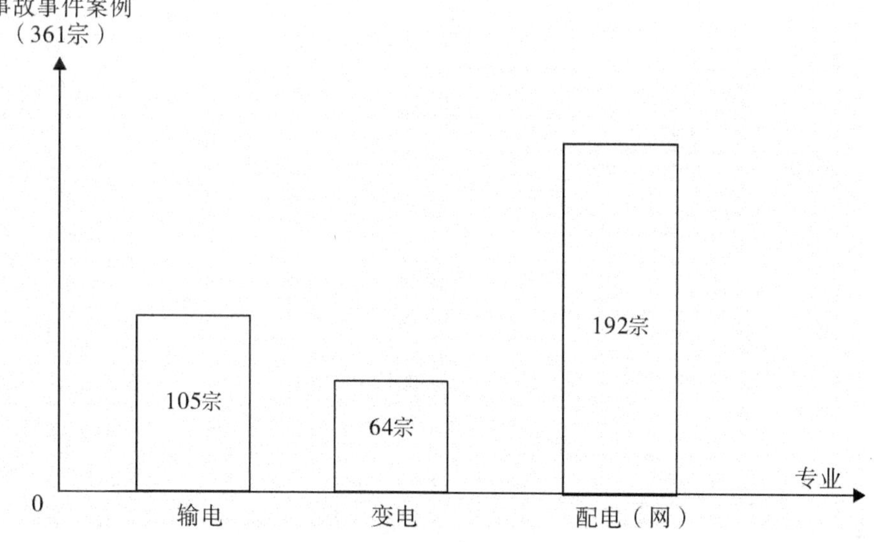

图9－3　事故事件作业工单案例按专业分布

（4）按专业类型统计电力违章事故事件原始资料数据，统计结果如表9－3所示。

表 9－3　电力违章事故事件原始资料数据统计

<table>
<tr><th>分类</th><th>专业类型</th><th>无人身伤亡的违章事故事件/宗</th><th>有人身伤亡的违章事故事件/宗</th></tr>
<tr><td rowspan="4">电力生产及电力建设（输电变电配电工程等）</td><td>输电</td><td>61</td><td>105</td></tr>
<tr><td>变电</td><td>289</td><td>64</td></tr>
<tr><td>配电</td><td>1161</td><td>192</td></tr>
<tr><td>合计 2</td><td>1511</td><td>361</td></tr>
</table>

（5）按违章事故事件特征统计电力违章事故事件原始资料数据，统计结果如表 9－4 所示。

表 9－4　按违章事故事件特征统计电力违章事故事件原始资料数据

<table>
<tr><th rowspan="2">序号</th><th colspan="2">违章事故事件类型</th><th rowspan="2">无人身伤亡的违章事故事件数量/宗</th><th rowspan="2">无人身伤亡的违章事故事件占比</th><th rowspan="2">有人身伤亡的违章事故事件数量/宗</th><th rowspan="2">有人身伤亡的违章事故事件占比</th></tr>
<tr><th colspan="2">违章数据属性</th></tr>
<tr><td rowspan="7">1</td><td rowspan="7">违章事故事件类型</td><td>触电</td><td>14</td><td>0. 009, 265, 387</td><td>81</td><td>0. 224, 376, 731</td></tr>
<tr><td>倒杆</td><td>2</td><td>0. 001, 323, 627</td><td>33</td><td>0. 091, 412, 742</td></tr>
<tr><td>高空坠落</td><td>0</td><td>0</td><td>42</td><td>0. 11, 634, 349</td></tr>
<tr><td>火灾</td><td>0</td><td>0</td><td>26</td><td>0. 072, 022, 161</td></tr>
<tr><td>爆炸爆破</td><td>0</td><td>0</td><td>28</td><td>0. 077, 562, 327</td></tr>
<tr><td>其他</td><td>1495</td><td>0. 989, 410, 986</td><td>151</td><td>0. 418, 282, 548</td></tr>
<tr><td>小计 1</td><td>1511</td><td>1</td><td>361</td><td>1</td></tr>
<tr><td rowspan="7">2</td><td rowspan="7">工种工龄（月）</td><td>3 个月及以下</td><td>313</td><td>0. 094, 107, 035</td><td>4</td><td>0. 010, 075, 567</td></tr>
<tr><td>6 个月及以下</td><td>471</td><td>0. 141, 611, 545</td><td>9</td><td>0. 022, 670, 025</td></tr>
<tr><td>12 个月及以下</td><td>503</td><td>0. 151, 232, 712</td><td>11</td><td>0. 027, 707, 809</td></tr>
<tr><td>18 个月及以下</td><td>528</td><td>0. 158, 749, 248</td><td>12</td><td>0. 0, 302, 267</td></tr>
<tr><td>24 个月及以下</td><td>541</td><td>0. 162, 657, 847</td><td>15</td><td>0. 037, 783, 375</td></tr>
<tr><td>25 个月及以上</td><td>970</td><td>0. 291, 641, 612</td><td>346</td><td>0. 871, 536, 524</td></tr>
<tr><td>小计 2</td><td>3326</td><td>1</td><td>397</td><td>1</td></tr>
</table>

续表9－4

序号	违章事故事件类型 / 违章数据属性		无人身伤亡的违章事故事件数量/宗	无人身伤亡的违章事故事件占比	有人身伤亡的违章事故事件数量/宗	有人身伤亡的违章事故事件占比
3	所属专业	变电	289	0. 191, 264, 064	64	0. 17, 7285, 319
		输电	61	0. 040, 370, 615	105	0. 290, 858, 726
		配电	1161	0. 768, 365, 321	192	0. 531, 855, 956
		小计3	1511	1	361	1
4	电压等级	500kV 及以上	87	0. 057, 577, 763	122	0. 337, 950, 139
		220kV	146	0. 096, 624, 752	32	0. 088, 642, 659
		110kV	117	0. 077, 432, 164	15	0. 041, 551, 247
		35kV	11	0. 007, 279, 947	0	0
		10kV	466	0. 30, 840, 503	51	0. 141, 274, 238
		0. 4kV	684	0. 452, 680, 344	141	0. 390, 581, 717
		小计4	1511	1	361	1
5	作业复杂度	高复杂度	108	0. 071, 475, 844	20	0. 055, 401, 662
		中复杂度	193	0. 12, 772, 998	37	0. 102, 493, 075
		低复杂度	1210	0. 800, 794, 176	304	0. 842, 105, 263
		小计5	1511	1	361	1
6	违章类型	1. 凭票工作	33	0. 010, 887, 496	2	0. 003, 816, 794
		2. 凭票操作	51	0. 01, 682, 613	7	0. 013, 358, 779
		3. 戴安全帽	539	0. 177, 829, 099	41	0. 078, 244, 275
		4. 穿工作服	571	0. 188, 386, 671	52	0. 099, 236, 641
		5. 系安全带	201	0. 066, 314, 748	49	0. 09, 351, 145
		6. 停电	80	0. 026, 393, 929	26	0. 049, 618, 321
		7. 验电	57	0. 018, 805, 675	21	0. 040, 076, 336
		8. 接地	31	0. 010, 227, 648	28	0. 053, 435, 115
		9. 挂牌装遮栏	407	0. 134, 279, 116	9	0. 017, 175, 573

续表 9 -4

序号	违章事故事件类型 / 违章数据属性		无人身伤亡的违章事故事件数量/宗	无人身伤亡的违章事故事件占比	有人身伤亡的违章事故事件数量/宗	有人身伤亡的违章事故事件占比
6	违章类型	10. 现场交底	99	0. 032, 662, 488	0	0
		11. 其他	962	0. 317, 387, 001	289	0. 551, 526, 718
		小计 6	3031	1	524	1
7	违章责任归属	作业性	907	0. 600, 264, 725	211	0. 584, 487, 535
		管理性	594	0. 393, 117, 141	135	0. 373, 961, 219
		装置性	10	0. 006, 618, 134	15	0. 041, 551, 247
		小计 7	1511	1	361	1
8	违章环节	事前	0	0	0	0
		事中	1511	1	361	1
		事后	0	0	0	0
		小计 8	1511	1	361	1
9	气象条件	1. 台风	2	0. 000, 330, 907	1	0. 000, 692, 521
		2. 暴雨	4	0. 000, 661, 813	1	0. 000, 692, 521
		3. 大雨	6	0. 00, 099, 272	1	0. 000, 692, 521
		4. 中雨	21	0. 00, 347, 452	6	0. 004, 155, 125
		5. 小雨	56	0. 009, 265, 387	12	0. 008, 310, 249
		6. 阴天	71	0. 011, 747, 187	14	0. 009, 695, 291
		7. 晴天	1351	0. 223, 527, 465	326	0. 225, 761, 773
		8. 暴雪	0	0	0	0
		9. 龙卷风	0	0	0	0
		10. 强对流天气	0	0	0	0
		11. 大雾	0	0	0	0

续表9－4

序号	违章事故事件类型 / 违章数据属性		无人身伤亡的违章事故事件数量/宗	无人身伤亡的违章事故事件占比	有人身伤亡的违章事故事件数量/宗	有人身伤亡的违章事故事件占比
9	气象条件	12. 高温（日最高气温达到或超过35℃）	388	0. 064, 195, 897	89	0. 061, 634, 349
		13. 低温（平均气温等于或低于5℃）	141	0. 023, 328, 921	25	0. 017, 313, 019
		14. 正常（非高低温）	982	0. 162, 475, 182	247	0. 171, 052, 632
		15. 舒适相对湿度（45%～65%）以内	886	0. 146, 591, 661	211	0. 146, 121, 884
		16. 非舒适相对湿度（45%～65%）之外	625	0. 103, 408, 339	150	0. 103, 878, 116
		17. 风力0～4级	991	0. 163, 964, 262	241	0. 166, 897, 507
		18. 风力5～8级	427	0. 070, 648, 577	98	0. 067, 867, 036
		19. 风力9～12级	81	0. 013, 401, 721	21	0. 014, 542, 936
		20. 风力13～17级	12	0. 00, 198, 544	1	0. 000, 692, 521
		小计9	6044	1	1444	1

续表 9－4

序号	违章事故事件类型		无人身伤亡的违章事故事件数量/宗	无人身伤亡的违章事故事件占比	有人身伤亡的违章事故事件数量/宗	有人身伤亡的违章事故事件占比
	违章数据属性					
10	地理条件	1. 山坡地	128	0.084712111	107	0.296,398,892
		2. 平地旱地	131	0.086697551	151	0.418,282,548
		3. 平地水田地	98	0.06485771	26	0.072,022,161
		4. 居民区	450	0.297,816,016	44	0.121,883,657
		5. 商业区	311	0.205,823,958	17	0.047,091,413
		6. 工业区	120	0.079,417,604	11	0.030,470,914
		7. 办公区	267	0.176,704,169	5	0.013,850,416
		8. 河道（池塘）	6	0.00,397,088	0	0
		小计 10	1511	1	361	1

9.1.7　内外数据资源之集成

将上述经过清理后并使用 Excel 电子表格存储的电力违章事故事件历史数据，集成到电力违章事故事件历史数据库管理系统中，为后续的数据挖掘工作奠定基础。在数据集成领域，联邦式、基于中间件模式和数据仓库是目前通常采用的方法。

中间件模式通过统一的全局数据模型来访问异构的数据库、遗留系统和 Web 资源等。中间件位于异构数据源系统（数据层）和应用程序（应用层）之间，向下协调各数据源系统，向上为访问集成数据的应用提供统一数据模式和数据访问的通用接口。各数据源的应用仍然完成它们的任务，中间件系统则主要集中为异构数据源提供一个高层次检索服务。

中间件模式是比较流行的数据集成方法，它通过在中间层提供一个统一的数据逻辑视图来隐藏底层的数据细节，使得用户可以把集成数据源看作一个统一的整体。这种模式的关键问题是如何构造逻辑视图并使得不同数据源之间能映射到这个中间层。

考虑到目前项目数据源的特点和未来集成其他数据源（Web 资源）的需求，本项目采用中间件模式方法集成电力违章事故事件内外部的数据资源，详见图9－4。

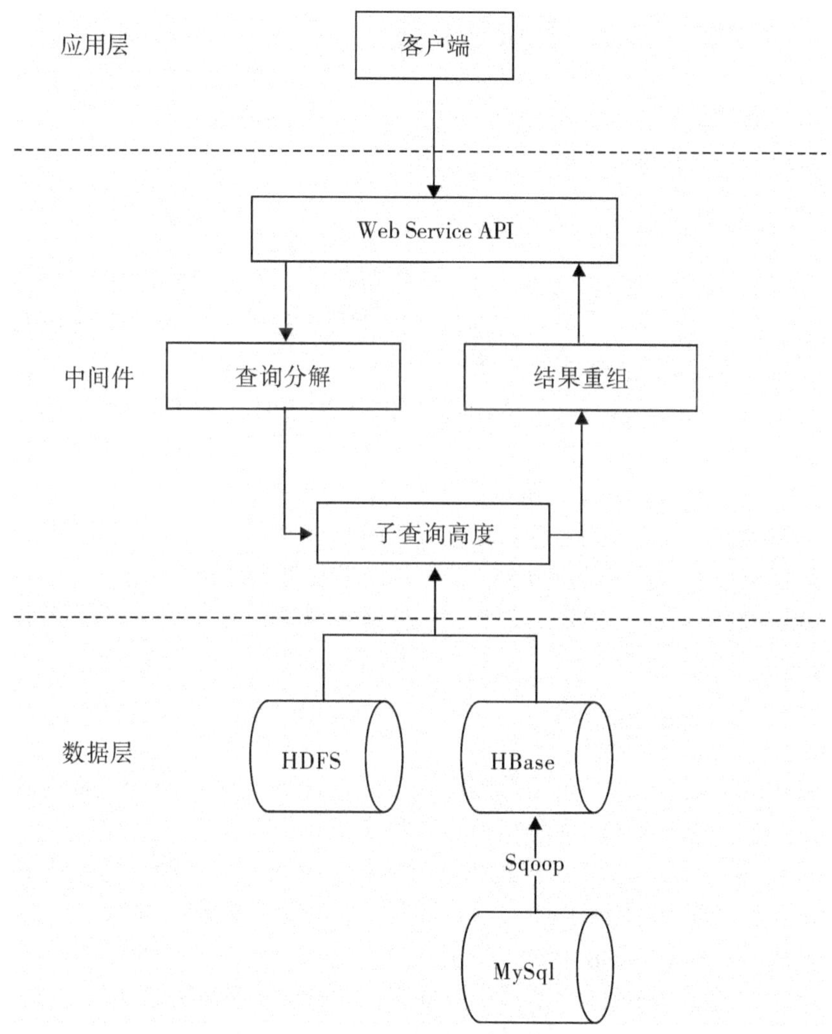

图9－4　数据集成方案架构图

在数据层和应用层之间部署一个中间件，由客户端发起查询请求之后，Web Service 将根据用户的查询需求进行分解，调度器对分解后的子任务去找到对应的包装器并分批执行查询，再把查询后的结果进行重组并返回给客户端，这样就可以将不同来源、格式、特点性质的数据在逻辑上有机地集中，从而为用户提供一个完整而全面的数据对象。

9.2　大数据资源，数据预处理

大数据预处理工作主要包括：数据审计、数据清洗、数据转换、数据脱敏、数据归约和数据标注等。

9.2.1　内外部数据资源之审计

对收集到的8万多宗案例工单内部资源数据，数据审计发现存在不完整、不一致、数据缺失和数据异常（离群）等问题，以及存在错误数据和重复数据等问题，需要对这些数据进行清洗处理。

对于收集到的外部数据资源，如国内公开发表的电力事故事件数据、中山市气象资料数据以及企业内外电力作业人员数据等，数据审计也发现存在不完整、不一致、数据缺失和数据异常（离群）等问题，以及存在错误数据和重复数据等问题，也需要对这些数据进行清洗处理。

数据审计工作使用了直方图、折线图、散点图等数据可视化技术工具，配合企业数据字典、业务规则以及专业领域知识等，发现存在于数据集中的"问题数据"。

9.2.2　内外部数据资源之清洗

数据清洗就是处理数据审计发现的"问题数据"。对审计中发现的内部数据资源问题，数据清洗工作包括下述两个方面：

（1）通过对原始工单数据进行统计分析，发现这些事故事件及违章数据中包含了许多非人因因素的电力违章及事故事件数据以及错误的数据，这些数据需要从原始数据中剔除出去。通过筛选，得到361宗电力事故事件工单数据、1511宗违章工单数据以及28，073宗正常作业工单案例数据。

（2）由于收集到的原始案例工单数据时间跨度大，数据收集渠道不一，导致出现数据的一致性问题以及缺失问题。为此，使用了数理统计方法以及线性插值法，对缺失值进行填补以及异常值处理。

对审计中发现的外部数据资源问题，如国内公开发表的电力事故事件数据、中山市气象资料数据以及企业内外电力作业人员数据中审计发现的"问题数据”，同样采用统计方法以及线性插值法进行异常值和缺失值的处理。审计发现的“问题数据”如表9－5所示。

表9－5 审计发现的“问题数据”

序号	特征维度	“问题数据”元素
1	作业维	专业，专业细分，工作地点（段）环境类型，电压等级，工作类型，作业对象，作业类型，作业基准风险等级，作业新增风险等级，作业工器具，安全工器具，绝缘安全工器具，登高安全工器具，个人防护用品，安全网、安全标示牌、安全围栏
2	人员维	无
3	环境维（2个）	作业距离，作业高度
4	气象维（3个）	风向，空气质量指数，相对湿度
5	分析维（12个）	电力违章及人身事故事件类别，电力人身伤害事件（人员伤害）类别，事故事件类别，误操作类别，违章及事故事件简述，违章及事故事件经过，直接原因，主要（重要）原因，间接原因，管理原因，暴露问题，整改防范措施

9.2.3 内外部数据资源之转换

为了适应大数据分析、挖掘及应用形式的要求，对集成后的内外部数据资源进行数据规范化转换，转换工作包括：将非数值型数据转换为数值型数据以及通过转换函数将所有数值型数据映射到【0，1】区间。

由于数据转换（数据规范化）会改变数据原来的形态以及会改变数据的内涵，因此，针对内外部数据资源的情况，选择了合适的数据转换方法。

表9－6列出了内外部数据资源中需要进行数据转换的数据元素。

表 9－6　内外部数据资源中需要进行数据转换的数据元素

序号	特征维度	需要进行数据转换的数据元素
1	作业维（23 个）	专业，专业细分，工作票类型，工作负责人（监护人），单位和班组类型，工作班人员总人数，计划工作时长（小时），计划工作时间类型，实际工作时长（小时），实际工作时间类型，是否办理分组，电压等级，工作类型，作业类型，作业基准风险等级，作业新增风险等级，作业工器具，安全工器具，绝缘安全工器具，登高安全工器具，个人防护用品，安全网、安全标示牌、安全围栏，案例作业工单执行结果
2	人员维（18 个）	单位和班组人员年龄情况，团队人员婚姻情况，团队人员子女情况，团队人员学历情况，团队人员吸烟情况，团队人员喝酒情况（白酒、啤酒、红酒等），团队人员用工形式，团队人员职业禁忌情况，团队人员从事目前工种工作时间情况，团队人员曾任班组长情况，团队人员历史违章责任人情况，团队人员注意力测验分数情况，团队人员安规培训情况，团队人员无安全考试合格证情况，团队人员无资格证书情况，团队人员爱好体育运动情况，团队人员爱好外出旅游情况，团队人员爱好休闲活动情况
3	环境维（3 个）	作业距离，作业高度，地理环境
4	气象维（8 个）	天气，风力，风向，最高气温，最低气温，日平均气温，空气质量指数，相对湿度
5	分析维（4 个）	电力违章及人身事故事件类别，电力人身伤害事件（人员伤害）类别，事故事件类别，误操作类别

9.2.4　内外部数据资源之归约

1．大数据直方图分析与卡方检验

大数据集数据表的维度是数据的特征变量，维归约问题实际上是特征变量的选择问题。对项目所属领域专家们提出的案例工单特征变量进行相关性分析，使用统计直方图和卡方值判断以及主成分分析方法，对大数据案例工单特征变量进行归约处理。例如，图 9－5 和图 9－6 是案例工单作业人员特征变量年龄以及特征变量工种工龄与违章事故事件相关性的直方图分析的结果。项目最终从如表9-8所示的大数据案例工单清洗及转换后归约前的63个特征变量中，归纳出如表9-9所示的29个特征变量作为违章及事故事件建模的特征变量。

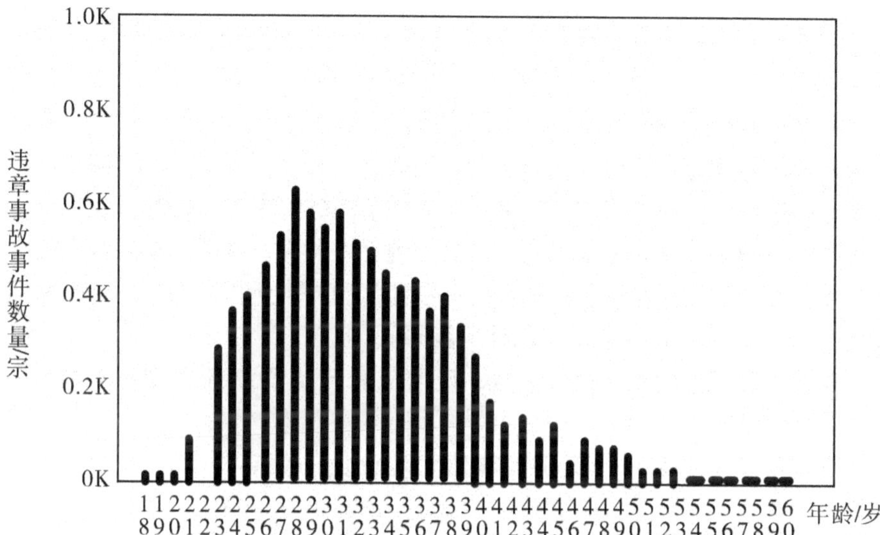

图9-5　违章事故事件与年龄的相关趋势

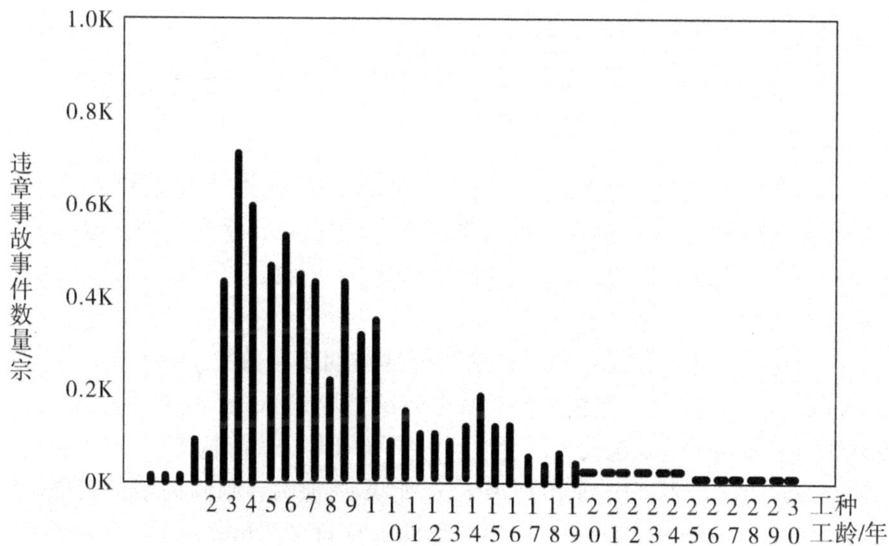

图9-6　违章事故事件与工种工龄的相关趋势

从上述直方图分析可以直观地看出，违章人员年龄和工种工龄在违章事故事件中具有相关的趋势。使用直方图统计检验，可以粗略地表现出特征变量与违章事故事件之间具有的相关关系。

为进一步确认样本特征变量与违章事故事件之间的相关关系，采用卡方检验方法进行验证。卡方检验是以χ^2分布为基础的一种常用假设检验方法，它的无效假设H_0是：观察频数与期望频数没有差别。

卡方检验的基本思想是：首先假设H_0成立，基于此前提计算出χ^2值，它表示观察值与理论值之间的偏离程度。根据χ^2分布及自由度可以确定在H_0假设成立的情况下，获得当前统计量及更极端情况的概率P。如果P值很小，说明观察值与理论值偏离程度太大，应当拒绝无效假设，表示比较资料之间有显著差异；否则就不能拒绝无效假设，并不能认为样本所代表的实际情况和理论假设有差别。以下是卡方值χ^2的计算步骤。

设A代表某个类别的观察频数，E代表基于H_0计算出的期望频数，A与E之差称为残差。

残差可以表示某一个类别观察值和理论值的偏离程度，将残差平方后求和。

由于残差大小是一个相对的概念，只有考虑相对于期望频数时比较才有意义。将残差平方除以期望频数再求和，以估计观察频数与期望频数的差别。

卡方值计算公式为：

$$\chi^2 = \sum \frac{(A-E)^2}{E} = \sum_{i=1}^{k} \frac{(A_i - E_i)^2}{E_i} = \sum_{i=1}^{k} \frac{(A_i - np_i)^2}{np_i}$$

其中，A_i为i水平的观察频数，E_i为i水平的期望频数，n为总频数，p_i为i水平的期望频率。i水平的期望频数T_i等于总频数$n \times i$水平的期望概率p_i，k为单元格数。当n比较大时，χ^2统计量近似服从$k-1$（计算E_i时用到的参数个数）个自由度的卡方分布。

由上述卡方计算公式可知，当观察频数与期望频数完全一致时，χ^2值为0；观察频数与期望频数越接近，两者之间的差异越小，χ^2值越小；反之，观察频数与期望频数差别越大，两者之间的差异越大，χ^2值越大。

如果χ^2值小，则倾向于不拒绝H_0；如果χ^2值大，则倾向于拒绝H_0。究竟χ^2值大到什么程度才拒绝H_0，需要根据研究的问题并借助于卡方分布求出所对应的P值来确定。

计算出χ^2的值后，通过查询卡方分布的临界值表，可以得知两个特征变量无关性的假设是否可靠。

表9-7是卡方分布的临界概率表，其中，自由度$v=$（行数-1）*（列数-1），行数、列数是指计算χ^2四格表的行列数。

表9-7　χ^2四格表

自由度 k	P value（概率值）										
	0.95	0.90	0.80	0.70	0.50	0.30	0.20	0.10	0.05	0.01	0.001
1	0.004	0.02	0.06	0.15	0.46	1.07	1.64	2.71	3.84	6.64	10.83
2	0.10	0.21	0.45	0.71	1.39	2.41	3.22	4.60	5.99	9.21	13.82
3	0.35	0.58	1.01	1.42	2.37	3.66	4.64	6.25	7.82	11.34	16.27
4	0.71	1.06	1.65	2.20	3.36	4.88	5.99	7.78	9.49	13.28	18.47
5	1.14	1.61	2.34	3.00	4.35	6.06	7.29	9.24	11.07	15.09	20.52
6	1.63	2.20	3.07	3.83	5.35	7.23	8.56	10.64	12.59	16.81	22.46
7	2.17	2.83	3.82	4.67	6.35	8.38	9.80	12.02	14.07	18.48	24.32
8	2.73	3.49	4.59	5.53	7.34	9.52	11.03	13.36	15.51	20.09	26.12
9	3.32	4.17	5.38	6.39	8.34	10.66	12.24	14.68	16.92	21.67	27.88
10	3.94	4.86	6.18	7.27	9.34	11.78	13.44	15.99	18.31	23.21	29.59

我们取$p=0.05$，当两个特征变量不相关的概率为5%时，对应的卡方值为3.84。上面选择计算的特征变量（违章人员年龄25～35岁）和特征变量（工种工龄3～12月）与人身伤亡变量Y的χ^2值分别为10.00和12.00，它们均大于3.84，说明违章人员年龄（25～35岁）和工种工龄（3～12月）不属于“人身伤亡违章事故事件”的概率小于5%。换句话说，违章人员年龄（25～35岁）和工种工龄（3～12月）属于“人身伤亡违章事故事件”相关的概率大于95%。

通过使用统计直方图和卡方值判断电力违章事故事件特征变量是否与“人身伤亡违章事故事件”有关。特征变量之间的卡方值越大，说明关联性越强，则该特征变量就越需要保留；特征变量之间的卡方值越小，说明关联性越弱，则特征变量需要剔除。

综合考虑电力违章事故事件样本数据的完整性与一致性以及直方图及卡方

检验的结果，最后选择63个特征变量（参见下文）作为大数据建库和违章及事故事件建模的特征变量。

2. 大数据案例工单数据清洗及转换后归约前后的特征变量

大数据案例工单数据清洗及转换后归约前的特征变量见表9－8，归约后的特征变量见表9－9。

表9－8　大数据案例工单数据清洗及转换后归约前的特征变量

序号	特征维度	特征变量
1	作业维（23个）	专业，专业细分，工作票类型，单位和班组类型，工作班人员总人数，计划工作时长（小时），计划工作时间类型，实际工作时长（小时），实际工作时间类型，是否办理分组，电压等级，工作类型，作业对象，作业类型，作业基准风险等级，作业新增风险等级，作业工器具，安全工器具，绝缘安全工器具，登高安全工器具，个人防护用品，安全网、安全标示牌、安全围栏，案例作业工单执行结果
2	人员维（18个）	单位和班组人员年龄情况，团队人员婚姻情况，团队人员子女情况，团队人员学历情况，团队人员吸烟情况，团队人员喝酒情况（白酒、啤酒、红酒等），团队人员用工形式，团队人员职业禁忌情况，团队人员从事目前工种工作时间情况，团队人员曾任班组长情况，团队人员历史违章责任人情况，团队人员注意力测验分数情况，团队人员安规培训情况，团队人员无安全考试合格证情况，团队人员无资格证书情况，团队人员爱好体育运动情况，团队人员爱好外出旅游情况，团队人员爱好休闲活动情况
3	环境维（3个）	作业距离，作业高度，地理环境
4	气象维（8个）	天气，风力，风向，最高气温，最低气温，日平均气温，空气质量指数，相对湿度
5	分析维（11个）	电力违章及人身事故事件类别，电力人身伤害事件（人员伤害）类别，事故事件类别，违章及事故事件简述，违章及事故事件经过，直接原因，主要（重要）原因，间接原因，管理原因，暴露问题，整改防范措施

表9-9　大数据案例工单归约后的特征变量

序号	特征维度	特征变量
1	作业维（10个）	专业，工作班人员总人数，计划工作时长（小时），电压等级，工作类型，作业对象，作业类型，作业新增风险等级，作业工器具，案例作业工单执行结果
2	人员维（5个）	单位和班组人员年龄情况，团队人员从事目前工种工作时间情况，团队人员曾任班组长情况，团队人员历史违章责任人情况，团队人员注意力测验分数情况
3	环境维（1个）	地理环境
4	气象维（2个）	天气，日平均气温
5	分析维（11个）	电力违章及人身事故事件类别，电力人身伤害事件（人员伤害）类别，事故事件类别，违章及事故事件简述，违章及事故事件经过，直接原因，主要（重要）原因，间接原因，管理原因，暴露问题，整改防范措施

9.2.5　内外部数据资源之脱敏

项目中集成的大数据资源，需要脱敏处理的数据特征变量主要涉及人员的姓名、身份证信息、手机号码信息以及其他个人隐私信息，项目对这些信息都进行了脱敏处理。

9.2.6　内外部数据资源之标注

为了使集成后的内外部数据资源应用到有监督的机器学习建模，对数据资源进行了人工的标注，如作业工单的风险等级以及违章及事故事件的级别等。

第 10 章　项目大数据之分析建模

10.1 大数据分析，分析之理论

10.1.1 大数据分析与大数定律

参见 5.6.1 节第 1 点内容。

10.1.2 大数据分析与机器学习

参见 5.6.1 节第 2 点内容。

10.1.3 大数据分析与信息熵

参见 5.6.1 节第 4 点内容。

10.2　大数据建模，建模之理论

10.2.1　揭示人因违章及事故事件内在规律的关联分析矩阵

表 10－1 揭示了人因违章及事故事件内在规律的关联分析矩阵。

表 10－1　大数据案例内在规律关联分析矩阵

大数据集	特征	取值	关联信息					
			关联违章工单	关联事故事件工单	关联正常工单	关联违章比率	关联事故事件比率	关联正常工单比率
W	T1	$X_{1,1}$	$A_{1,1}$	$B_{1,1}$	$C_{1,1}$	$A_{1,1}/E_1$	$B_{1,1}/F_1$	$C_{1,1}/G_1$
		$X_{1,2}$	$A_{1,2}$	$B_{1,2}$	$C_{1,2}$	$A_{1,2}/E_1$	$B_{1,2}/F_1$	$C_{1,2}/G_1$
		…	…	…	…	…	…	…
		$X_{1,1k}$	$A_{1,1k}$	$B_{1,1k}$	$C_{1,1k}$	$A_{1,1k}/E_1$	$B_{1,1k}/F_1$	$C_{1,1k}/G_1$
		统计量	$E_1 = \sum A_{1,j}$	$F_1 = \sum B_{1,j}$	$G_1 = \sum C_{1,j}$			
	T2	$X_{2,1}$	$A_{2,1}$	$B_{2,1}$	$C_{2,1}$	$A_{2,1}/E_2$	$B_{2,1}/F_2$	$C_{2,1}/G_2$
		$X_{2,2}$	$A_{2,2}$	$B_{2,2}$	$C_{2,2}$	$A_{2,2}/E_2$	$B_{2,2}/F_2$	$C_{2,2}/G_2$
		…	…	…	…	…	…	…
		$X_{2,2k}$	$A_{2,2k}$	$B_{2,2k}$	$C_{2,2k}$	$A_{2,2k}/E_2$	$B_{2,2k}/F_2$	$C_{2,2k}/G_2$
		统计量	$E_2 = \sum A_{2,j}$	$F_2 = \sum B_{2,j}$	$G_2 = \sum C_{2,j}$			
	…	…	…	…	…	…	…	…
	Tm	$X_{m,1}$	$A_{m,1}$	$B_{m,1}$	$C_{m,1}$	$A_{m,1}/E_m$	$B_{m,1}/F_m$	$C_{m,1}/G_m$
		$X_{m,2}$	$A_{m,2}$	$B_{m,2}$	$C_{m,2}$	$A_{m,2}/E_m$	$B_{m,2}/F_m$	$C_{m,2}/G_m$
		…	…	…	…	…	…	…
		$X_{m,mk}$	$A_{m,mk}$	$B_{m,mk}$	$C_{m,mk}$	$A_{m,mk}/E_m$	$B_{m,mk}/F_m$	$C_{m,mk}/G_m$
		统计量	$E_m = \sum A_{m,j}$	$F_m = \sum B_{m,j}$	$G_m = \sum C_{m,j}$			

10.2.2　揭示人因违章事故事件发生的机理

1．定义案例工单 W_i…对应违章、事故事件及正常案例的概率

设案例工单 W_i…有 m 个特征 $T_{i,1}$，$T_{i,2}$…，…，$T_{i,m}$，各特征 $T_{i,1}$，$T_{i,2}$，…，$T_{i,m}$彼此独立且对应违章、事故事件及正常工单的概率分别为：$P1_{i,1}$，$P1_{i,2}$，…，$P1_{i,m}$，$P2_{i,1}$，$P2_{i,2}$，…，$P2_{i,m}$及 $P3_{i,1}$，$P3_{i,2}$，…，$P3_{i,m}$，使用上一节关联分析（表 10－1）的频率代替对应的概率，则定义案例 W_i 对应违章、事故事件及正常案例的概率计算公式为：

（1）违章概率 $P1_{i,j}$（$j=1$，2，…，m）的计算公式：

$P1_{i,j} = \sum A_{i,j,k}/N1_{i,j}$，案例 W_i 特征 $T_{i,j}$ 对应违章的概率。

（2）事故事件概率 $P2_{i,j}$（$j=1, 2, \cdots, m$）的计算公式：

$P2_{i,j} = \sum A_{i,j,k}/N_{i,j}$，案例 W_i 特征 $T_{i,j}$ 对应事故事件的概率。

（3）正常案例概率 $P3_{i,j}$（$j=1, 2, \cdots, m$）的计算公式：

$P3_{i,j} = \sum A_{i,j,k}/N_{i,j}$，案例 W_i 特征 $T_{i,j}$ 对应正常案例的概率。

2. 定义案例 W_i 的信息熵

（1）定义案例 W_i 对应违章的信息熵 $H1(W_i)$ 的计算公式为：

$H1(W_i) = \sum_{j=1\cdots M} Q_j * \log(1/P1_{i,j})$，$j=1, 2, \cdots, m$ 为工单 W_i 的特征个数。

（2）定义案例 W_i 对应事故事件的信息熵 $H2(W_i)$ 的计算公式为：

$H2(W_i) = \sum_{j=1\cdots M} Q_j * \log(1/P2_{i,j})$，$j=1, 2, \cdots, m$ 为工单 W_i 的特征个数。

（3）定义案例 W_i 对应正常工单的信息熵 $H3(W_i)$ 的计算公式为：

$H3(W_i) = \sum_{j=1\cdots M} Q_j * \log(1/P3_{i,j})$，$j=1, 2, \cdots, m$ 为工单 W_i 的特征个数。

上述 Q_j 是案例 W_i 第 j 个特征的权重，$Q_j = K_j/N$，K_j 是第 j 个特征取值个数，N 是案例 W_i 所有特征取值个数之和，N 是一个常数。

3. 计算大数据案例工单集 W 的信息熵矩阵

使用案例 W_i 信息熵定义的计算公式，得到大数据案例集 W 揭示人因违章及事故事件发生机理的信息熵矩阵，如表 10－2 所示。

表 10－2　人因违章及事故事件发生机理的信息熵矩阵

案例工单	信息熵		
	违章案例信息熵	事故事件案例信息熵	正常案例信息熵
W_1	$H1(W_1) = \sum_{j=1...M} Q_j * \log(1/P1_{1,j})$	$H2(W_1) = \sum_{j=1...M} Q_j * \log(1/P2_{1,j})$	$H3(W_1) = \sum_{j=1...M} Q_j * \log(1/P3_{1,j})$
W_2	$H1(W_2) = \sum_{j=1...M} Q_j * \log(1/P1_{2,j})$	$H2(W_2) = \sum_{j=1...M} Q_j * \log(1/P2_{2,j})$	$H3(W_2) = \sum_{j=1...M} Q_j * \log(1/P3_{2,j})$
…	…	…	…
Wn	$H1(W_n) = \sum_{j=1...M} Q_j * \log(1/P1_{n,j})$	$H2(W_n) = \sum_{j=1...M} Q_j * \log(1/P2_{n,j})$	$H3(W_n) = \sum_{j=1...M} Q_j * \log(1/P3_{n,j})$

10.2.3 基于信息熵聚类的算法模型 M_k

使用核 k－均值聚类算法对大数据案例集的信息熵矩阵进行聚类分析，得到如表 10－3 所示的聚类预控模型。

表 10－3 基于信息熵聚类的预控模型 M_k

聚类	预控值						
	信息熵均值	违章数量	事故事件数量	正常工单数量	关联违章比率	关联事故事件比率	正常工单比率
聚类 M_1	V_1	A_{11}	A_{12}	A_{13}	$A_{11}/N1$	$A_{12}/N2$	$A_{13}/N3$
聚类 M_2	V_2	A_{21}	A_{22}	A_{23}	$A_{21}/N1$	$A_{22}/N2$	$A_{23}/N3$
…	…	…	…	…	…	…	…
聚类 M_K	V_K	$A_{K\,K1}$	$A_{K\,K2}$	$A_{K\,K3}$	$A_{K\,K1}/N1$	$A_{K\,K2}/N2$	$A_{K\,K3}/N3$

其中，$N1 = A_{11} + A_{21} + \cdots + A_{k1}$，$N2 = A_{12} + A_{22} + \cdots + A_{k2}$，$N3 = A_{13} + A_{23} + \cdots + A_{k3}$，$k$ 值的选取通过交叉验证实验确定，如选取 $k = 3$，4，5，6，7，8，9，10 等。核函数 Q_j 是案例 W_i 第 j 个特征的权重，$Q_j = kj/N$，K_j 是第 j 个特征取值个数，N 是案例 W_i 所有特征取值个数之和，N 是一个常数。

10.2.4 基于范例推理的算法模型

1．理论依据

在认知科学理论的启示和支撑下，对不确定性问题的求解，美国耶鲁大学 Roger Schank 于 1982 年首次提出了基于范例推理（case based reasoning，CBR）的理论认知模型及框架；此后，Kolodner 等人以此为基础，开发了名为 CTRUS 的 CBR 系统。从此，CBR 理论突破了认知科学的理论框架，开始走向人工智能领域的研究和应用。CBR 实际上是通过接受以往范例的知识信息用于新范例的求解过程。

CBR 方法的理论基础建立在基于对现实世界的四个假设之上。

（1）正则性。现实世界通常是正则的，在相同情况下执行相同的行为或操作，往往会导致相同或相似的结果。

（2）典型性。现实世界的情况或事件往往是重复发生的，所遇到的情况和经验很可能在未来的环境中是典型的或相似的。

（3）一致性。或称为相对稳定性。如果现实世界发生了一些小变化，人们对现实世界的认识往往只需要做稍许的变化即可解释，而不是进行大改变。

（4）易适应性。尽管现实世界中的情况和事件很少完全重叠，但是两个事件差别很小的情况较为常见。通常认为较小的区别容易补偿，即相对容易调整（或适应）。

下面举一些现实生活中基于范例推理的成功案例。

（1）银行客户信用评估模型。基于已有评估范例对新的评估对象进行信用评估，相同或相似的情况下，往往会有相同或相似的信用评估结果。

（2）人类健康风险评估模型。在相同或相似的健康指标值以及相同或相似的生活爱好和生活习惯情况下，往往会有相同或相似的健康风险。

（3）名老中医专家诊疗模型。名老中医的“病症与处方口诀”是典型的基于范例推理的诊疗模型。

（4）古代人类的天气预报模型。古代人类通过比较自然环境，进行天气预报也是典型的基于范例推理的例子。例如，“蜻蜓低飞，天要下雨”；“朝霞夜雨，夜霞晒死”；等等。

2. 基于范例推理的优点及不足之处

基于范例推理相对于其他推理方法具有很多优点，主要包括：

（1）不需要明确的领域模型，避开了知识获取的瓶颈，基于范例推理的知识获取仅仅是获得过去历史上发生的范例，因此，可以在没有明确模型的领域内得到应用。

（2）CBR 系统在运行时可以很快地得到问题的解，推理过程仅需从范例知识库中检索出相似的范例。

（3）CBR 系统的解释更令人满意，提供给用户的是具体的范例，容易理解。

（4）可以很快地建立应用系统，因为范例库可以不断增长，所以即使仅有少量范例，CBR 也可以运行。

（5）系统的维护方便、简单，可以通过获取新范例进行机器学习。

上述这些优点，使得在不同的领域，CBR 系统都有出色的表现，支持人们应用知识管理及知识应用求解不确定性的问题。

CBR 系统主要存在以下不足：

（1）理论知识与范例以及资源之间缺乏连通性。现有范例知识管理系统缺乏理论知识和资源方面的支持，只是单纯的范例分类管理。

（2）CBR 系统工具化，缺乏可扩展性。一种工具只能用于特定领域的范例模型。

（3）范例检索基本仅采用关键字检索方式，不能保证检索的查全率和查准率。CBR推理过程不具有重用性，相似的CBR推理过程需重复开发。

（4）范例的表示方法缺乏规范性、一致性和可扩展性，导致范例的共享性、重用性和互操作性较差。

（5）相同领域不同系统的信息描述模型不同，存储管理各异，形成了一个个“信息孤岛”，导致知识管理效率降低以及开发维护成本上升。

3. 基于范例推理方法的工作原理

CBR工作原理是模仿人们的认知心理过程，在CBR中以范例为基础进行推理，把人们以往的经验存储成一个个的范例，当面临新问题时，对范例进行搜索，找到合适的范例作为参考，这实际上是实现经验的重用；如果对找到的范例有不满之处，就可以进行修正以适应当前情况；修正后的范例将被再次存入范例库，以便下次使用时作为参考，这其实也就是实现经验的自学习。

一个完整的CBR一般包括几个循环过程，也称为CBR的生命周期，Aamodt将其归纳为4R（即retrieve、reuse、revise和retain），一般称为检索、重用、修正以及保留。

CBR中范例检索是关键，其主要任务是检索范例库，计算范例库中范例与问题范例的相似程度，从而获得新问题的相似范例，得到问题的解。

常用的相似性度量方法有最近邻法、粗糙集方法、模糊方法等，不同的方法各有侧重。其中，最近邻法是最直观、最通用的，它根据范例之间的语义距离推算出范例的相似度。

范例重用就是在获取的范例中重用相似范例的解答来解决问题，可以分为拷贝重用和修正重用两种。前者是拷贝重用范例的解决方案；后者是用户通过了解过去范例对象的信息来判断它与问题范例之间的不同，适当地修正以进行重用过去范例的相关部分。

范例修正是当通过重用过程得到的范例解决方法不正确时，对问题范例解决方案的修改。

范例存储是为将来解决问题保留可能有用的经验部分，也就是将新范例以范例对象的形式存储于范例库，并且以范例知识的形式存储于范例知识库中。

4. 基于范例推理的知识检索方法

基于关键词匹配的全文检索和搜索引擎是目前寻找知识的主流技术，虽然技术成熟稳定但查准率不高，原因是基于关键词的匹配是非语义匹配，因此可能包含一些无用的信息而导致知识的查准率不高。

知识检索技术以知识组织为基础，知识组织表达知识及其相互之间的关系，包括：静态的语义、逻辑关系和动态的操作以及控制关系等。知识检索模拟人类关于知识处理和利用的行为而实现知识服务：向用户提供隐性知识、提供智能和个性化的服务（如风险评估服务）等。例如，在以知识组织为基础的知识检索中，如果在知识模型中将“麻雀”和“家雀”定义为相同的概念，则在检索“麻雀”时的同时也会将“家雀”检索出来，而基于关键词匹配的检索无法实现。

目前主要的知识检索技术包括：分类检索技术、认知检索技术和分布式检索技术。

（1）分类检索技术。

分类检索的核心思想是利用事物之间的本质关系对其进行抽象分类，分类后的概念逻辑是知识检索的基础。知识的组织采用类层次结构，类或对象之间的从属或属性关系是对其语义的表示。因此，分类检索模型综合应用对象归类和类结构的查找方法，利用对象之间的等级关系和继承原理，实现快速的自顶向下的知识检索。它的最大优点是具有语义继承特性，能提供多维组合信息给用户，如对象的邻节点对象、父节点对象的知识等。

（2）认知检索技术。

认知检索技术的理论基础是人工神经网络，它以模拟人脑结构和神经系统为目标，将知识资源组织为语义网络结构。这种技术利用启发式和传递式技术，形成语义推理，实现认知式联想检索，并利用学习规则和反馈技术对知识的组织不断进行修改和完善。

（3）分布式检索技术。

分布式检索主要应用于网络异构分布式知识资源的检索，它通过建立元知识仓库对知识进行集成、管理和存储。元知识仓库包含用户专家知识、调节知识、优化检索协议以及描述知识内容的元数据等。它综合应用神经网络、并行推理、数据挖掘等技术，对资源及其相关性进行评估，选择最优资源，再利用聚类、综合分析等方法，将最优结果提供给用户。

综上所述，由于本项目使用本体建立范例知识库，所以本项目设计的CBR选用分类检索技术。

5．基于范例推理模型的最近邻方法算法模型

应用CBR的工作原理设计电力违章事故事件评估模型，以下是模型的主要算法步骤：

（1）选定所要评估的电力作业表单，使用电力违章事故事件范例知识模

板（元范例）将该电力作业表单实例化为评估对象A。

（2）对上述评估对象的特征进行量化处理（量纲和归一化），并从人机交互中补充获得评估对象的特征值（初始化）。

（3）对用户无法提供的特征值，采用统计分析的方法进行补遗，完成评估对象的初始化工作。

（4）使用K－最近邻算法分类检索范例知识库中的范例，找出最近邻的范例。

（5）复制最近邻的知识范例作为评估对象的近似解。

（6）判断近似解是否满意。若近似解满意，则转第（9）步，不满意则继续下一步。

（7）人机交互解释并修正评估对象近似解的特征值。

（8）转第（4）步。

（9）输出评估对象解并将评估对象解存入范例知识库中。

10.2.5　基于本体表示的电力违章事故事件范例知识库

1．本体构建原则

本体构建原则与所表达的知识领域相关，目前没有统一的标准。本项目参考Gruber提出的构建本体的五条基本原则构建电力违章事故事件范例知识库。

（1）明确性原则。本体必须有效表达领域术语的内在含义。本体概念的定义应该是客观的，独立于背景的。同时，它应该是形式化的，可以采用逻辑公理描述的。所有客观的、形式化的语义定义都应该使用自然语言描述。

（2）一致性原则。本体应该是一致的，即支持与其定义相一致的推理，使推理不会产生矛盾。它所扩展的公理以及用自然语言进行说明的信息都应该具有一致性。

（3）可扩展性原则。本体应该为可预见的共享词汇提供概念基础，可以满足可预见的任务，以扩展现有的概念体系。在向本体中添加专用术语时，不需要修改已有的内容定义。

（4）最小编码原则。本体的概念模型应该被描述为知识层次，而不依赖于符号层次的编码。在本体设计中，编码应该倾向最小化，使得在不同编码或不同类型编码描述的系统中满足知识共享。

（5）最小本体承诺原则。本体应该要求最小本体化承诺以支持预期的知识共享行为，只要能够满足特定的知识共享需求即可。可以通过定义约束最弱的公理以及只定义通讯所需的词汇来保证。

2. 违章事故事件范例知识模型

部分示例如图 10－1 所示。

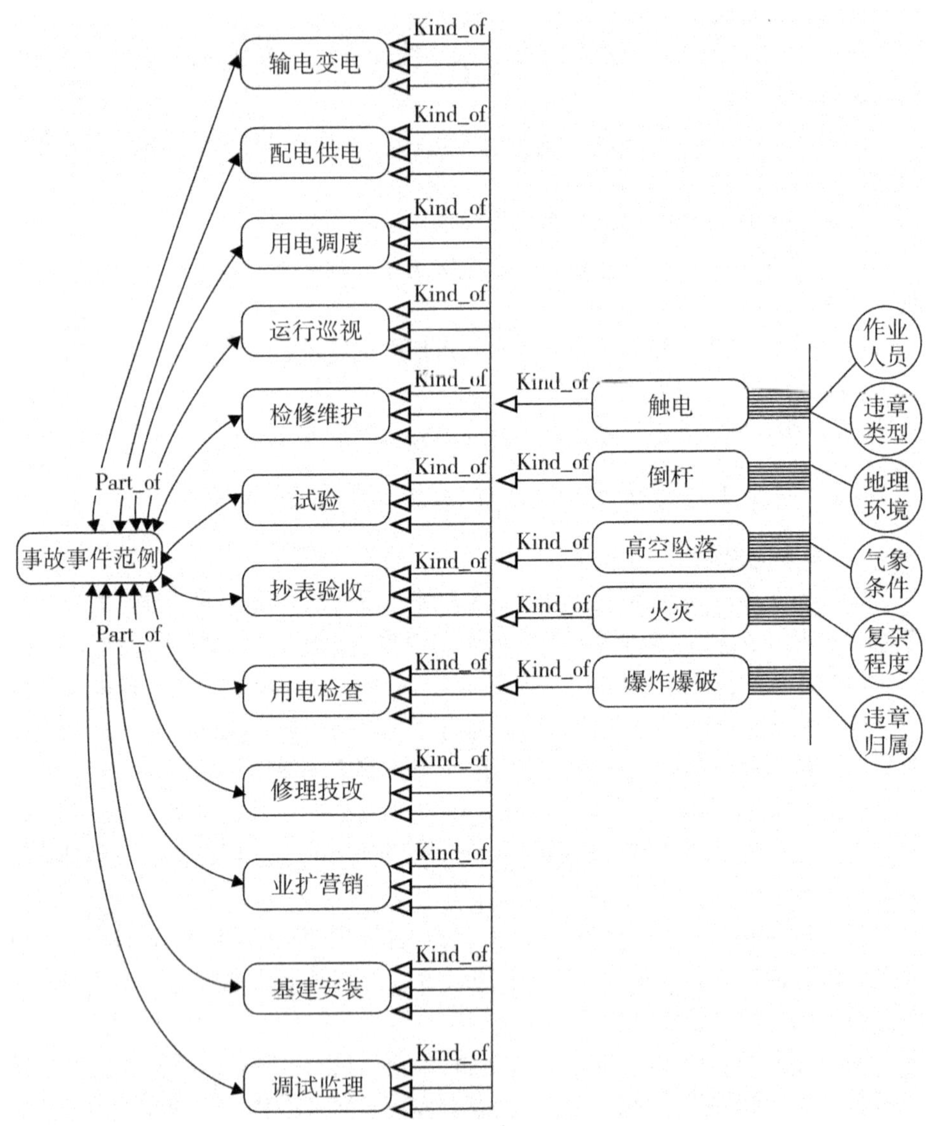

图 10－1 违章事故事件范例知识模型（部分示例）

3. 违章事故事件范例知识模板

电力违章事故事件范例知识模板是管理范例知识的知识，称为知识库范例知识的元知识，元知识用于实例化范例知识库的知识，同时也用于生成违章事故事件评估问题的评估对象。

电力违章事故事件范例知识模板由五个子模板组成，分别如表 10－4 至表 10－8 所示。

表 10－4　违章事故事件作业范例知识子模板

时间、专业，专业细分，工作票类型，工作负责人（监护人），单位和班组名称，单位和班组类型，站/线路，工作班人员总人数，工作班人员，小组负责人，计划开始工作时间，计划结束工作时间，计划工作时长（小时），计划工作时间类型，许可工作时间，工作终结时间，实际工作时长（小时），实际工作时间类型，是否办理分组，工作任务或抢修任务，工作地点（段），电压等级，工作类型，作业对象，作业类型，作业基准风险等级，作业新增风险等级，作业工器具，安全工器具，绝缘安全工器具，登高安全工器具，个人防护用品，安全网、安全标示牌、安全围栏，案例作业工单执行结果						
1	2	3	4	5	…	35

表 10－5　违章事故事件作业团队范例知识子模板

单位和班组人员年龄情况，团队人员婚姻情况，团队人员子女情况，团队人员学历情况，团队人员吸烟情况，团队人员喝酒情况（白酒、啤酒、红酒等），团队人员用工形式，团队人员职业禁忌情况，团队人员从事目前工种工作时间情况，团队人员曾任班组长情况，团队人员历史违章责任人情况，团队人员注意力测验分数情况，团队人员安规培训情况，团队人员无安全考试合格证情况，团队人员无资格证书情况，团队人员爱好体育运动情况，团队人员爱好外出旅游情况，团队人员爱好休闲活动情况						
1	2	3	4	5	…	39

表 10－6　违章事故事件作业环境条件范例知识子模板

环境所处单位名称	单位编码	设备名称	电压等级	设备起点经纬度	设备终点经纬度	作业地点	作业距离	作业点类型	作业高度	地理条件
1	2	3	4	5	6	7	8	9	10	11

表 10－7　违章事故事件作业气象条件范例知识子模板

时间	天气	风力	风向	最高气温	最低气温	日平均气温	空气质量指数	相对湿度
1	2	3	4	5	6	7	8	9

表 10－8　违章事故事件范例分析知识子模板

作业时间	单位和班组名称	专业	专业细分	电压等级	工作类型或作业类型	作业对象	工作地点或地段类型	作业任务	违章事故事件简述	违章事故事件经过	违章事故事件定性定级	直接原因	主要或重要原因	间接原因	管理原因	暴露问题	整改措施
1	2	3	4	5	6	7	8	9	10	11	12	13	14	15	16	17	18

10.2.6　基于组合学习分类器及自适应提升方法的算法模型

1．组合学习分类器建模

对不平衡的原始样本数据集，构建若干个机器学习分类器（弱分类器），然后组合整合它们的预测结果。Schapire 证明了强可学习与弱可学习是等价的，为组合方法提供了坚实的理论基础。

组合方法是一种提高分类准确率的方法，由多个称为基分类器的弱分类器组合构成复合分类器，其中每个基分类器都进行表决，组合分类器返回最终组合的表决结果，这种组合分类的预测结果要比单个基分类器的预测结果更加准确。组合方法的逻辑模型如图 10－2 所示。

组合方法使用给定的数据集 D 使用不同的方法创建 k 个训练集 $D1$，$D2$，…，Dk，对每一个数据集 Di 使用选定的方法创建一个分类器（如决策树弱分类器）Mi，组合分类器将学习到的 k 个分类模型使用不同的方式组合在一起，构建一个组合分类器（强分类器）。常见的组合方法有：套袋（bagging）方法、提升（boosting）方法以及随机森林（random forest）方法等。

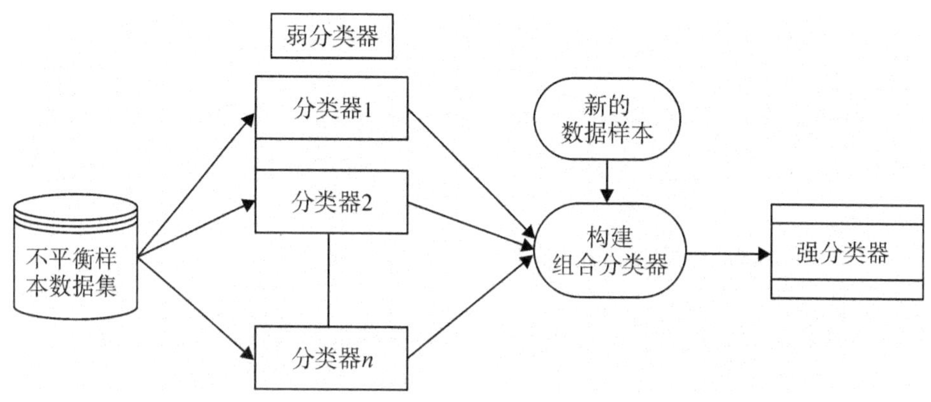

图10－2 组合方法的逻辑模型

2. 自适应提升方法建模

Boosting方法算法实现非常简单，具有很好的泛化能力，适合任何类型的分类问题，而且不容易过拟合，缺点是对噪声数据和异常值比较敏感。

Boosting方法有多种形式，包括：自适应提升（AdaBoost）方法、梯度树提升（Gradient Boosting）方法和极限梯度提升（XGBoost，extreme gradient boosting）方法等，在Boosting方法中，决策树常被用作基分类器（弱分类器）。

AdaBoost算法是一种迭代算法，迭代终止条件是指定的迭代次数或分类误差率小于预设的阈值。以下是完整的算法过程：

（1）输入训练数据集D，D是一个二分类的训练数据集，每个样本点由实例（X）与标记（Y）组成，样本数为N：

$$D = \{(X_1, Y_1), (X_2, Y_2), \cdots, (X_N, Y_N)\}$$

（2）初始化训练数据集D的权值分布D_m，开始设置每个样本的权值均为$1/N$：

$$D_1 = (W_{11}, W_{12}, \cdots, W_{1i}, \cdots, W_{1N}),$$

$W_{1i} = 1/N$，选定基本分类器（如决策树）。

（3）对（$m = 1$，2，…，M）进行以下的迭代计算：

①使用具有权值分布D_m的训练数据集，对选定的基本分类器进行训练学

习，训练出如下形式的基本分类器：

$G_m(x): x \rightarrow \{-1, +1\}$，对于每个训练样本得出一个分类结果 -1 或 +1。

②计算 G_m（x）在训练数据集上的分类误差率（误分类样本的权值之和）：

$$e_m = P(G_m(x_i) \neq y_i) = \sum_{i=1}^{N} w_{mi} I(G_m(x_i) \neq y_i)$$

③计算弱分类器 $G_m(x)$ 的表决系数，取自然对数：

$$\alpha_m = \frac{1}{2}\log\frac{1 - e_m}{e_m}$$

表决系数是该弱分类器 $G_m(x)$ 在组合分类器中的表决权重。当分类误差率 $e \Leftarrow 1/2$ 时，表决系数大于 0，并且随着 e 的减少而增大，所以分类误差率越小的弱分类器在组合分类器中的权重就越大。

④更新训练数据集的权值分布：

$$D_{m+1} = (w_{m+1,1}, \cdots, w_{m+1,i}, \cdots, w_{m+1,N})$$

$$w_{m+1,i} = \frac{w_{mi}}{Z_m}\exp(-a_m y_i G_m(x_i)), i = 1, 2, \cdots, N$$

其中 Z_m 是规范化因子：

$$Z_m = \sum_{i=1}^{N} w_{mi}\exp[(-a_m y_i G_m(x_i))]$$

更新训练数据集的权值分布的另一个表达形式：

$$w_{m+1,i} = \begin{cases} \frac{w_{mi}}{Z_m}e^{-a_m}, & G_m(x_i) = y_i \\ \frac{w_{mi}}{Z_m}e^{a_m}, & G_m(x_i) \neq y_i \end{cases}$$

更新训练数据集的权值分布后，被误分类的样本的权值被扩大，正确分类的样本的权值则被缩小，放大倍数为 $e/(1-e)$。

（5）构建弱分类器的线性组合，第（4）步完成后（满足迭代次数或分类误差率阈值）得到 M（$m=1,2,\cdots,M$）个弱分类器 G_m（x），将它们线性组合，得到最后的强分类器 $G(x)$：

$$f(x) = \sum_{m=1}^{M} a_m G_m(x)$$

$$G(x) = \text{sign}(f(x)) = \text{sign}\left[\sum_{m=1}^{M} a_m G_m(x)\right]$$

sign( ) 为符号函数，如果其值为正或零，则分为 +1 类，否则为 -1 类。

10.3 大数据建模，机器之学习

10.3.1 不平衡样本集的处理

对收集回来的大数据集进行预处理后，得到了比较“干净”的大数据集。这些数据用于机器学习前，还需要解决大数据样本数据集是否存在不平衡性问题。所谓大数据案例样本集的不平衡性，是指案例样本集包含的正类样本数量和负类样本数量相差悬殊，不利于训练机器学习模型。例如，项目收集回来的大数据集进行预处理后，如果把事故事件案例和违章案例作为负类案例，则负类案例有 1872 个，正类案例有 28，073 个。正类案例样本数量和负类案例样本数量相差显著悬殊，机器学习算法模型在保证 93.7%（正类数量除以正类加负类的数量）的分类准确率下会对少量的 1872 个负类案例样本误为噪声进行处理。在这种不平衡案例样本集下训练机器学习算法模型，由于机器学习算法模型一般被设计成通过减少误差来提高准确率，而没有考虑类别的分布比例及类别的平衡性问题，这样得到的机器学习分类模型是没有实际应用价值的。

项目收集的大数据案例工单样本集共有 29，945 个样本，其中违章事故事件工单样本 1872 个，正常案例工单样本 28，073 个，违章事故事件工单比率 =1872/29，945 =6.25%，显然，样本集是一个不平衡样本集。

应用 5.6 节介绍的不平衡样本集的重采样方法，对样本集进行重采样处理，结果如表 10-9 所示。

表 10－9　大数据样本集重采样处理方法

序号	重采样方法	重采样处理
1	随机欠采样	随机欠采样处理：不重复地从正常案例工单样本集中取 10% 的样本，并将其与违章事故事件样本组成新的样本集。 随机欠采样之后的正常案例工单样本＝28073×10% ＝2807，组成新的案例工单样本集的数量＝1872＋2807＝4679。 欠采样之后新的样本数据集的违章事故事件比率＝1872/4679＝40%
2	随机过采样	随机过采样处理：随机复制 1872 个违章事故事件样本 8 次，违章事故事件案例工单样本数量 1872×2＝14976，正常案例工单＝28073；过采样之后组成新的案例工单样本集的数量 14976＋28073＝43049。 过采样之后新的样本数据集的违章事故事件比率＝14976/43049＝35%
3	基于聚类的过采样	正常案例工单类样本的聚类结果： 聚类 1，3509 个样本；聚类 2，3481 个样本； 聚类 3，2751 个样本；聚类 4，3874 个样本； 聚类 5，4267 个样本；聚类 6，2948 个样本； 聚类 7，3453 个样本；聚类 8，3790 个样本。 违章事故事件类样本的聚类结果： 聚类 1，562 个样本；聚类 2，524 个样本； 聚类 3，487 个样本；聚类 4，299 个样本。 正常案例工单类样本基于聚类的过采样处理： 聚类 1，3509 个样本；聚类 2，3509 个样本； 聚类 3，3509 个样本；聚类 4，3509 个样本； 聚类 5，3509 个样本；聚类 6，3509 个样本； 聚类 7，3509 个样本；聚类 8，3509 个样本。 违章事故事件类基于聚类的过采样处理： 聚类 1，2096 个样本；聚类 2，2096 个样本； 聚类 3，2096 个样本；聚类 4，2096 个样本。 基于聚类的过采样处理后违章事故事件比率＝8384/（28072＋8384）＝23%

续表 10－9

序号	重采样方法	重采样处理
4	合成少数类过采样	合成少数类过采样处理：从违章事故事件案例工单类中随机取 692 个样本，并生成相似的合成违章事故事件案例工单样本 20 次。 生成合成样本后，创建下面的样本数据集： 违章事故事件案例工单类违章样本数量 692×2＝13840； 正常案例工单类样本数量＝28073； 过采样之后样本数据集的违章事故事件比率＝13840/（28073＋13840）＝33%
5	改进的合成少数类过采样	将违章事故事件案例工单类样本分为 3 个不同的组。 安全样本组：1310 个 边界样本组：375 个 噪声样本组：187 个 基于改进的合成少数类过采样处理：从安全样本组中随机取 493 个样本，并生成相似的合成违章样本 20 次。 生成合成样本后，创建下面的样本数据集： 违章事故事件案例工单类违章样本数量＝493×20＝9860， 正常案例工单类样本数量＝28073； 过采样之后样本数据集的违章事故事件比率＝9860/37933＝26%

10.3.2 机器学习样本的划分

项目分别选择上述 10.3.1 节不平衡样本集的处理结果作为机器学习的案例样本集，同时按 8:2 的划分比例，将案例样本集的 80% 作为机器学习的案例样本集 D，20% 作为交叉验证的案例样本集 DD。项目的实验结果表明，选用基于聚类的过采样方法对项目研发的机器学习模型具有较好的学习效果。

10.3.3 基于信息熵聚类算法模型机器学习可视化

使用表 10－3 所述的基于信息熵聚类的预控模型作为机器学习模型，分别取 k 值为：3，4，5，6，7，8，9，10，得到候选的基于信息熵聚类的预控模型：M_3，M_4，M_5，M_6，M_7，M_8，M_9，M_{10}，各模型的学习效果之可视化（空心圆点为聚类中心）如图 10－3 所示。

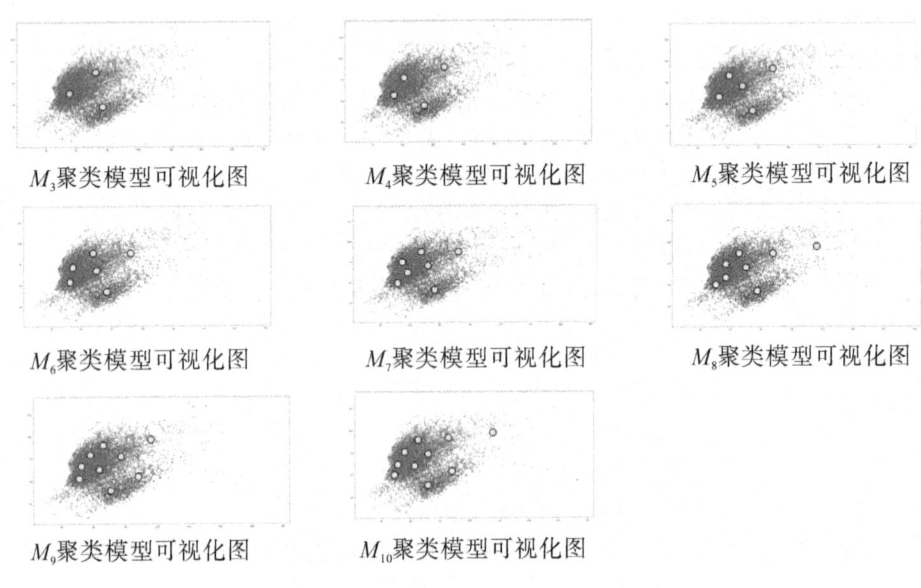

图 10－3　机器学习效果之可视化

10.3.4　基于信息熵聚类算法模型机器学习效果评价

（1）使用 10.3.2 节划分的交叉验证案例样本集 DD（违章事故事件案例工单样本数为 1676 个，正常案例工单样本数为 5615 个），分别对 $k=3$，4，5，6，7，8，9，10 的聚类预控模型 M_k 进行验证，$k=6$ 对应的预控模型 M_6 最优，$k=6$ 对应的预控模型 M_6 对应的混淆矩阵评价指标如表 10－10 所示。

表 10－10　测试验证集混淆矩阵评价指标

混淆矩阵		案例真实值		合计
		正类	负类	
模型预测值	正类	TP 数量 4604	FP 数量 51	4655
	负类	FN 数量 1011	TN 数量 1625	2636
合计		5615	1676	7291

续表 10－10

混淆矩阵	案例真实值		合计
	正类	负类	
模型评价指标	查全率 TPR TPR＝TP/(TP＋FN) TPR＝0.82		准确率 ACC ACC＝(TP＋TN)/(P＋N) ACC＝0.85

（2）使用 2019 年 8 月 1 日至 2019 年 8 月 31 日期间中山供电局的 200 个实际案例工单（这些案例工单不在项目收集的大数据案例工单库中）作为测试验证集 DD，分别对 $k=3$，4，5，6，7，8，9，10 的聚类预控模型 M_k 进行验证，$k=6$ 对应的预控模型 M_6 最优，对应的混淆矩阵评价指标如表 10－11 所示。

表 10－11　测试验证集混淆矩阵评价指标

混淆矩体		案例真实值		合计
		正类	负类	
模型预测值	正类	TP 数量 161	FP 数量 0	161
	负类	FN 数量 35	TN 数量 4	39
合计		196	4	200
模型评价指标		查全率 TPR TPR＝TP/(TP＋FN) TPR＝0.82		准确率 ACC ACC＝(TP＋TN)/(P＋N) ACC＝0.83

（3）基于信息熵聚类预控模型 M_6 与人工监管发现违章工单的能力比较。将中山供电局提供的 2019 年 4 月 1 日至 2019 年 7 月 31 日人工监管发现的 349 个违章工单（这些案例工单不在项目收集的大数据案例工单库中）作为预控工单输入预控模型 M_k（$k=3$，4，5，6，7，8，9，10），得到聚类预控模型 M_k 与人工监管发现违章工单的能力比较，如表 10－12 所示。

表 10－12　聚类预控模型 M_6 与人工监管发现违章工单的能力比较

识别能力 / 预控模型	预控模型识别的违章工单数量	人工发现的违章工单数量 N	预控模型与人工发现相同的违章工单数量 M	预控模型识别违章工单的能力 M/N
M_3	267	349	267	76.50%
M_4	275		275	78.79%
M_5	273		273	78.22%
M_6	293		293	83.95%
M_7	257		257	73.63%
M_8	273		273	78.22%
M_9	286		286	81.94%
M_{10}	280		280	80.22%

（4）基于信息熵聚类预控模型 M_k 发现违章工单的能力。将中山供电局2019年4月1日至2019年7月31日的7243个作业工单作为预控工单输入预控模型 M_k（$k=3$，4，5，6，7，8，9，10），与同期人工发现的349个中的198个违章工单（其中有151个违章工单没有出现在7243个作业工单中）进行比对分析，得到预控模型输出的预控结果如表10－13所示。

表 10－13　聚类预控模型 M_k 发现违章工单的能力

识别能力 / 预控模型	预控模型识别的违章工单数量	人工发现的违章工单数量 N	预控模型与人工发现相同的违章工单数量 M	预控模型识别违章工单的能力 M/N
M_3	92	198	58	29.29%
M_4	518		74	37.37%
M_5	89		59	29.79%
M_6	637		149	75.25%
M_7	64		55	27.77%
M_8	1749		82	41.41%
M_9	916		42	21.21%
M_{10}	1017		78	39.39%

10.3.5 基于范例推理模型的 K－最近邻方法机器学习效果评价

使用 10.2.4 节所述的基于范例推理算法模型，使用 K－最近邻方法训练进行机器学习，对中山供电局 2019 年 4 月 1 日至 2019 年 7 月 31 日的 7243 个作业工单作为预控工单进行预控评估，预控推理结果远差于使用表 10－3 所述的基于信息熵聚类算法模型的评估效果（如查全率、误错率及精准率等）。

分析使用范例推理算法在项目中不理想的表现，主要原因之一是范例知识库的范例不完备；其次，使用 K－最近邻算法分类检索范例知识库中的范例时，K－最近邻语义距离的定义也存在不足之处。

10.3.6 基于自适应提升方法模型机器学习效果评价

使用 10.2.6 节第 2 点 AdaBoost 迭代算法模型进行机器学习，实验由 AdaBoost 迭代算法程序和 AdaBoost 测试程序两部分组成，以下是实验结果的说明及分析。

（1）除了输入样本数据集和标签外，还需要指定迭代次数 M 或训练错误率达到指定的要求，设定合适的迭代次数或训练错误率，构建出需要的弱分类器数量。

（2）权重向量包含了当前单层决策树分类器下，各个数据集样本的权重，一开始设定为相等 $1/N$，N 为样本数量。随着迭代的进行，算法会根据分类的权重加权错误率对各个样本的权重进行修改，修改方法是：提高分类错误的样本的权重，减少分类正确的样本的权重。

（3）分类器表决系数 αm，是一个非常重要的参数，它在构建组合分类器的分类结果中起到很重要的作用。如果某个弱分类器的分类错误率更低，则根据错误率计算出来的分类器表决系数将会更高，以让这些分类错误率更低的分类器在组合分类器中起到更重要的作用。

（4）随着分类器数目的增加，AdaBoost 分类器的训练错误率不断地减少，而测试错误率则是经历先减少到最小值，再逐渐增大的过程，这就是所谓的过拟合。因此，在算法实现中采取了交叉验证的方法。算法中设定了一个验证集合，不断测试验证集的分类错误率，当发现训练集错误率减少的同时，若发现验证集的错误率较之上一次结果上升了，则停止训练退出迭代。

（5）AdaBoost 迭代算法程序跳出循环后，会通过 sign 函数得到最终的分类器决策结果 +1 或 －1。

运行 AdaBoost 迭代算法程序和 AdaBoost 测试程序，得到了不同弱分类器数量情况下，AdaBoost 分类和测试错误率，如表 10－14 所示。

表 10－14 AdaBoost 分类和测试错误率

分类器数量	训练错误率/%	测试错误率/%
1	28	27
10	23	24
50	19	21
100	19	22
500	16	25
1000	14	31
10000	11	33

一般地，对于质量好的样本数据集 D，AdaBoost 的测试错误率会随着迭代次数的增加而逐渐稳定在某一个值附近，而不会出现表 10－14 中先减小后上升的情况。显然，由于我们使用的样本数据缺失率较高（达到 30%），导致出现表 10－14 测试错误率先减小后上升的情况。

应用核 K－Means 类方法，对样本数据集进行聚类分析，然后对同一类的样本数据中缺失的特征变量值，使用该类中特征变量的平均值进行补遗，然后再进行 adaBoost 算法训练，训练结果可能会得到改进。

弱分类数目与分类错误率有一个最佳的平衡点，即某个分类器数目对应的分类错误率最低。因此，在构造组合分类器时，下一步的研究工作可以通过实验分析找到一个最佳的分类器数目。

10.4 大数据模型，评价与选择

比较 10.3 节大数据建模及机器学习的效果，得出如下的模型评价与选择结论：

（1）基于范例推理的机器学习模型达不到可以接受的应用水平，项目管控平台开发不选用这个模型。

（2）基于自适应提升方法建立的机器学习模型，在大数据集特征值缺失较多的情况下，仍然表现出不错的效果，项目管控平台开发可以选用这个模型。

（3）基于信息熵聚类的机器学习模型 M_3、M_4、M_5、M_6、M_7、M_8、M_9 及 M_{10}，M_6 表现最优，达到了可以接受的应用水平，这个模型可以作为项目管控平台开发的首选模型。

综上，项目管控平台开发选择基于信息熵聚类的机器学习模型 M_6 以及基于自适应提升方法建立的机器学习模型，用于开发项目的违章及事故事件大数据分析及管控平台。

第 11 章　项目大数据应用之平台设计

11.1　项目之应用，设计之原则

管控平台的设计遵从了下述 4 个原则：

（1）安全性原则。必须保证电力企业生产系统的信息安全，管控平台与电力企业生产系统安全隔离。

（2）易用性原则。必须与电力企业各级应用人员使用信息化系统的日常习惯相同或相似，实现管控平台使用的零培训。

（3）可用性原则。必须保证管控平台的高可用性，能成为电力企业安全监管新颖的信息化工具。

（4）维护性原则。必须保障管控平台 7 × 24 小时安全稳定地运行，能简单有效地实现管控平台的升级维护。

11.2　项目之应用，蓝图来指导

图 11 – 1 是指导项目管控平台系统研发的蓝图，用于指导管控平台系统的研发。

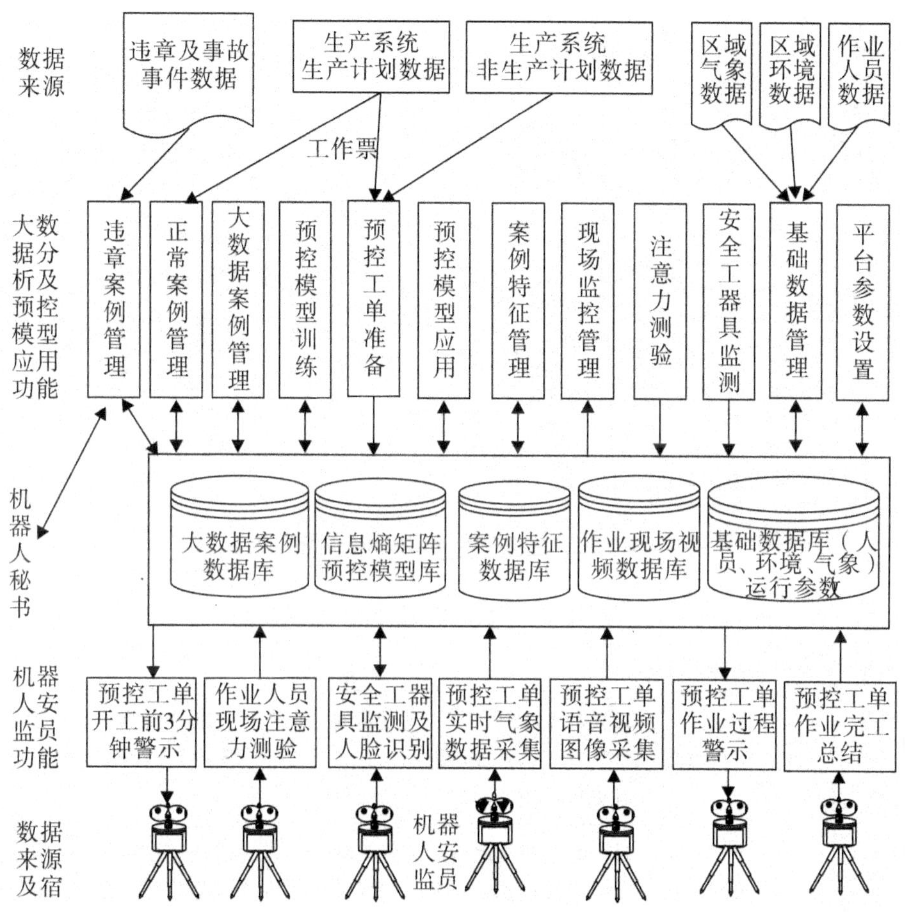

图 11－1 平台设计蓝图

11.3 应用之功能，规格之定义

11.3.1 平台应用功能规格定义

依据平台设计蓝图，分别设计项目的电力事故事件与违章大数据分析及管控平台的后端功能规格、前端机器人秘书功能规格以及前端机器人安监员功能规格，参见表 11－1、表 11－2 以及表 11－3。

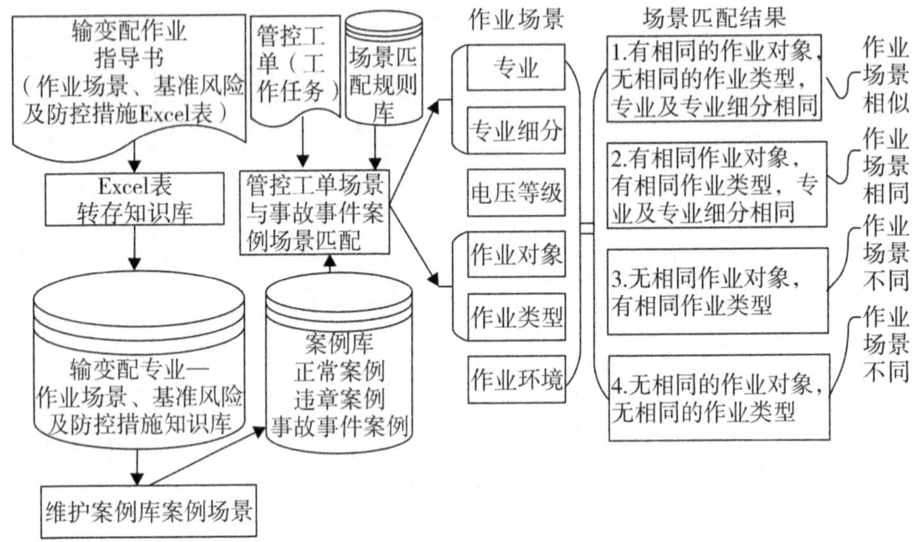

图 11－2 输变配专业作业场景匹配模型

表 11－1　管控平台后端功能规格

阶段	序号	功能名称	功能规格
事前管控	1	案例管理	对大数据案例库中的违章案例工单、事故事件案例工单以及正常案例工单，提供增加、删除、查询等案例数据维护功能以及可视化功能
	2	统计分析	对大数据案例库中的案例工单数据，提供按单位/部门、时间、专业以及类别（正常，违章，事故事件）等的统计分析管理功能以及可视化功能
	3	机器学习	基于大数据案例库，训练具有学习能力的作业风险预控模型，使其达到具有工程应用可接收水平的作业风险识别能力
	4	工单准备	从生产系统批量导出计划或非计划的工作票数据，生成事前计划或非计划管控工单数据
	5	模型应用	批量导入或微信录入事前计划或非计划的预控作业工单数据，应用平台管控模型对输入的作业预控工单进行事前作业风险管控推理，并向用户推送管控推理结果信息，包括：作业执行预测结果、作业基准风险、作业风险防控措施以及与同类作业历史发生的事故事件场景匹配的案例分析知识等

续表 11－1

阶段	序号	功能名称	功能规格
事前管控	6	特征管理	提供增加、删除、修改以及查询管控模型建模特征的维护功能
	7	基础数据	提供平台对其他数据源如天气数据、作业人员数据以及作业环境数据等的维护功能
事中管控	8	事前警示	机器人安监员在作业现场作业前推送作业内容、作业风险点、防控措施以及与历史事故事件场景匹配的案例，为现场作业人员进行作业安全警示
	9	气象监测	机器人安监员在作业现场获取实时的气象资料数据，并将获取的实时气象资料数据报送给安监部管理人员及后台管控平台
	10	器具识别	机器人安监员在作业现场实时检测作业人员携带安全工器具信息，记录检测结果并实时报送给安监部管理人员及后台管控平台
	11	人脸识别	机器人安监员在作业现场实时采集作业人员的人脸信息，管控平台记录人脸识别结果并报送给安监部管理人员
	12	测注意力	机器人安监员在作业现场指导作业人员完成 3 分钟持续工作注意力测试，并向安监部管理人员及后台管控平台报告测试结果
	13	视频直播	机器人安监员在作业现场实时直播作业现场信息，并提供远程查看作业现场视频信息的功能
事后管控	14	作业总结	机器人秘书与作业负责人通过微信交互的方式，总结作业工单的执行情况，并按模板自动生成作业工单执行情况的总结资料
	15	作业归档	后台管控平台自动将作业工单事前、事中以及事后的执行情况资料按作业归档策略自动归入管控平台大数据案例库中，实现作业工单信息的自动归档功能

表 11－2　前端机器人秘书功能规格

序号	沟通指令	沟通功能规格
1	—	列出与机器人秘书沟通的全部指令及功能说明
2	管工单	向机器人秘书提出工单管控请求，请求者按机器人秘书的提问回答问题，机器人秘书提问结束后，获得管控工单的作业信息；工单管控请求者只需等待机器人秘书推送给他的工单管控信息即可
3	查违章	向机器人秘书提出查询违章工单的请求，请求者按机器人秘书的提问回答问题，机器人秘书提问结束后，获得请求者的查询条件；查询请求者只需等待机器人秘书推送给他的满足查询条件的违章工单信息即可
4	查事故	向机器人秘书提出查询事故事件工单请求，请求者按机器人秘书的提问回答问题，机器人秘书提问结束后，获得请求者的查询条件；查询请求者只需等待机器人秘书推送给他的满足查询条件的事故事件工单信息即可
5	我测试	提出持续工作注意力测试请求，请求者获得机器人秘书推送的完成测试的题目并在档案中记录其测验成绩
6	查工单	向机器人秘书提出查询管控工单请求，请求者按机器人秘书的提问回答问题，机器人秘书提问结束后，获得请求者的查询条件；查询请求者只需等待机器人秘书推送给他的满足查询条件的管控工单信息即可
7	测器具	向机器人秘书提出检测作业现场安全工器具携带情况的请求，请求者按机器人秘书的提问回答问题，机器人秘书提问结束后，获得请求者的检测安全工器具的要求并要求作业现场的机器人安监员完成安全工器具测试任务，请求者只需等待机器人秘书推送给他的满足检测条件的作业现场安全工器具携带信息即可
8	识人脸	向机器人秘书提出识别作业现场人员人脸信息的请求，请求者按机器人秘书的提问回答问题，机器人秘书提问结束后，获得请求者识别人脸的条件并要求作业现场的机器人安监员完成人脸识别任务；请求者只需等待机器人秘书推送给他的满足识别条件的作业现场人脸信息即可

续表 11－2

序号	沟通指令	沟通功能规格
9	看视频	向机器人秘书提出观看作业现场视频信息的请求，请求者按机器人秘书的提问回答问题，机器人秘书提问结束后，获得请求者观看作业现场视频信息条件并要求作业现场的机器人安监员完成视频直播任务；请求者只需等待机器人秘书推送给他满足条件的作业现场视频信息的链接，请求者点开该链接即可观看作业现场的视频信息
10	我总结	向机器人秘书提出作业完工总结的请求，请求者按机器人秘书的提问回答问题，机器人秘书提问结束后，机器人秘书按照作业完工总结模板与作业负责人以及机器人安监员通过微信交互的方式，总结作业工单的执行情况，并按模板生成作业工单执行情况的总结资料

表 11－3　前端机器人安监员功能规格

序号	功能名称	功能规格
1	事前警示	机器人安监员在作业现场作业前推送作业内容、作业风险点、防控措施以及历史事故事件案例，为现场作业人员进行作业安全警示
2	气象监测	机器人安监员在作业现场获取实时的气象资料数据，并将获取的实时气象资料数据报送给安监部管理人员及管控平台
3	器具识别	机器人安监员在作业现场实时检测作业人员携带安全工器具信息，记录检测结果并实时报送给安监部管理人员及管控平台
4	人脸识别	机器人安监员在作业现场实时采集作业人员的人脸信息，管控平台记录人脸识别结果并报送给安监部管理人员
5	测注意力	机器人安监员在作业现场指导作业人员完成3分钟持续工作注意力测试，并向安监部管理人员及后端管控平台报告测试结果
6	视频直播	机器人安监员在作业现场实时直播作业现场信息，并提供远程查看作业现场视频信息的功能

续表 11－3

序号	功能名称	功能规格
7	作业总结	机器人安监员与后端管控平台的机器人秘书通过微信交互的方式，参与总结作业工单的执行情况，并按模板生成作业工单执行情况的总结资料
8	作业归档	机器人安监员与后端管控平台的机器人秘书通过微信交互的方式，参与管控平台自动将作业工单事前、事中以及事后的执行情况资料按作业归档策略自动归入管控平台大数据案例库中，实现作业工单信息的自动归档功能

11.3.2 机器人安监员作业现场持续工作注意力测试方案与评价方法

注意是指心理活动对一定对象的指向和集中，它是心理过程的动力特征，是一种有选择性、转移性和可分解性的集中。注意的广度保持以及稳定性是人正确知觉事物的基础，注意包括三个方面的内容：选择注意、持续注意和分散注意。持续注意是指在一段不间断的时间内集中注意力完成某一任务的能力，也即是指在一段较长的时间内对某一刺激保持注意，又被称为警觉；持续注意是注意功能的基本成分，是更高层次的注意（选择注意、分散注意）和认知功能的基础。(资料来源：百度百科)

前端机器人安监员组织作业现场作业人员进行3分钟的持续工作注意力测试，并将测试结果报告后台的机器人秘书，由机器人秘书应用管控平台评估作业过程隐含的违章风险，并通知前端机器人安监员进行现场作业过程安全警示。

1．持续工作注意力测试方案

每次在10＊10的方格中随机排列0到99的数字，要求受测者在排列的数字中找出15个连续数字。例如，找出1到15，10到24，或30到44，等等。从什么数字开始找，由受测者自行决定。记录受测者选择15个连续数字的所用的时间。这是一个测试受测者集中注意力时记忆程度的测验方案，下面是其中一个测试题的例子：

12 33 40 97 94 57 22 19 49 60

27 98 79 8 70 13 61 6 80 99

5 41 95 14 76 81 59 48 93 28
20 96 34 62 50 3 68 16 78 39
86 7 42 11 82 85 38 87 24 47
63 32 77 51 71 21 52 4 9 69
35 58 18 43 26 75 30 67 46 88
17 46 53 1 72 15 54 10 37 23
83 73 84 90 44 89 66 91 74 92
25 36 55 65 31 0 45 29 56 2

2. 持续工作注意力测验评价方法

表11－4所示为持续工作注意力测验的评价方法。

表11－4　持续工作注意力测验评价方法

序号	找出15个连续数字的时间	持续注意力评价
1	30～40秒	优秀
2	40～90秒	良好
3	90～180秒	中等
4	>180秒	较差

11.4　数据是基础，需求要满足

11.4.1　案例工单数据

案例工单数据见表11－5。

表 11－5　案例工单数据

序号	维度	数据项
1	作业维（30 个）	案例 ID，作业名称，作业任务，作业时间，单位名称，单位编码，单位类型，风险评估，作业执行结果，工作类别，作业步骤，作业性质，作业时长，是否连续作业，专业，电压等级，作业是否分组，作业团队总人数，作业负责人，作业操作人，作业操作监护人，大型作业工器具，作业安全工器具，个人防护用品，绝缘安全工器具，登高安全工器具，有无生产计划，有无工作票，有无操作票，作业复杂程度
2	人员维（39 个）	团队人员，单位名称，单位编码，平均年龄，未婚人数，已婚人数，子女人数，平均学历，吸烟人数，喝酒人数，无固定期限劳动合同人数，三年以上固定期限劳动合同人数，一年以上三年以下固定期限劳动合同人数，一年固定期限劳动合同人数，一年以下固定期限劳动合同人数，劳务派遣人数，非全日制人数，农村电工人数，多经单位人数，外单位人数，其他用工人数，职业禁忌人数，团队人员从事目前工种工作最短时间（月），团队人员从事目前工种工作最长时间（月），团队人员从事目前工种工作平均时间（月），团队人员曾任班组长人数，团队成员历史违章责任人人数，团队成员历史违章累计次数，团队成员历史违章现场人人数，团队成员历史违章现场人累计人数，团队人员注意力测验最高分数，团队人员注意力测验最低分数，团队人员注意力测验平均分数，团队人员无安规培训人数，团队人员无安全考试合格证人数，团队人员无资格证书人数，团队人员爱好体育运动人数，团队人员爱好外出旅游人数，团队人员爱好休闲活动人数
3	环境维（11 个）	环境所处单位名称，单位编码，设备名称，电压等级，设备起点经纬度，设备终点经纬度，作业地点，作业距离，作业点类型，作业高度，地理条件
4	气象维（9 个）	气象日期，天气，风力，风向，最高气温，最低气温，日平均气温，空气质量指数，相对湿度

续表 11 –5

序号	维度	数据项
5	现场维（16 个）	作业现场日期，现场天气，现场风力，现场气温，现场相对湿度，团队人员现场注意力测验最高分数，团队人员现场注意力测验最低分数，团队人员现场注意力测验平均分数，作业安全工器具现场检测数量，个人防护用品现场检测数量，绝缘安全工器具现场检测数量，登高安全工器具现场检测数量，安全网，安全标示牌，安全围栏，作业现场采集的语音视频
6	分析维（38 个）	电力违章及人身事故类别，电力人身伤害事件（人员伤害），事故事件类别误操作，个人因素之精神或心理能力不足，个人因素之缺乏知识，个人因素之缺乏技能，个人因素之精神压力或身体不适，个人因素之不当的动机，个人因素之滥用或误用设备设施，不安全行为之违规操作（未经授权的操作或误操作），不安全行为之忽视警示（冒险作业，走错间隔等），不安全行为之违章作业（不按标准作业），不安全行为之使用不安全或不符合标准的设备，不安全行为之不正确使用或穿戴不符标准的个人防护用品，不安全行为之不按规定采取安全措施或安全措施不完善，不安全行为之使用失效的防护装置、报警系统或其他安全设施，不安全行为之不按规定移动、拆除防护装置、安全设施，不安全行为之随意解除防误装置（随意解锁），不安全工作状态之冒险进入危险场所，不安全工作状态之物品堆放不当，不安全工作状态之设备制造人员因素，不安全工作状态之失效或有缺陷的报警系统或保护装置，不安全工作状态值设备、设施、工器具及附件等缺乏或有缺陷，不安全工作状态之保护、保险、信号灯装置缺乏或有缺陷，不安全工作状态之危险的环境（有辐射、危险化学品、极高或极低温度等），不安全工作状态之生产（施工）场地环境不良（施工场地受限等），管理因素之不当的运行工况，管理因素之违章指挥（不当的领导和监督），人员因素之能力不足，违章及事故事件简述，违章及事故事件经过，直接原因，主要（重要）原因，间接原因，管理原因，暴露问题，整改防范措施，事故事件分析日期

11.4.2 人员字典数据

人员字典数据见表11－6。

表11－6 人员字典数据

数据项（25个）
姓名、性别、单位名称、单位编码、出生日期、婚姻状况、子女人数、最高学历、是否吸烟、是否喝酒、第一业余爱好、用工形式、从事工种日期、工种、安规培训、安全考试合格证、资格证书、职业禁忌、最近一次注意力测验分数、最近一次注意力测验日期、最近违章日期、违章编码类别、历史违章累计次数、曾经是违章现场人累计次数、是否曾经为班组长

11.4.3 环境字典数据

环境字典数据见表11－7。

表11－7 环境字典数据

数据项（10个）
单位名称、单位编码、设备名称、电压等级、设备起点经纬度、设备终点经纬度、设备作业距离、作业地点、作业高度、地理条件

11.4.4 气象字典数据

气象字典数据见表11－8。

表11－8 气象字典数据

数据项（11个）
地区编码、地区名称、气象日期、天气、风力、风向、最高气温、最低气温、日平均气温、空气质量指数、相对湿度

11.4.5 案例特征字典数据

案例特征字典数据见表11－9。

表11－9 案例特征字典数据

数据项（8个）
特征维度、特征名称、特征值类型、特征取值数量、特征取值枚举、特征取值来源、关联分析标志、关联概率分布

11.4.6 案例特征关联概率矩阵数据

案例特征关联概率矩阵数据见表11－10。

表11－10 案例特征关联概率矩阵数据

数据项（9个）
分析时间、特征名称、特征取值、违章数量、违章比率（概率）、事故事件数量、事故事件比率、正常工单数量、正常工单比率

11.4.7 案例信息熵矩阵数据

案例信息熵矩阵数据见表11－11。

表11－11 案例信息熵矩阵数据

数据项（6个）
计算时间、案例ID、违章案例信息熵V1、事故事件案例信息熵V2、正常案例信息熵V3、案例信息熵均值

11.4.8 案例聚类预控模型数据

案例聚类预控模型数据见表 11－12。

表 11－12 案例聚类预控模型数据

数据项（10 个）
聚类日期、聚类数目、聚类编号、类中信息熵均值、类中违章数量、类中违章比率、类中事故事件数量、类中事故事件比率、类中正常案例数量、类中正常案例比率

11.4.9 生产计划数据

生产计划数据见表 11－13。

表 11－13 生产计划数据

数据项（30 个）
计划编号、计划类型、计划性质、工作类别、工作班组、工作地点、工作内容、工期、计划开始日期、计划结束日期、工作方式、专业、工作负责人、工作成员、实际开始时间、实际结束时间、工作结果、计划状态、计划来源、工作类别细类、工作部门、班长评价、确认人、确认时间、注意事项、是否已消缺、创建人名称、是否遗留问题、遗留问题描述、备注

11.4.10 工作票数据

工作票数据见表 11－14。

表 11－14 工作票数据

数据项（21 个）
工作任务、工作票类型、工作负责人、单位和班组、站/线路、计划开始时间、计划结束时间、工作地点、工作票状态、工作票票号、运维单位、工作票签发人、签发时间、值班负责人、接收时间、工作许可人、许可工作时间、工作终结许可人、工作终结时间、工作票终结时间、延期时间

11.4.11 操作票数据

操作票数据见表11－15。

表11－15 操作票数据

数据项（21个）
工作任务、工作票类型、工作负责人、单位和班组、站/线路、计划开始时间、计划结束时间、工作地点、工作票状态、工作票票号、运维单位、工作票签发人、签发时间、值班负责人、接收时间、工作许可人、许可工作时间、工作终结许可人、工作终结时间、工作票终结时间、延期时间

11.4.12 预控工单数据

与案例工单数据项相同，详见表11－5数据项。

11.4.13 督查发现违章问题数据

督查发现违章问题数据见表11－16。

表11－16 督查发现违章问题数据

数据项（26个）
督查日期、督查形式、风险类型、风险等级（网/省/地）、风险等级别、供电局名称、电压等级、作业任务、问题描述、项目类型、专业、问题归类类别、问题归类细分、问题类型、违章编码、环节、责任班组/单位、责任单位类别、总承包单位、监理单位、整改要求、整改期限、整改完成时间、督查人员、整改通知单编号、备注

11.4.14 现场作业违章扣分清单数据

现场作业违章扣分清单数据见表 11－17。

表 11－17 现场作业违章扣分清单数据

数据项（15 个）
项目名称、施工单位、业主单位、违章人员姓名、身份证号、违章时间、违章现象、违章类型（人员行为、作业环境、施工机具、作业流程、工作标准）、扣分代码、扣分值、累计扣分、计分起始时间、是否“三种人”、教育培训情况（自学整改、约谈提示、警示教育、诫勉批评、脱产学习、取消资格等）、备注

11.4.15 作业指导书及记录表清单目录数据

作业指导书及记录表清单目录数据见表 11－18。

表 11－18 作业指导书及记录表清单目录数据

数据项（6 个）
ID、专业名称、作业类别、作业指导书或记录表数量、作业指导书或记录表名称、作业指导书统一编号

11.5 管控之平台，应用之场景

为了使项目研发的管控平台能够安全、可靠及便于落地推广，项目研发了机器人秘书和机器人安监员两个附加产品参与管控平台的运行与推广应用，运行与应用场景如图 11－3 所示。

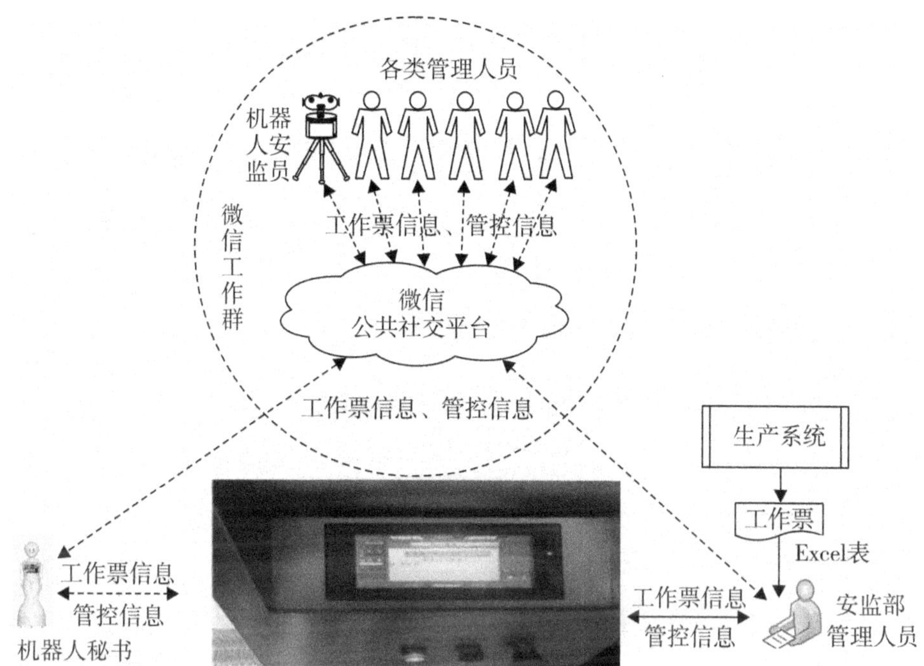

图 11－3　机器人秘书和机器人安监员参与管控平台推广应用的场景

11.6 交互之界面，要求可视化

图 11－4 是管控平台后台的可大屏幕交互的界面。

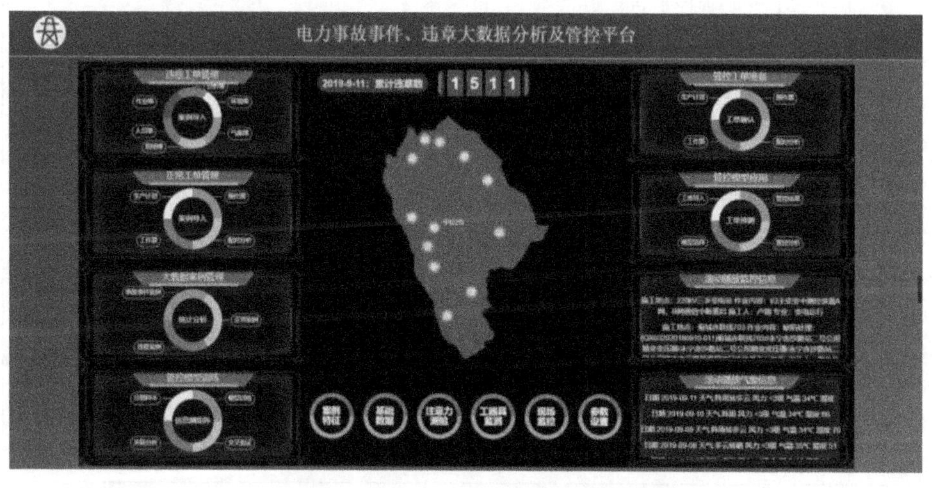

图 11－4　管控平台后台大屏幕交互界面

第12章　项目大数据应用平台之落地

12.1　管控之平台，特点与特色

项目研发的管控平台具有如表12－1所述的特点特色。

表12－1　管控平台具有的特点特色

序号	主要特点特色		说明
1	技术	数据挖掘理论及技术支持	基于大数据分析及数据挖掘（聚类＋分类）技术开发电力违章事故事件机器学习预控模型，通过定期或不定期的案例学习，平台预控模型可以得到不断的进步和提升
		专利技术保护	获得国家知识产权局受理的专利技术保护
2	安全	安全应用的生态环境	使用微信机器人技术，构建出安全使用管控平台的微信工作群生态环境，与安监部门管理人员使用的工作群融合在一起
		用户不可见的透明管控平台	管控平台不直接接入互联网，对普通用户透明不可见。管控平台与机器人秘书放置在同一办公地点，可以通过WIFI通道进行通信
3	应用	用户零培训	用户在安监工作群内输入“？”字符，即可以获得与机器人秘书沟通的文本指令列表及功能说明
		使用习惯一致	与用户使用微信的习惯一致，使用微信与机器人秘书沟通，并获得管控平台提供的电力作业违章及事故事件全生命周期的管控服务
		使用价值	1）分享大数据案例库案例知识，为一线作业人员提供7×24小时的安全管控服务及安全培训服务； 2）为安监部门管控电力作业违章事故事件提供一个基于大数据分析的全过程安全管控信息化技术支持手段，提升安监部门电力生产安全管控的工作效率和工作水平

续表 12 -1

序号	主要特点特色		说明
3	应用	运行环境简单	WINDOWS 操作系统，SQL Server 数据库，第三方语音服务（可选），微信机器人秘书软件，机器人安监员软件，基于大数据分析及数据挖掘方法的电力作业违章事故事件全生命周期管控平台软件

12.2 安监机器人，现场来督察

12.2.1 机器人安监员本体

机器人安监员承担电力作业现场安全监察员的角色，其架构及组件如图 12 -1 所示。

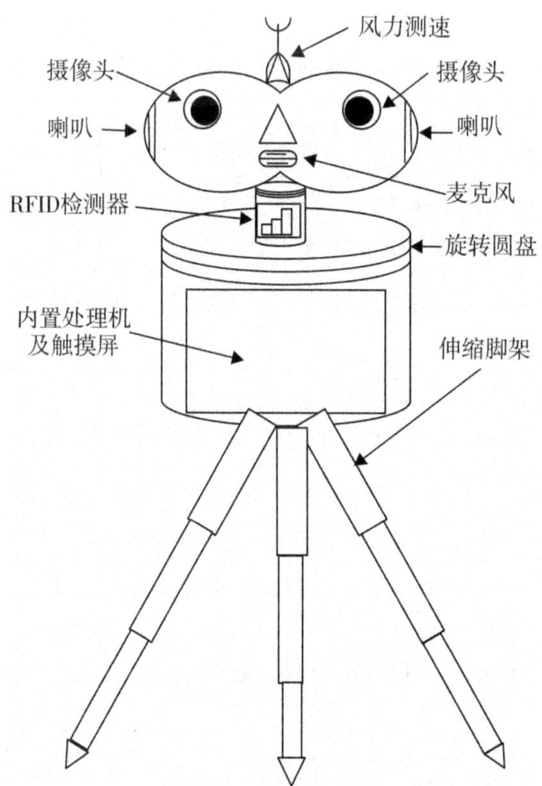

图 12 -1 机器人安监员架构及组件

12.2.2 机器人安监员主程序

机器人安监员主程序算法如表 12-2 所示。

表 12-2 机器人安监员主程序算法

算法步骤	算法说明
1	打开安全监管机器人电源开关，自动启动安全监管控制程序
2	启动机器人安监员初始化工作
3	启动作业前作业风险点警示及历史违章事故事件案例警示
4	启动电力作业现场注意力测验程序，使用自然语言提示现场电力作业人员，通过便携式移动设备完成作业现场注意力测验，并循环等待直至现场所有电力作业人员完成注意力测验工作时为止
5	启动电力作业现场人脸识别程序，完成并报告现场电力作业人员人脸识别的结果
6	启动电力作业现场安全工器具检测程序，完成并报告现场电力作业人员携带安全工器具的检测工作
7	启动电力作业现场第一个安全监管的时间间隔周期
8	启动电力作业现场气象信息采集程序，完成并报告现场天气、温度、湿度、风力以及风向气象数据采集工作
9	启动电力作业现场语音视频图像采集程序，并直播电力作业现场视频图像信息
10	启动电力作业过程安全警示程序，请求后台监控平台提供的作业现场实时安全警示信息，并推送给现场作业负责人及相关管理人员
11	启动电力作业完工归档程序，监测人机交互接口输入，如果有“作业完工归档”的输入信息则转步骤 13，否则继续执行下一步骤工作
12	等待电力作业现场下一个安全监管时间间隔周期，转步骤 8
13	提示选择人机交互接口，录入现场电力作业工单执行结果，并依据作业完工归档策略，将现场电力作业工单资料归档存入电力作业工单违章、事故事件及正常作业历史案例数据库中
14	退出电力作业安全监管控制程序，并关闭机器人安监员电源

12.3 安监员秘书，后台管应用

机器人秘书承担后台应用管理的角色，其架构及组件如图12－2所示。

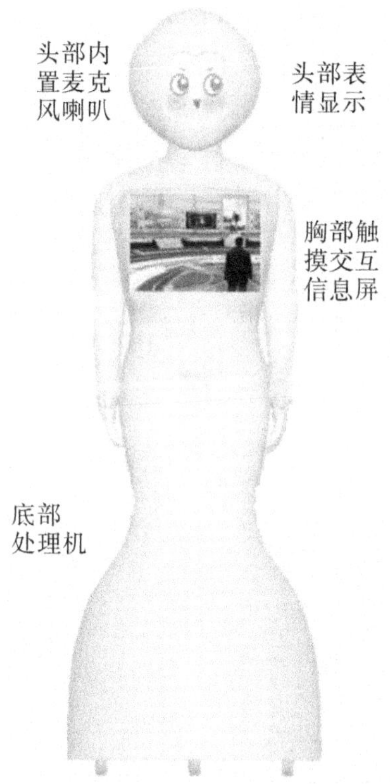

图12－2 机器人秘书架构及组件

12.4 百尺之竿头，还需进一步

为适应项目成果在电力生产中的推广应用，需要进一步改进和完善下述工作：

（1）进一步扩大大数据案例库的规模，特别是违章及事故事件案例的规模，并提高大数据案例库案例数据的质量。

（2）进一步完善机器人安监员系统，包括机器人本体工程应用定型生产以及软件支持功能的完善。

（3）进一步完善机器人秘书系统，包括机器人本体工程应用定型生产以及软件支持功能的完善。

（4）进一步改进数据挖掘模型性能，提升算法模型的泛化能力。

（5）进一步训练其他的机器学习算法模型，充实平台系统的机器学习算法模型库。

第 13 章　应用案例篇参考资料

［1］许进华，钟嘉斌编著. 电气事故案例分析与防范. 北京：中国电力出版社，2013.

［2］国家能源局电力安全监管司编. 全国电力事故和电力安全事件汇编 2012. 杭州：浙江人民出版社，2013.

［3］国家能源局电力安全监管司编. 全国电力事故和电力安全事件汇编 2013. 杭州：浙江人民出版社，2014.

［4］国家能源局电力安全监管司编. 全国电力建设人身伤亡典型事故汇编（2005—2012 年）. 杭州：浙江人民出版社，2014.

［5］《全国电网企业电力生产人身伤亡典型事故汇编（2005－2014》编写组编. 全国电网企业电力生产人身伤亡典型事故汇编（2005－2014）. 杭州：浙江人民出版社，2015.

［6］国家能源局电力安全监管司编. 全国电力事故和电力安全事件汇编 2014. 杭州：浙江人民出版社，2017.

［7］国家能源局电力安全监管司编. 全国电力事故和电力安全事件汇编 2015. 杭州：浙江人民出版社，2017.

［8］国家能源局电力安全监管司编. 全国电力事故和电力安全事件汇编 2016. 杭州：浙江人民出版社，2017.

以下是非出版物的企业内部资料：

［9］《2003 年度人身事故及误操作事故汇编》（中国南方电网公司）

［10］《2005 年度事故汇编》（广东电网公司）

［11］《2005 年度典型事故汇编》（中国南方电网公司）

［12］《2006 年度事故汇编》（广东电网公司）

［13］《2007 年度典型事故汇编》（中国南方电网公司）

［14］《2007 年度事故汇编》（广东电网公司）

［15］《2008 年度事故汇编》（广东电网公司）

［16］《2009 年度事故汇编》（广东电网公司）

［17］《2008 年度典型生产安全事故汇编》（中国南方电网公司）

［18］《2009 年度典型生产安全事故汇编》（中国南方电网公司）

[19]《2010 年度典型生产安全事故汇编》（中国南方电网公司）
[20]《2010 年度事故汇编》（广东电网公司）
[21]《2011 年度事故汇编》（广东电网公司）
[22]《2012 年度电力安全事件汇编》（广东电网公司）
[23]《2013 年度电力安全事件汇编》（广东电网公司）
[24]《2014 年度电力事件汇编》（广东电网公司）
[25]《2011 年度典型生产安全事故汇编》（中国南方电网公司）
[26]《2012 年度典型生产安全事故汇编》（中国南方电网公司）
[27]《2013 年度典型生产安全事故汇编》（中国南方电网公司）
[28]《2014 年度典型生产安全事故汇编》（中国南方电网公司）
[29]《2015 年度典型生产安全事故汇编》（中国南方电网公司）
[30]《2016 年度典型生产安全事故汇编》（中国南方电网公司）
[31]《南网公司系统 2003 ~2007 年恶性和一般电气误操作事故汇编》
[32]《电力事故事件与违章大数据分析及预控模型研究和应用项目开题报告》
[33]《电力事故事件与违章大数据分析及预控模型研究和应用项目计划任务书》
[34]《电力事故事件与违章大数据分析及预控模型研究和应用项目研究工作纲要》
[35]《电力事故事件与违章大数据分析及预控模型研究和应用项目历史数据收集与整理暨数据质量统计表》
[36]《电力事故事件与违章大数据分析及预控模型研究和应用项目需求分析报告》
[37]《电力事故事件与违章大数据分析及预控模型研究和应用项目总体设计报告》
[38]《电力事故事件与违章大数据分析及预控模型研究和应用项目详细设计报告》
[39]《电力事故事件与违章大数据分析及预控模型研究和应用项目实施用户报告》
[40]《电力事故事件与违章大数据分析及预控模型研究和应用项目验收报告》
[41]《电力事故事件与违章大数据分析及预控模型研究和应用项目实施用户报告》
[42]《广东电网中山供电局输、变、配专业作业指导书》